감정, 영혼의 외침

IVP(InterVarsity Press)는
캠퍼스와 세상 속의 하나님 나라 운동을 지향하는
IVF(InterVarsity Christian Fellowship)의 출판부로서
생각하는 그리스도인을 위한 문서 운동을 실천합니다.

THE CRY OF THE SOUL
This edition issued by contractual arrangement with NavPress,
a division of The Navigators, U.S.A.
Originally published by NavPress in English as *THE CRY OF THE SOUL*
Copyright ⓒ 1994 by Wounded Heart Ministries and Tremper Longman III
All rights reserved.

This Korean Edition Copyright ⓒ 2011 by Korea InterVarsity Press,
Seoul, Republic of Korea.
This Korean edition is translated and used by arrangement of NavPress,
a division of The Navigators through rMaeng2, Seoul, Republic of Korea.

이 한국어판의 저작권은 알맹2 에이전시를 통하여 NavPress와
독점 계약한 한국기독학생회출판부에 있습니다.
신저작권법에 의하여 한국 내에서 보호받는 저작물이므로
무단 전재와 무단 복제를 금합니다.

감정, 영혼의 외침

댄 알렌더 · 트렘퍼 롱맨 3세 │ 안정임 옮김

차례

추천 서문 9
저자 서문 13

1. 감정: 영혼의 외침 21
   오르내리기를 반복하는 감정 | 감정이 어려운 이유
   감정에 귀 기울이기 | 하나님과 우리의 관계

2. 시편: 영혼의 목소리 33
   내면을 흔드는 목소리 | 위로가 되는 목소리 | 진실의 목소리를 찾아서

3. 관계: 감정이 일어나는 정황 47
   하나님, 언제까지입니까 | 무엇이 감정을 유발하는가 | 공격: 인간의 존엄성에 대한 훼손
   외면: 친밀감의 상실 | 사랑: 친밀감의 욕구

4. 불의한 분노: 정의 실현에 대한 불신 63
   분노의 원인 | 기다리지 못하는 부정적인 에너지 | 하나님에 대한 투쟁

5. 의로운 분노: 불의에 대한 공격 75
   확신과 기다림 | 분노의 놀라운 비밀 | 하나님의 분노
   불의한 분노의 변화 | 의로운 분노의 위력

6. 불의한 두려움: 파괴적인 불안 91
   위험 앞에서의 무력감 | 죽음과 분리 | 무력감과 도피
   도피를 위한 전략 | 두려움의 어두운 면 | 두려움을 극복하는 열쇠

7. 의로운 두려움: 하나님에 대한 경외 109
   도피의 방향 | 마음의 변화 | 변화의 과정

8. 불의한 시기와 질투: 부정적인 욕구 127
   소유하려는 욕구 | 시편 73편: 오만한 자를 질투함 | 경계에서 집착으로
   맹목적인 야망 | 소유욕에 의한 분노 | 하나님은 어디 계신가

9. 의로운 질투: 하나님의 욕구 145
   하나님과 인간의 질투 | 배타적 관계의 보호 본능 | 합당한 질투, 부당한 질투
   배타적인 사랑 | 질투에 찬 구애자

10. 불의한 절망: 희망의 상실 161
    질투의 사촌, 절망 | 상실과 절망 앞에서 | 관계의 단절 | 희망을 잃었을 때

11. 의로운 절망: 희망의 회복 177
    한밤중의 번뇌 | 하나님의 방파제 | 구속적 차원의 외면 | 천국의 소망
    예수님의 절망 | 고통이 주는 변화 | 영광으로 인도하는 절망

12. 불의한 경멸: 악의 조롱 197
    경멸의 위력 | 소망을 앗아 가는 독 | 수치와 파멸을 부르는 경멸
    일상생활 속의 경멸 | 자비와 경멸

13. 의로운 경멸: 악에 대한 조롱 213
    비웃으시는 하나님 | 하나님이 하나님을 조롱하다 | 피조물이 하나님의 아들을 조롱하다
    성부가 성자를 조롱하다 | 사망과 고난을 비웃다 | 악함을 자랑하라

14. 불의한 수치: 파괴력 231
    수치의 징표 | 수치의 정체 | 수치와 우상숭배 | 수치와 자기 숭배
    수치와 무지 | 수치와 변화

15. 의로운 수치: 구속력 249
    은혜의 선물 | 하나님의 굴욕 | 수치의 역설적인 면 | 수치 안에 있는 자유 | 섬기는 자유

16. 하나님의 신비 269
    예측 불가능한 하나님 | 하나님이 사용하시는 방법 | 하나님이 원하시는 것

17. 하나님의 소원 291
    하나님의 소원 | 하나님이 마음을 바꾸시다 | 십자가의 아이러니 | 고난에서 영광으로
    그리스도인들의 오해 | 하나님의 사랑 표현 | 애가에서 감사로, 감사에서 예배로
    순례의 길로 부르심

감사의 글 321

주 325

작고한 레이먼드 딜러드 박사를 기념하며

추천 서문

새로운 바람이 불고 있다. 포스트 기독교 문화에서 어쩌다 하나님이 거론될 때면 그분은 인간의 행복을 위해 일하는 능력 있고 효용 가치 있는 존재로 축소되어 있었다.

우리는 보다 나은 삶을 향한 갈망에서 출발하여 유년기 문제와 내적 치유 방법론, 신학과 설교학에 이르기까지 다방면에 걸쳐 심도 있는 연구를 진행해 왔다. 그러나 그 모든 문제의 **중심**에 있는 것은 언제나 우리 자신이지 하나님이 아니었다. 우리가 얼마나 행복하게 잘 지내는지를 하나님과의 관계보다 훨씬 더 중요하게 여겼다. 심지어 하나님과의 관계를 논할 때조차 하나님의 계획을 이루기 위한 능력과 명확한 비전을 찾기보다는 나에게 어떤 유익이 돌아오는지에 관심을 두었다.

그런 와중에 몇몇의 목소리가 전혀 다른 방향에서 우리를 부르고 있었다. 그 방향은 성령이 의도하시는 방향과 일치해서 우리를 놀라게 했다. 유진 피터슨(Eugene Peterson)이 지역 교회들에게 던지는 사려 깊은 질문과 헨리 나우웬(Henri Nouwen)과 브레넌 매닝(Brennan Manning)이 기도와 영성을 강조하며 온통 자기실현과 효율적 관리에 정신이 팔린 현대인들에게 따끔한 일침을 가한 것이 그런 예다.

피터 크리프트(Peter Kreeft)라든가 애니 딜러드(Annie Dillard), 프레드릭 뷰크너(Frederick Buechner) 같은 사상가들도 예리한 통찰력을 발휘하여 가시적 실체(유쾌한 것이든 끔찍한 것이든 일상적인 것이든)를 넘어선 삶과 죄와 고통과 소망과 하나님이라는 진정한 실체를 보기 위해 혼신의 힘을 기울였다.

피하고 싶지만 피할 수 없는 내면의 갈등으로 인해 나 역시 인간의 문제를 다루는 다른 접근법에 목소리를 보낼 수밖에 없었다. 내가 염원하는 것은 눈앞에 보이는 문제를 넘어서(문제 주변에서가 아니라 문제를 통과해서) 더 크고 영원한 것들, 생각과 경험의 영역을 초월하는 것들에 시선을 맞추고 우리를 기다리시는 하나님을 보는 것이었다.

지금, 전에도 들었고 다시 듣고 싶은 두 사람의 목소리가 우리를 같은 방향에서 부르고 있다. 이 책은 그 두 목소리가 우리를 아주 해묵은 길, 그리스도인들이 늘 관심을 갖는 내적 치유의 길로 인도해 주는 책이다. 하지만 거기서 그치지 않는다.

저명한 심리학자와 권위 있는 신학자가 만나서 감정이라는 문제를 속속들이 파헤친다. 심리학 교재나 이론이 아닌 성경에서, 특히 시편에 기록된 말씀에서 자신들이 펼치는 주장의 근거를 찾아 제시하는 점이 이색적이다. 인간의 감정에 관한 일반적인 견해와 주장들과는 접근 방법부터 다를 뿐 아니라 그들이 추구하는 목적에서도 확연한 차이가 있다.

알렌더 박사와 롱맨 박사의 글은 단순히 감정을 다스리고 추스르는 차원이 아닌 전혀 새로운 세계로 우리를 이끌어 준다. 그 세계에서는 인간이 느끼는 감정들은 (부정적인 감정들까지 포함해서) 모두 하나님의 마음을 보게 해 주는 창문이라고 말한다. 따라서 나쁜 감정을 좋은 감정으로 대체하기 위해서가 아니라 하나님을 더 온전하게 알기 위해서 감정을 탐구해야 한다는 것이다. 요즘은 하나님을 아는 지식까지 총동원해서 어떻게든 자신의 기분만 좋게 하려는 세상이다. 그런 와중에 우리가 느끼는 모든 감정을 동원해 하나님을 찾도록 인도해 준 저자들의 열성에 깊이 감사드린다.

알렌더 박사는 나와 오랫동안 친분을 쌓아 온 직장 동료이자 소중한 벗이기도 하다. 그는 하나님이 주신 수많은 재능과 은사들을 발휘해 인생의 거친 항로에 하나님의 임재를 밝히는 등대가 되어 주었다. 롱맨 박사는 학계에서도 그 학문적 업적과 권위를 인정받아 찬사와 존경을 받고 있다. 이 책에서도 그는 학문적 재능을 유감없이 발휘하여 우리를 예수님께 더 가까이 인도해 준다. 이에 깊은 고마움을 느낀다.

알렌더 박사와 롱맨 박사는 창의적인 사상가이며 성경적 진리만을 고수하는 소신 있는 학자들이다. 그들은 오직 사람들을 예수님과의 친밀한 관계로 인도하는 일에 막중한 사명감을 느끼고 있다. 이 책은 통상적인 심리 서적이 아니다. 무엇이 감정을 유발하고 어떻게 감정을 조절할 수 있는지를 다룬 책이 아니며, 그렇다고 분노를 다스리거나 두려움을 극복하는 요령을 가르치는 책도 아니다. 부정적인 감정에 대응하는 성경구절 목록을 제시한 책은 더더욱 아니다. 그런 책들은 시중에서 얼마든지 접할 수 있다.

이 책은 독자를 깊이 생각하게 만드는 책이다. 어떤 감정이든 자기 혼자만의 감정이 아니라는 사실을 일러 주고 그 감정이 가리키는 길을 따라가서 하나님과의 운명적인 맞대면을 이루라고 권면하는 책이다. 감정을 관리하는 차원이 아니라 주 예수 그리스도를 더 깊이 알기 위한 수단으로서 신비한 감정의 세계로 들어가라는 초청인 것이다. 어느 순간 이 책은 잔잔한 산들바람처럼 당신을 어루만질 것이며, 어느 순간에는 휘몰아치는 폭풍우처럼 당신을 강타하기도 할 것이다. 어느 쪽이든 그것은 지금 이 시대에 성령이 하고 계신 일임이 분명하다.

래리 크랩

저자 서문

열 살 무렵, 나는(댄) 텔레비전에서 즐겨 봤던 서부영화 세트장을 구경하러 간 적이 있었다. 그때 느낀 실망은 이만저만이 아니었다. 텔레비전에서 그토록 멋지게 나왔던 건물들이 실제로는 외관만 그럴듯하게 만들어 놓은 엉성한 판자 조각에 불과했다. 판자 뒤편의 텅 빈 공간을 보는 순간 현실처럼 생생했던 서부극이 허구에 지나지 않았다는 생각에 씁쓸하기까지 했다. 물론 텔레비전 서부극이 실제가 아니라는 것 정도는 알고 있는 나이였지만 그래도 그것은 다소 충격이었다. 그 뒤로는 서부극을 보아도 예전만큼 흥미와 열성이 생기지 않았다.

이 책의 표지가 말해 주듯 이 책이 다루는 주제는 우리가 느끼는 감정이다. 하지만 이 또한 진정한 도움을 줄듯이 외관만 그럴듯하게 꾸며 놓은 것은 아닐까? "이것도 감정에 대한 책이야? 여태 나온 책으로도 모자라서?" 하고 눈살을 찌푸리는 독자가 있을지도 모른다. 우리는 독자들을 데리고 이 책의 뒤쪽으로 가서 책 내용을 지탱하고 있는 판자 조각들을 구경시키고 싶다. 환상을 깨뜨리고 냉소적 반응을 이끌어내기 위해서가 아니라 이 책을 쓴 결정적 이유가 무엇이었는지를 보여 주기 위해서다.

감정은 보통 수평적인 대인 관계에서 유발된다. 우리는 누군가에게 푸

대접을 받으면 화가 나거나 상처를 받는다. 그것은 만인 공통의 현상이라 할 수 있지만 거기서 한 발짝 더 나아가야 한다고 생각한다. 인간이 느끼는 모든 감정은 수평적 관계에서 비롯되지만 그럼에도 하나님과 인간 사이의 수직적 관계를 반영하고 있다. 이 책에서는 하나님과의 관계를 대변하는 내적 갈등과 감정의 문제들을 탐구해 보고자 한다. 흔히 부정적이라고 여기는 감정들까지 포함해서 우리가 느끼는 모든 감정은 우리에게 하나님의 마음을 보여 주기 때문이다.

이 책에서 제시하는 핵심 내용은 다음의 네 가지로 요약할 수 있다.

(1) 우리는 감정이 도덕과 상관없는 요소라고 생각하지 않는다. 감정은 인간 영혼 내면에서 일어나는 것이 표출되는 것이며 인간 본성의 일부인 감정 역시 타락했음을 보여 준다.

많은 사람들이 감정은 좋은 것도 나쁜 것도 아니라고 생각한다. 즉, 감정은 감정일 뿐이라는 것이다. 이런 관점을 옹호하는 사람들은 감정을 '좋다, 나쁘다' 식으로 규정하면 정직하게 감정을 느끼고 인정하기가 어려워진다고 주장한다. 그러면 사람들은 어떻게든 나쁜 감정을 느끼지 않으려고 노력할 것이다. 아니면 나쁜 감정을 부인하거나 왜곡하거나 없는 척할 것이다. 감정을 비도덕적 요소로 간주하려는 것은 결국 감정을 '좋다, 나쁘다'로 규정했을 때 감정을 회피하려는 경향이 심해질 것을 우려한 결과다.

그런 우려로 인해 감정을 도덕적 중립 상태에 두고 판단을 보류하는 현상이 생겨났다. 예를 들면 분노와 같은 부정적인 감정도 그 자체로 좋거나 나쁜 것이 아니라 분노를 건설적으로 표출하는지 파괴적으로 표출하는지에 따라 문제가 될 수 있다고 보는 것이다. 하지만 이런 관점은 인간 본성의 일부를 타락의 영향에서 벗어났다고 보는 데 허점이 있다. 인간의 감정은 오염되거나 비뚤어지지 않았고 완벽하게 순전하며 신하다는 선제가 깔려 있는 것이다.

부정적인 감정을 이해하기 위해서는 먼저 인간이 그런 감정을 회피하는 이유가 무엇인지부터 알아보아야 한다. 인간이 부정적인 감정을 꺼리는 이유는 그런 감정들이 비극적 현실을 폭로할 뿐 아니라 마음속 어두움을 드러내기 때문이다. 그러니 회피하고 싶기 마련이다. 우리가 느끼는 감정들은 인생이 편하고 좋고 순탄하다는 착각을 무참히 깨뜨려 버린다.

감정과 직면하는 길은 감정의 부정적인 면을 평가절하 하는 것이 아니라 왜 그런 감정을 느끼게 되었는지 근본적인 요인들을 꼼꼼히 따져 보는 것이다. 일단 그 요인들을 알고 나면 현재 느끼고 있는 감정을 넘어서 감정에 솔직하지 못하게 하는 내적 요인의 실체도 파악할 수 있다. 그럴 때 우리는 그 감정을 더 깊이 느끼게 되며, 더 중요한 것은 그런 감정으로 인해 우리가 하나님께 품고 있는 불만들까지 알아낼 수 있다는 점이다.

한 가지 유의할 점이 있다. 필자들이 감정에 초점을 맞추고 있는 것은 사실이지만, 감정이 성숙과 성장의 열쇠라고 단정 짓는 것은 아니라는 점이다. 주님을 닮아 가고 하나님을 알아 가는 성숙의 단계에서 감정은 많은 요소들 중 하나일 뿐 핵심 요소는 아니다.

(2) 이 책에서 내면세계를 다루는 이유는, 직접적인 변화를 추구하기나 부정적인 감정을 긍정적인 감정으로 대체하기 위해서가 아니다. 자신이 느끼는 감정에 귀 기울이고 곰곰이 숙고하면서 더 차원 깊은 문제, 즉 하나님을 비롯해 다른 사람들과의 관계가 어떠한가 하는 문제로 나아가도록 하기 위해서다.

원하기만 하면 자신의 감정이 일순간에 바뀔 것이라고 믿는 것은 어리석은 일이다. 화난 사람에게 "화내지 마세요"라고 말한다고 당장 즐겁고 기쁜 감정으로 바뀔 수 있겠는가?

특정한 행동 요법을 통해서 부정적인 감정을 극복하려는 시도 역시 어리석은 일이다. 물론 분노나 질투의 감정에서 벗어나게 해 달라고 기도하지 말라는 말은 아니다. 그러나 몇 가지 요령을 적용해서 자신의 감정을 바꾸고 내면의 문제를 해결할 수 있다고 생각한다면 그것은 명백한 오산이다.

감정의 문제는 몇 가지 정보만 알고 있으면 해결되는 단순한 문제가 아니다. 기계는 일련의 정비 단계를 거쳐 고장 난 것을 고칠 수 있지만 인간은 기계가 아니다. 인간은 관계의 신비를 통해 변화되는 관계적인 존재다. 게다가 인간에게는 하나님 앞에 고개 숙이지 않고 우상이나 헛된 만족으로 행복을 보장받으려는 억제하기 어려운 충동이 있다. 인간이 지닌 가장 큰 문제는 정보가 없는 것이 아니라 도피와 거역이다.

부정적인 감정을 단지 '해결해야 할 문제'로만 보면 하나님과의 친밀한 관계를 추구하는 대신 문제를 해결할 열쇠만을 찾게 된다. 감정을 바꾸려는 노력은 하나님을 찬미의 대상이 아니라 치유의 종으로 삼게 만들기 일쑤다.

먼저 감정에 귀를 기울이는 것이 현명한 방법이다. 감정은 타락한 세상의 상처받은 사람들 속에서 어떻게 처신해야 하는지, 소원을 잘 들어주시지 않는 심술궂어 보이는 하나님께 어떻게 나아가야 하는지를 우리에게 말해 준다. 감정은 인간관계에서 유발되지만, 사실은 하나님과 내가 어떤 관계에 있는지를 보여 주는 지표다.

우리의 내면과 외부에서 벌어지는 일들이 결국은 하나님과 씨름할 수 있는 문을 열어 주는 것이다. 하나님과의 씨름은 우리의 감정만이 아니라 마음까지 바꿔 놓을 가능성이 있다.

인간에게 일어나는 모든 감정은 육체와 마음의 복잡한 교류에서 비롯되는 것이다. 우리가 느끼는 분노의 감정은 정신적 스트레스를 몰고 온다. 또한 육체도 분노를 경험한다. 두려움, 질투, 절망, 경멸, 수치의 감정도 마찬가지다. 따라서 모든 감정 문제를 신앙 하나로 해결하겠다는 생각은 엄밀히 말해서 위험한 발상이라고 할 수 있다. 때로는 신체적인 요인들도 고려해야 한다.

특히 불안이나 우울증처럼 신체적 요인으로 발생할 가능성이 있는 감정들은 약물요법 등 치료를 통해 얼마든지 정상으로 회복될 수 있다. 신체적 연관성을 무시하면 신앙생활에도 심각한 오해를 초래할 수 있다. 엄청난 감정적 고통을 겪고 있는 사람에게 하나님만 잘 믿으면 모든 문제가 해결된다는 식으로 충고하는 것은 또 다른 무거운 짐을 안겨 주는 것이다. 물론 신앙과 상관없다거나 병원 치료만이 해결책이라는 식의 논리도 어리석기는 마찬가지다. 감정의 문제는 결코 이것이다 저것이다 흑백논리로 간단히 풀어 버릴 수 있는 문제가 아니다.

감정과 육체의 연관성은 우리가 결코 간과해서는 안 될 복잡다단한 영역이다. 그러나 이 책의 특성과 지면 관계상 이 부분은 깊게 다루지 않을 것이다.

이 책의 초점을 따라가다 보면 독자에게 자기 성찰을 권하는 게 아닌가 하는 의혹이 들지도 모른다. 하지만 우리의 의도는 전혀 그런 것이 아니다. 혼자서 자신의 내면세계에 몰입하는 것은 영적 성숙과 반대 방향으로 나아가는 것이다. 과도한 자기 성찰은 오히려 해가 된다. 자신의 인생은 자신이 통제할 수 있고 자신이 운명의 주인이라는 착각을 불러일으키기 때문이다.

우리가 내면세계를 진지하게 살펴보라고 하는 이유는 지혜를 얻을 수 있기 때문이다. 즉 '나의 내면에 무슨 일이 일어나고 있는가?'를 알아보고, 더 나아가 '나는 하나님과 어떤 관계를 맺고 있는가?'라는 물음에 답을 찾도록 하려는 것이다.

(3) 우리의 내면세계 탐구를 도와줄 안내자는 시편이다.

성경 전체를 통틀어 시편만큼 인간의 내면 상태를 적나라하게 보여 주는 말씀은 없다. 아울러 시편에는 하나님이 느끼시는 감정도 매우 생생하게 표현되어 있다.

시편은 시의 형태로 구성되어 있다. 시는 눈에 보이고 귀에 들리는 것들을 넘어서 진정으로 보고 싶고 듣고 싶은 것들을 표현한다. 웅장한 말잔치가 아닌 실존의 진실, 즉 과학이나 신학적 이론으로 알 수 없는 실제적인 것들을 표현하는 언어라고 할 수 있다. 신학적 주장이나 고찰도 진리를 이해하는 중요한 요소다. 하지만 진리는 궁극적으로 관계에서 말미암으며 관계는 바로 시의 전문 영역이다. 눈에 보이지 않는 하나님의 성품을 슬쩍 엿보게 해주는 것, 시란 바로 그것을 위한 하나님의 초대장이라고 할 수 있다.

일차적으로는 '혼미의 시편'(*the psalms of disorientation*)이라고 부르는 부분에 초점을 맞출 것이다. 이 범주의 시편들은 마음의 번민을 토로하면서 인생의 고난을 통해 하나님의 선하심을 깨우치려 애쓴다.[1] 그와 더불어, 선지자들과 사도 바울과 예수님이 활용했던 하나님의 이미지와 비유들이 시편에 어떤 식으로 표현되어 있는지, 그런 표현들이 하나님의 선하심에 관해 무엇을 말해 주는지도 살펴볼 것이다.

(4) 인간이 느끼는 모든 감정은 하나님의 성품이 어떠한지를 엿보게 해준다.

사실 이것은 이 책의 핵심 주제이기도 하다. 분노, 두려움, 질투, 절망, 경멸, 수치 등 부정적인 감정들이 우리의 마음 상태를 드러낸다는 것보다 훨씬 더 중요한 사실은, 그런 감정들이 하나님의 마음 상태를 보여 준다는 점이다. 물론 기쁨이나 평안이나 즐거움 등 긍정적인 감정들도 하나님의 성품에 대해 말해 준다. 성경에 묘사된 하나님의 감정은 하나님의 성품이 어떤지를 깨닫게 해주는 귀중한 자료다. 부정적인 감정들이 귀띔해 주는 것도 바로 그런 측면임을 알아야 한다.

희한한 논리라고 할지 모르지만 하나님은 인간의 타락하고 오염된 내면세계를 통해 자신의 마음을 계시하신다. 예를 들어 어느 시편은 패거리와 어울려 술을 마시고 취한 군인이 잠에서 깨어나 고함을 지르는 모습에 빗대어 하나님의 분노를 표현했다(시 78:65). 그런 의외의 비유를 통해 하나님의 어떤 면을 깨우치게 하는가? 하나님도 인간처럼 죄가 있다는 뜻인가? 물론 아니다. 단지 인간의 실생활에서 일어나는 다양한 모습과 이미지로 하나님의 마음을 보여 주려는 것이다. 우리가 보통 부정적으로 보는 감정들로 하나님을 묘사한 것 자체가 하나님의 지극한 겸손을 보여 준다. 하나님이 우리에게 말씀하시는 방법들은 때로는 충격적이고 때로는 울컥하며 때로는 부담스럽기까지 하다.

그렇다면 이 책은 왜 분노, 두려움, 질투, 절망, 경멸, 수치 같은 부정적인 감정에 초점 맞추고 있는가? 그런 감정들은 우리가 일반적으로 생각하는 것보다 훨씬 더 우리 인생에서 긍정적인 요소일 뿐 아니라 심지어 필수 불가결한 요소라는 사실을 알리고 싶어서다. 하지만 그보다 더 중요한 이유는 독자들의 눈을 열어 하나님의 마음을 보게 하려는 간절한 바람 때문이다. 하나님 역시 분노와 두려움과 질투와 절망과 경멸과 수치의 감정을 느끼신다. 그리고 그 모든 감정은 하나님의 성품을 우리에게 계시해 준다. 더욱 놀라운 사실은 각각의 감정들이 십자가에서 이루어진 은혜의 사건을 가리키고 있다는 점이다.

감정을 탐구하는 여정은 우리를 위해 돌아가신 독생자 예수님에 대해 아주 귀중한 것들을 말해 줄 것이다. 그리고 궁극적으로는 우리를 예배의 자리로 인도할 것이다.

01

감정: 영혼의 외침

우리가 느끼는 감정들은 삶의 희로애락을 우리의 내면세계와 연결해 준다. 그러나 가끔은 그런 연결이 너무도 고통스러울 때가 있다.

어느 날, 한 부인이 나의(대) 상담실을 찾아와서 어두운 얼굴로 남편이 해고당한 이야기를 했다. 지금 심정이 어떠냐고 묻자 부인은 괴로운 표정이 역력한데도 담담한 어조로 대꾸했다. "남편을 25년간이나 이용하고 이제 와서 건강보험료를 줄이기 위해 해고하다니 난감해요. 남편은 벌써 쉰다섯입니다. 어디 가서 일자리를 구하겠어요? 이제는 건강도 보장할 수 없고, 억울하다는 생각이 들어요." 혼란과 분노와 두려움을 애써 자제하는 목소리였다.

나는 그 부인을 예전부터 잘 알고 있었다. 활달한 성격이었지만 억척스럽고 고집스러운 면이 있었다. 유약하면서도 다소 우울해 보이는 그녀의 남편은 착실한 직장인이었다. 집에 와서는 부인이 부탁하는 일도 군말 없이 해주었다. 그 부부는 도덕적으로는 복음에 가까웠지만 단조롭고 틀에 박힌 생활을 하고 있었다. 그러다 남편이 직장을 잃은 뒤부터 그동안 묻어 두었던 결혼생활의 문제점이 불거져 나오기 시작했다. 실직하지 않았다면 그들이 느끼는 공허와 거리감은 반복되는 일상 속에 그대로 묻히고 말았을 것이다.

그 부인의 어두운 표정은 심적 고통을 예고하는 첫 번째 표징이었다. 직장과 생활의 안정과 사회적 기반을 잃은 상실감으로 부인은 괴로워하고 있었다. 하지만 더 깊은 원인은 따로 있었다. 그것은 결혼 초기부터 깨진 그녀의 꿈이었다. 부인은 결혼으로 마음의 안정을 찾고 싶었다. 걱정 근심 없이 편안하게 인생을 누리고 싶었고 남편에게 사랑받으며 따뜻하고 화목한 가정을 꾸리고 싶었다. 하지만 그런 꿈은 오래가지 않았다. 가정을 유지하고 자녀를 교육해야 하는 현실 문제가 앞섰다. 그런데 이제 그런 희생마저 보상받지 못하고 모든 것이 물거품이 되어 버린 것이다.

그 순간 이런 생각이 내 머릿속을 스쳤다. '어쨌든 저 부인은 잘 살 거야. 공연히 다른 문제까지 끄집어 내서 긁어 부스럼을 만들 필요가 있을까?' 그 부인이 조금만 더 자신의 감정에 충실했다면 돈보다 더 중요한 문제, 즉 무너져 가는 결혼생활의 문제로 씨름했을 것이다. 그래서 한 번도 용기 내어 부딪치지 못한, 남편과 자기 자신과 하나님에 대한 의문에 직면할 수 있었을 것이다.

오르내리기를 반복하는 감정

감정은 우리의 내면세계와 외부 세계를 연결해 주는 고리다. 자신이 어떤 감정을 느끼고 있는지 제대로 파악하는 사람은 외면하고 싶었던 의문에 직면할 기회를 얻을 수 있다. 어쩌면 그런 이유 때문에 많은 사람들이 감정에 무디어지는 것인지도 모른다. 그러나 감정을 느끼지 못하는 사람은 하나님과 사람들에게서 멀어지고 메마른 삶을 살 수밖에 없다. 사람들은 지나치게 격앙된 감정과 지나치게 빈약한 감정 사이를 오락가락한다.

감정은 바람과도 같아서 신비롭기 그지없다. 한순간 왔다가 한순간 사라져 버린다. 그리고 보통은 파멸과 황폐를 남기고 떠난다. 특히 부정적인 감정들은 우리를 혼란스럽게 하는 통제 불능에 독립적이며 변덕스런 세력처럼 보인다. 한 여성은 나에게 이렇게 말했다.

> 저를 아는 사람들은 제가 침착하고 자제력 있고 행복한 여자인 줄 알아요. 하지만 저는 별것 아닌 일에 갑자기 불같이 화가 날 때가 있어요. 감정이 격해지는 정도가 아니라 거의 이성을 잃어버릴 정도로요. 또 친한 사람이 어려운 일을 당하면 며칠씩 슬프고 괴로워요. 불같이 격노하거나 며칠씩 괴로워한다는 게 좀 심각한 일이기는 하지만 그렇다고 자주 그런 것은 아니에요. 어쨌든 그런 상황에서 느끼는 감정을 뭐라고 말로 표현할 길이 없네요.

감정은 가장 신빙성이 없어 보이면서도 우리 삶에 가장 큰 영향을 미치는 힘이다. 살다 보면 아주 기분이 좋을 때가 있다. 그럴 때는 자신감과 활력이 넘치고 어려운 문제도 척척 해결해 나간다. 반면에 마냥 기분이 가라앉는 날이 있다. 뭐라 설명할 수도 없고 기분 전환을 하려 해도 잘 되지 않는다.

우리는 감정의 난폭한 조류 위에서 파도타기를 하며 엄청난 에너지를 쏟는다. 그렇게 오르내리기를 반복하는 감정을 어떻게 다루어야 할까? 왜 우리는 감정을 무시하거나 원수나 되는듯 싸워 없애려고 하는가?

감정이 어려운 이유

우리가 감정을 회피하려 하는 이유 중 한 가지는 고통스럽기 때문이다. 고통을 느끼는 것은 고통스럽다. 수치를 느끼는 것은 수치스럽다. 상실감은 슬픔만 더해 줄 뿐이다. 어떤 면에서 그것은 사실이다. 그러면 왜 우리는 **좋은** 감정들마저 회피하려고 하는 걸까? 어떤 여성은 희망의 감정이 생길 때 미묘한 두려움도 함께 느낀다고 털어놓았다.

감정을 회피하는 더 실제적인 이유는, 부정적이든 긍정적이든 **모든** 감정은 진실을 향해 문을 열기 때문이다. 인간은 누구나 고통을 피하고 싶어 하지만 그보다 더 피하고 싶어 하는 것은 진실이다.

삶이 순탄할 때조차 기쁨은 잠깐이다. 짧은 기쁨은 기쁨에 대한 갈증만 더해 준다. 이 땅에서 느끼는 쾌락은 아쉽고도 불완전하다. 그 이유는 아무리 좋은 것도 완전한 기쁨(우리가 누리도록 되어 있는)의 그림자에 불과하기 때문이다. 그래서 우리는 모든 것이 순탄하고 즐거워도 현실의 삶에 완전히 만족하지 못한다. 기대감은 실망과 동경을 불러온다.

감정은 우리가 아직 본향에 이르지 못했다는 현실을 일깨워 준다. 가장 기쁜 순간에도 그렇다면, 힘들고 어려운 상황에서는 더 말해 무엇 하겠는가?

천국에 들어가서야 비로소 우리가 누리며 살도록 창조된 모든 것을 온전히 누리게 될 것이다. 하지만 그 사실도 우리에게 큰 위안을 주지는 못한다. 사도 바울은 그러한 내적 '탄식'을 여인이 겪는 해산의 고통에 비유했다.

> 피조물이 다 이제까지 함께 탄식하며 함께 고통을 겪고 있는 것을 우리가 아느니라. 그뿐 아니라 또한 우리 곧 성령의 처음 익은 열매를 받은 우리까지도 속으로 탄식하여 양자 될 것 곧 우리 주의 속량을 기다리느니라.
>
> (롬 8:22-23)

지금 이 순간에도 온 세상은 해산의 고통을 겪고 있다. 어떤 형태로든 사람들은 기대감 속에서 탄식하며 살아간다. 단지 그것을 느끼지 못할 뿐이다.

나에게 상담을 받는 사람 중에 이런 고통을 호소하는 여성이 있었다. 남편은 교회 장로였다. 신학 서적을 많이 읽는 신실한 그리스도인이었고 나무랄 데 없는 가장이었다. 그런데 어느 날, 퇴근해서 집에 돌아온 남편이 느닷없이 이혼 이야기를 꺼냈다. 결혼한 지 20년이 다 되어 가는 시점이었다. "나는 한순간도 행복하지 않았소 나 자신을 위해서는 아무것도 해 본 적이 없었지. 이제 더 이상은 이런 위선적인 삶을 살고 싶지 않소 한 여자를 만났는데 그 여자는 내게 진짜 삶의 의미를 알게 해주었소 당신의 마음을 아프게 해서 미안하지만, 나도 평생 처음으로 나 자신을 위해 살아 보고 싶소"

나는 어려움에 처한 수많은 사람들을 상담했지만 그때 그 여성의 표정은 두고두고 잊을 수가 없었다. 생존 욕구보다 더 절실하게 도움과 해답을 갈구하고 있었다. 마음에는 슬픔이 가득했을 텐데도 그녀가 하는 말은 감정 없이 허허롭고 멍한 느낌을 주었다. 더 큰 고통이 올지도 모른다는 생각에 기대나 소망마저 무디어져 있었다. 그녀는 현실의 고통을 받아들이려 하지 않았다. 어떻게 하면 남편을 행복하게 만드는 사람이 될 수 있을지만을 알고 싶어 했다.

타락한 세상에서 겪는 인생의 고통은 인간을 인간답지 못하게 만든다. 우리는 고통을 느끼는 순간 그런 고통을 유발하는 공격과 배신과 상실의 채찍을 피하고 싶어 한다. 앞서 이야기한 부인처럼 철저한 무감각으로 고통을 회피하지는 않더라도 우리는 각자 나름대로 탄식의 고통을 줄이려고 애쓴다.

상처에 대처하기 위해 감정적인 반응에 매달릴 때도 있다. 이를테면 남성들은 슬픔보다 분노의 감정을 더 쉽게 느낀다. 반면에 여성들은 분노보다 두려움과 혼란을 느끼는 경향이 강하다. 사라지는 자신감을 분노로 지탱하면서 상응하는 감정을 해소하려 하거나, 혼란과 두려움으로 자신의 비행을 정당화하거나, 수치심으로 슬픔에서 벗어나려고 하거나, 질투로 상실감을 외면하려고 한다. 다시 말해, 고통스러운 감정을 숨기기 위해 덜 고통스러운 감정을 이용하는 것이다.

내면의 고통을 줄이기 위해 우리가 흔히 쓰는 또 한 가지 방법이 있다. 자신의 감정을 무시하는 것이다. 격한 감정을 거의 느끼지 않고 살아가는 사람들도 많다. 그들의 내면세계는 차갑고 무심하다. 더욱 애석한 것은 그것을 믿음으로 오해한다는 것이다. 그리스도인들은 격한 감정을 보이면 믿음 없는 사람으로 간주한다. 역경과 고통 앞에서 초연하고 꿋꿋하게 행동하는 사람만을 믿음 깊고 헌신적인 신앙인으로 여긴다.

하지만 그것은 대단한 착각이다. 감정이 없다는 것은 어떤 면에서 마음이 강퍅하고 교만하다는 표지다. 감정 부재는 인생의 슬픔을 외면하고 천국에 대한 소망이 없는 것이라고 성경은 말한다. 성숙하거나 믿음이 깊다는 증거가 아니라 오히려 교만하다는 증거라는 것이다(참조 사 47:8; 계 18:7).

감정을 받아들이지 않는 것은 해산의 고통을 피하려는 한 방편이다. 우리가 사는 세상이 안전하고 행복한 세상이라는 환상을 깨고 싶지 않은 것이다. 그것은 고통을 없애 주지 않으시는 하나님을 상대하기 위해 우리가 짜낸 고육지책이다.

우리가 느끼는 감정이 비이성적이고 통제 불능이라고 해서 우리가 병적이라거나 죄가 있다거나 상처 입었다는 의미는 아니다. 그보다는 우리 마음이 하나님과 충돌하고 있다는 신호일 수 있다. 그러므로 우리가 느끼는 감정 기복은 문제라기보다 마음의 울부짖음으로 생각해야 한다.

감정에 귀 기울이기

감정은 매우 곤란한 질문들을 던진다. 내 인생은 왜 이럴까? 이 고통에는 목적과 의미가 있을까? 왜 모든 만남에는 이별이 따를까? 하나님은 선하실까? 자신의 참모습을 이해하기 위해, 더 나아가 하나님을 알기 위해 우리는 자신의 감정에 귀 기울여야 한다.

하지만 우리를 설득하려는 수많은 목소리들이 들려온다. "네가 느끼는 걸 무시해. 공연히 심란해질 뿐이야. 그냥 마음을 다독이고 잘못된 감정은 회개해. 하나님을 신뢰하고 올바른 행동을 하면 감정은 저절로 따라오게 되어 있어." 과연 이것이 맞는 말일까? 감정을 길들여서 하루하루 올바른 일을 하는 것이 문제의 핵심일까?

성경은 인간의 내면세계가 매우 복잡하다고 말한다. 하나님은 우리를 매우 복잡하고 정교한 존재로 창조하셨다. 더구나 인간의 본성은 타락으로 교활하게 꼬여 있다. 성령의 영감을 받은 예레미야 선지자는 이와 같이 경고했다. "만물보다 거짓되고 심히 부패한 것은 마음이라. 누가 능히 이를 알리요"(렘 17:9). 우리의 감정은 특정한 행동으로 다스릴 만한 단순한 문제가 결코 아니다.

시편 기자는 내면세계를 외면하지 말고 꼼꼼하게 살펴보라고 권면했다. "내 영혼아, 네가 어찌하여 낙심하며 어찌하여 내 속에서 불안해하는가"(시 42:11). 감정을 무시하는 것은 진실에 등을 돌리는 것이고, 감정에 귀 기울이는 것은 진실에 직면하는 것이다. 그리고 그 진실은 우리와 하나님이 만나는 곳에 존재한다.

하나님을 알고 싶으면 자신의 감정과 씨름하면서 어떤 소원과 욕구가 자신을 지배하는지를 알아야 한다. 감정만큼 우리 마음의 욕구를 단적으로 드러내는 매체도 없다. 또한 시편만큼 우리의 감정을 명확하게 보여 주는 성경 말씀도 없다. 다음 장에서는 시편의 시들이 어떻게 우리 영혼을 하나님 앞에서 울부짖게 만드는지를 살펴볼 것이다.

하나님과 우리의 관계

자신의 감정에서 우리는 무엇을 들을 수 있는가? **먼저 우리 마음의 방향을 들을 수 있다.** '나는 어떤 감정을 느끼고 있는가?'라는 물음은 어떤 의미에서 '**나는 누구인가? 나는 지금 어디로 가고 있는가?**'라는 물음이라고 볼 수 있다.

우리는 감정을 수평적인 선상에서 이해한다. 즉 대인 관계에서 일어나는 반응이라고 생각한다. 그러나 더 깊은 의미에서 볼 때 감정은 수직적인 관계에서 어떤 일이 일어나고 있는지를 보여 주는 것이다. 다시 말해 '**나**

는 하나님과 어떻게 지내고 있는가?'라는 물음을 여는 창문이다.

마음의 움직임은 다양한 범주 아래서 측정되고 평가받을 수 있다. 그러나 모든 평가는 결국 하나의 결론으로 모아진다. '**나는 하나님께 가까이 나아가고 있는가, 아니면 하나님과 멀어지고 있는가?**'

감정은 영혼의 언어이며 울부짖는 마음의 목소리다. 우리는 영혼의 부르짖음에 귀 기울일 줄 알아야 한다. 그래야 자신의 깊은 갈망과 진심이 무엇인지 파악할 수 있다.

안타깝게도 실제로는 그러지 못하는 경우가 허다하다. 귀를 막고 자신의 감정을 부인하거나 왜곡하거나 무시해 버린다. 우리는 자신의 내면세계를 지배하고 싶어 한다. 그런 욕심을 조금이라도 가로막는 것이 있으면 제거하려고 애를 쓴다. 우리의 의식으로 새어 나오는 것들에 수치심과 두려움을 느낀다. 강렬한 감정을 무시하는 것은 자신을 속이는 일이다. 또한 하나님을 알 수 있는 천금 같은 기회를 놓쳐 버리는 것이다. 하나님 앞에서 철저히 겸손하고 무자비할 정도로 정직해야 우리 안에서 변화가 일어난다. 우리는 그것을 잊고 있다. 자신을 지배하고 있는 깊은 갈망을 직면할 때만 우리의 내면세계는 구원받을 수 있다.

자신의 감정에 귀 기울이는 것은 부정적인 감정을 해결할 수 있는 첫걸음이다. 당신은 진정으로 하나님을 갈구하고 있는가? 당신의 감정이 이 물음에 답해 줄 것이다. 당신은 우상을 갈구하고 있는가? 당신의 영혼이 어느 방향으로 나아가고 있는지 당신의 감정이 그 결정적 단서를 제공할 것이다.

어떤 식으로 결정적 단서를 제공한다는 말인가? 좋은 감정은 하나님을 갈구한다는 증거이고, 나쁜 감정은 우상을 숭배하고 있다는 증거인가? 그렇게 간단하다면 얼마나 좋겠는가. 우리는 감정에 '부정적이다, 긍정적이다' 혹은 '좋다, 나쁘다'라는 딱지를 붙일 수 없다. 감정은 망가진 장난감을 고치듯 그렇게 손쉽게 '바로잡을' 수 있는 것이 아니다.

다만 자신의 감정이 자신을 하나님께 더 가까이 나아가게 하는지, 아니면 하나님과 멀어지게 하는지 살피고, 그런 관점으로 감정을 평가할 수는 있다. 내면의 갈등이 무엇을 말해 주는지를 듣는 것이다. 감정은 최전방에서 오는 전령병과 같다. 솔직히 그 전령병을 죽이고 싶은 마음이 굴뚝같겠지만 유심히 그의 말에 귀 기울인다면 전쟁에서 지혜롭게 싸울 수 있다.

감정에 귀 기울이기 위해서는 먼저 마음의 언어를 배워야 한다. 이 책에서 추구하는 것도 그것이다. 우리의 감정, 특히 하나님에 대한 깊은 질문을 던지는 부정적인 감정들을 들춰봄으로써 마음의 언어를 배우려는 것이다. 궁극적으로 우리는 부정적인 감정들이 하나님의 성품을 아는 독특하고 값진 경험으로 이끈다는 사실을 깨닫게 될 것이다.

감정이라는 주제는 다루기가 매우 어려운 주제다. 혹시라도 인생의 회오리를 피해 고요와 안식을 찾고 싶어 이 책을 집어 들었다면 당신은 분명 실망할 것이다. 세상이 이해할 수 없는 평안을 경험하는 일이 불가능한 것은 아니지만, 일반적으로 평안은 인생과 하나님에 대해 갈등과 씨름을 겪고 난 후에 찾아오는 법이다.

따라서 고통스런 감정을 해결하는 것이 하나님을 만나는 열쇠라고 생각해서는 안 된다. 사실은 내면의 처절한 싸움을 통해서 하나님의 소망의 무대가 조성되는 것이다. 그런 면에서 우리의 적은 내면의 고통이 아니라 오히려 고통이 없는 상태라고 할 수 있다. 하나님은 강함이 아니라 연약함 속에서 우리를 만나 주신다. 절박하지 않은 사람이 아니라 애통하는 자들을 위로해 주신다. 하나님은 인생의 행복한 순간보다 어두운 순간에 더 자주 자신을 계시해 주신다.

 이 책은 근원적인 질문을 파헤치는 법에 대해 윤곽을 그려 줄 것이다. 번민에 대한 해답을 찾지는 못하겠지만, 그 번민을 통해 무한한 성품과 사랑을 보여 주시는 하나님 자신을 만날 수 있을 것이다. 그런 소망을 지니고 분노, 두려움, 질투, 절망, 경멸, 수치의 감정 속으로 과감히 뛰어들기를 당부한다.

02
시편: 영혼의 목소리

그 일이 일어난 것은 집을 떠나 잠시 어느 호텔에 머물고 있을 때였다. 동도 트기 전 이른 시각이었다. 관절이 쑤시고 아파서 새벽 세 시에 잠이 깬 뒤로 다시 잠이 오지 않았다. 막연한 공포심 같은 것이 엄습했다.

하지만 그런 공포를 느낄 아무런 이유가 없었다. 결국 내 안의 감정을 부인하고 무시해 버리기로 했다. 자리에 누운 채 이런저런 생각에 잠겼다. 육신의 고통과 커지는 공포심을 잊으려고 딴 생각에 잠겨 있을 때 갑자기 시편 77편 말씀이 생각났다.

내가 내 음성으로 하나님께 부르짖으리니
내 음성으로 하나님께 부르짖으면 내게 귀를 기울이시리로다.
나의 환난 날에 내가 주를 찾았으며
밤에는 내 손을 들고 거두지 아니하였나니
내 영혼이 위로받기를 거절하였도다.

내가 하나님을 기억하고 불안하여 근심하니

　　내 심령이 상하도다.

　　(시 77: 1-3)

한 구절 한 구절이 가슴 깊이 와 닿았다. 나는 불안과 공포에서 벗어나려고 손쉬운 해결책을 찾고 있었다. 시편 77편의 기자는 온몸으로 불안감을 느끼고 있었지만 나는 실상을 무시한 채 마음을 굳게 닫아걸어 버렸다. 그 순간 시편 기자는 나에게 고민하라고, 하나님의 성품을 알고자 그분 앞에 불만을 토로하라고 하는 듯했다. 갑자기 조용히 입 다물고 있었던 것을 말하고 싶은 충동을 느꼈다.

잠도 오지 않았고 감정을 부인하며 도망칠 수도 없었기에 나는 자리에서 일어나 글을 쓰기 시작했다.

이른 새벽, 관절이 쑤셔서 자리에서 일어났다. 내가 누웠던 침대는 미래를 향한 두려움으로 흠뻑 젖어 있다. 잠은 깨었지만 다시 잠들 수 있을 거라고 자신을 다독이는 중이다.

마음속 공포는 낯선 잠자리와 어두움 속에서 점점 더 강해지고 있다. 한밤에 찾아온 공포는 심각한 관절염에 대한 망령이다. 이제 겨우 마흔 살인데, 벌써 목에서 뼈 부딪히는 소리가 나고 손가락 마디마디가 아프고 통증 때문에 종이 한 장을 들기조차 힘들다.

내 미래는 컴컴하고 외로운 무대 위에서 펼쳐지는 공포의 연극이다. 내 가족과 친구들은 스키를 타고, 테니스를 즐기고, 덴버 시내를 활보하며, 이탈리아 식당에서 외식을 한다. 나는 불구가 되어 이 세상의 지옥에 갇혀 있다. 나는 갑각류다. 연민을 자아내는 먼 과거의 기억이다. 인내를 위협하는 짐이다.

외롭기도 하지만 분노도 치밀이 오른다. 어떻게 이럴 수가 있을까? 분노는 곧 부러움으로 바뀐다. 그러고는 뻣뻣한 날것 그대로의 공포에 빨려 들어간다. 불과 몇 분밖에 흐르지 않았다. 그런데 내 감정은 창문으로 들어와 방 안의 모든 종이를 흩날리는 바람처럼 휘몰아친다.

"하나님, 제게 원하시는 게 뭡니까? 제가 몸을 쓰지 못하게 되면 하나님이 큰 영광을 받게 되시나요? 당신의 목적이 무엇인지 조금이라도 알아야 살 것 같습니다. 당신을 이해하기 위해 제가 무엇을 깨달아야 합니까?"

나는 기진맥진했다. 마지막 문장을 적고 나서야 겨우 잠이 들었다.

감정은 영혼의 울부짖음이다. 감정은 우리가 인생의 슬픔을 어떻게 대하는지, 하나님 앞에서 어떤 마음을 품고 있는지를 드러내 준다.

두려움이나 공포 같은 감정은 뭔가 하나님께 요구하는 것이 있음을 암시한다. 대체로 우리가 무시하거나 인정하고 싶지 않은 요구들이다. 나는 관절염이 갈수록 심각해지고 있었다. 그날 밤, 내가 느낀 두려움은 나의 내면세계에서 어떤 일이 벌어지고 있는지를 알게 해주었다. 나는 두려움과 고통을 없애 정상적인 삶을 살게 해 달라고 하나님께 요청했다. 하지만 하나님은 내 요청을 들어주지 않으셨고, 내 삶은 정체된 채 방치되었다. 하나님 앞에서 나는 철저하게 무력한 인간이었다.

내면을 흔드는 목소리

요동치는 감정의 소리를 듣기 위해 마음을 진정시킬 방법이 있을까?

우선 자신의 내면세계를 보여 준 이들의 영감 어린 말을 들어 보자. 성경에서 시편만큼 영혼의 언어를 잘 가르쳐 주는 말씀도 없다. 시편은 풍부하고 생생하고 획기적인 어휘로 인간의 마음 상태를 적나라하게 그리고 있다. 내면을 흔들고 뒤집고 파헤치는 듯한 목소리로 시편 기자는 우리에게 하나님의 음성을 대변해 준다.

또한 우리가 어떻게 찬양하고 경배해야 하는지를 가르쳐 주며, 한줄기 희망의 빛이 비출 때까지 의심과 씨름하는 방법도 알려 준다. 시편은 우리 앞에 변화의 길을 밝혀 주는 빛이다.

예로부터 기독교 저술가들과 사상가들은 영혼을 표현하는 시편의 탁월함을 인정했다. 장 칼뱅도 그중 한 사람이다.

> 얼마나 다양하고 눈부신 아름다움이 이 보물 안에 들어있는지 형용하기조차 어렵다.…시편은 영혼의 모든 부분을 해부한 책이라고 부르고 싶다. 인간이 느끼는 감정 중에 시편에서 거울처럼 비추어 주지 않는 감정은 단 하나도 없기 때문이다.[1]

시편은 인간의 영혼을 그대로 비추어 준다. 시편의 시들을 읽으면서 우리는 우리 자신을 보게 된다.

감정의 부인을 가로막는 목소리

시편은 우리의 감정을 부인하지 못하게 한다. 그리스도인들은 특히 고통스런 감정을 마비시키는 데 매우 익숙하다. 하나님이 모든 것을 주관하시니 우리는 기뻐하는 것이 마땅하다고 여기면서. 하나님은 사랑이시고 우리에게 평강을 주기 원하신다는 전제하에 두려움이나 분노나 침울함 등 부정적인 감정들은 잘못된 것으로 낙인 찍었다.

하지만 우리의 영적 찬송가인 시편에는 기쁨의 찬송만 실려 있는 것이 아니다. 불평불만과 비난, 혼동과 의심, 애통의 시들이 기쁨의 시보다 훨씬 더 많이 수록되어 있다. 불편한 감정을 피해 도망가고 싶은 사람도 시편을 읽는 순간 그런 내용에서 눈을 뗄 수 없을 것이다. 칼뱅은 그것을 다음과 같이 설명했다.

> [시편 기자들은] 자신의 솔직한 생각과 감정을 열어 보이면서 독자들에게 자기 자신을 정밀하게 살펴보라고 권한다. 아니, 살펴보도록 유도한다. 우리의 수많은 결점과 죄악을 숨긴 채로 방치하지 않게 하려는 것이다.[2)]

시편의 내용들은 무자비할 정도로 정직하다. 그렇기에 피상적인 감정을 넘어 영혼 깊은 곳까지 바라보게 해준다. 바로 그곳이 하나님과의 씨름이 벌어지는 장소다. 시편 기자가 "깊은 곳에서"(시 130:1) 주께 부르짖을 때 우리도 그와 함께 하나님께 부르짖게 된다.

시편은 생의 '탄식'을 외면할 수 있다는 착각에서 벗어나게 한다. 우리를 힘들게 하는 사람들과 싸우고 고통에서 도망가려는 본성을 돌이키라고 권유한다. 우리의 감정적 동요는 하나님을 신뢰하지 않고 자기 힘으로 살아가려는 몸부림 때문이라고 폭로한다.

타락상을 폭로하는 목소리

서구인들은 감정을 선하지도 악하지도 않은 비도덕적 개념으로 이해한다. 그런 관점에서 보면 어떤 감정을 **느끼는** 것이 아니라 그런 감정을 지니고 **하는 일**이 범죄 여부를 결정한다. 그러나 이런 관점은 인간 본성의 일부분이 타락의 영향에서 벗어났다고 보는 문제가 있다.

정확히 말해서 인간의 감정은 생각이나 욕구나 행동보다 더 악하거나 덜 악한 것이 아니다. 다만 하나님은 우리의 감정을 통해서 하나님과의 대결과 죄악이 드러나게 하신다.

시편은 인간이 지닌 분노, 두려움, 질투, 절망, 경멸, 수치의 죄악을 여지없이 폭로한다. 질투를 통해 시편 기자가 지닌 마음의 병이 어떻게 드러나는지를 살펴보라.

> 하나님이 참으로 이스라엘 중 마음이 정결한 자에게 선을 행하시나
> 나는 거의 넘어질 뻔하였고 나의 걸음이 미끄러질 뻔하였으니
> 이는 내가 악인의 형통함을 보고 오만한 자를 질투하였음이로다.
>
> (시 73:1-3)

시편 기자의 질투는 악인의 형통에 대한 그의 죄악된 욕구를 보여 준다. 하지만 더 깊이 들여다보면 그것은 정결하게 살려고 발버둥친 노력에 대한 허망함이기도 했다. 하나님께서 의인이 아니라 악인에게 복을 주시는데 무엇 때문에 정결하게 살려고 애쓰겠는가?

인간의 제한적인 시각으로 볼 때 감정은 수평적 인간관계에서 생겨나는 것처럼 보인다. 누군가 우리를 푸대접하면 마음이 상한다. 좋은 대접을 받으면 즐겁고 행복하다. 직장 동료가 상을 받으면 질투가 난다. 결국 감정의 좋고 나쁨은 다른 사람과의 관계에서 비롯되는 것이 아닌가? 우리가

느끼는 감정이 어떻게 하나님과 연관이 있는가?

언젠가 한 친구가 내게(댄) 이런 말을 한 적이 있다. "나는 나 자신이 이 세상이라는 유원지에서 돌아다니는 범퍼카 같아. 언젠가는 분명히 누군가와 부딪히게 될 거야. 다만 언제 얼마나 세게 부딪힐지가 문제지." 나는 그런 두려움이 하나님과 관련이 있느냐고 물었다. "그러지는 않은 것 같아. 그냥 언제든 모든 게 무너질 것 같아 불안해. 아니면 내가 다시 쓰러질지도 모르고."

모든 두려움 뒤에는 '**인생은 예측 가능한가?**' 하는 근원적 불안이 도사리고 있다. 모든 분노 뒤에는 '**인생은 공정한가?**' 하는 불안이 숨어 있다. 이 두 가지 질문에 하나님을 대입하면 그것은 곧 개인적인 의문으로 바뀐다. 즉 '**하나님은 예측 가능한 분이신가?**' '**하나님은 공정한 분이신가?**' 하는 문제가 되는 것이다. 시편 기자의 질투는 대인 관계에서 생겨난 수평적 문제지만 그 뿌리에는 '**하나님은 공정하신가?**' 하는 의문이 숨어 있다.

시편을 읽다 보면 **모든 감정**은 결국 **신학적 선언**이라는 사실을 깨닫게 된다. 인간의 감정은 하나님의 완전하심과 기쁨에 다시 한 번 다가가려는 힘겨운 노력이다. 에덴동산에서 쫓겨난 것에 대한 **반발 반응**(도피), 다시 에덴동산으로 들어가려는 **공격 반응**(싸움)이 부정적 감정의 뿌리다.

고통을 느끼면 고통에서 벗어나려고 하는 것이 인간의 자연스런 반응이다. 우리는 분노하며 싸우거나 두려워하며 도피한다. 화가 나면 상대를 공격하려 하고 부당한 일이 지속되면 상대를 위협한다. 무섭거나 두려울 때는 도망가는 것이 상책이라고 여긴다.

이스라엘 백성들은 굶주림의 고통 앞에서 어떻게 반응했을까? "이 땅으로 헤매며 곤고하며 굶주릴 것이라. 그가 굶주릴 때에 격분하여 자기의 왕과 자기의 하나님을 저주할 것이며"(사 8:21).

불의한 분노를 품은 사람은 타인에게 자기 고통을 뒤집어씌운다. 결과를 책임지라고 윽박지르기도 한다. 우리 자신이 무력하고 하나님이 우리가 원하는 대로 해주시지 않을 때 우리는 마음대로 행동해도 좋다고 생각한다. 하나님이 우리 고통을 없애 주실 수 있으나 내버려두셨으므로 분노를 하나님께 돌린다.

시편 기자는 분노와 두려움을 부인하는 자들에게 경종을 울린다. 자신의 분노와 두려움이 하나님을 향한 것이 아닌 것처럼 가장하는 자들에게도 경종을 울린다. 결국 시편 기자는 "두려움과 분노를 일으키는 상황이 아니라 하나님께 반발하는 당신의 마음이 문제"라고 말하는 것이다.

시편 기자는 우리 마음 깊은 곳을 폭로한다. 이상하게도 그는 하나님을 의심해 보고, 하나님께 의문을 품어 보고, 분노를 표출해 보라고 권한다.

위로가 되는 목소리

한 여성이 나의 상담실을 찾았다. 그녀는 폭력적인 아버지 밑에서 맞고 자랐다고 했다. 한번은 아버지가 뜻밖에 걱정하듯이 말했다. "너 아빠 미워하지? 아빠한테 맞으면 어떤 느낌이 드는지 이야기해 봐."

이상하다고 생각했지만 아버지의 표정이 험악하지 않았고 목소리 또한 다정했다. "괜찮아, 말해 봐. 부녀 사이에 껄끄러운 게 있으면 되겠니?"

한동안 주저하던 그녀가 마침내 기어들어가는 목소리로 대답했다. "아빠가 미워요." 그 말을 들은 아버지는 평소보다 훨씬 심하게 때렸다고 한다.

우리는 하나님도 그런 분일까 두려워한다. 반항하는 마음이 드러나면 끔찍한 결과를 맞게 되지 않을까 무서워한다. 바로 그런 면에서 시편은 우리를 놀라게 한다. 우리의 심정을 대변하는 정도가 아니라 그 문제로 씨름하게 만들고 심지어 하나님께 반감을 표현하는 방법까지 일러 준다.

시편 기자들은 자신이 느끼는 것을 공개적으로 표출했다. 슬픔과 분노를 비롯해 복수심과 하나님에 대한 멸시까지 모든 감정을 있는 그대로 털어놓았다. 외로움에 아파하고, 분노로 치를 떨고, 두려움에 사로잡혀 있는 사람이 나만이 아니라는 사실은 얼마나 큰 위로인가! 우리보다 앞서 산 사람들도 우리와 똑같은 감정을 겪었다. 그런 혼란 속에서 그들은 하나님을 사랑하는 법을 배웠다.

고통 속으로 초대하는 목소리

시편 기자는 자신의 마음을 하나님께 털어놓기를 주저하지 않았다. 진부하고 틀에 박힌 종교 언어 대신 그는 이렇게 고백했다.

> 내가 탄식함으로 피곤하여
> 밤마다 눈물로 내 침상을 띄우며 내 요를 적시나이다.
> 내 눈이 근심으로 말미암아 쇠하며
> 내 모든 대적으로 말미암아 어두워졌나이다.
>
> (시 6:6-7)

시편 기자는 인생의 괴로움을 영적으로 해석하지 않았다. 케케묵은 행동 요법으로 고통을 달래려 하지도 않았다. 격렬한 감정을 그대로 느끼며 노래했을 따름이다. 우리도 변명하거나 타협하지 않고 정직하게 고통 속으로 들어가도록 초대한다.

분노로 초대하는 목소리

시편 기자는 자신의 괴로움을 하나님 앞에 호소했다. 하지만 그것이 전부가 아니었다. 하나님을 신실하지 못한 분으로 비난했고 비열하고 치졸한 상인으로까지 몰아붙였다. "주께서 우리를 잡아먹힐 양처럼 그들에게 넘겨 주시고 여러 민족 중에 우리를 흩으셨나이다. 주께서 주의 백성을 헐값으로 파심이여. 그들을 판 값으로 이익을 얻지 못하셨나이다"(시 44:11-12). 하나님이 중대과실을 저질렀다고, 어리석기 짝이 없는 짓을 했다고 시편 기자는 하나님께 삿대질을 하며 비난했다.

하나님이 큰 고통을 주셨다고 분노하면서 하나님을 조롱하는 시편도 있다.

주께서 내가 아는 자를 내게서 멀리 떠나게 하시고
나를 그들에게 가증한 것이 되게 하셨사오니
나는 갇혀서 나갈 수 없게 되었나이다.
곤란으로 말미암아 내 눈이 쇠하였나이다.
여호와여 내가 매일 주를 부르며 주를 향하여 나의 두 손을 들었나이다.
주께서 죽은 자에게 기이한 일을 보이시겠나이까.
유령들이 일어나 주를 찬송하리이까.
주의 인자하심을 무덤에서
주의 성실하심을 멸망 중에서 선포할 수 있으리이까.

(시 88:8-11)

아무리 시편에 실려 있는 말씀이라고 해도 이런 분노와 조롱이 언짢게 느껴지는 사람이 있을 것이다. "시편 기자는 예수님을 몰라서 그랬을 거야. 우리는 예수님을 믿으니까 저렇게 외로워하거나 분노하거나 두려워할 이유가 없지."

하지만 그것은 신념일 뿐 믿음은 아니다. 시편의 애가들은 온 우주의 하나님께 과감히 속마음을 털어놓으라고 우리에게 권면한다.

월터 브루그만(Walter Brueggemann)은 말했다. "애가들은 일이 되어 가는 대로 안주하지 않으려는 반항이다. 이 세상에 야훼 하나님이 바꾸지 못할 상황은 없으며 하나님이 책임지지 못할 상황은 없다는 굳은 신념의 표출이다."[3]

시편은 감정 취급법을 알려 주지 않는다. 어떻게 하면 부정적인 감정을 극복할 수 있는지 쉬운 비법을 알려 주지도 않는다. 우리의 내면세계와 삶을 그런 식으로 단순화하면 안 된다. 그것은 어둠 속에서 신비하게 함께하시는 하나님께 부르짖는 마음의 싹을 잘라 버리는 일이다.

시편은 하나님께 의문을 품으라고 한다. 다만 하나님을 경배하는 맥락에서 의문을 품으라고 한다. 시편은 공예배 시에 사용했던 찬송가였다. 하나님은 모든 분노와 의심과 두려움을 자신 앞에 가져오라고 말씀하신다. 하나님에 대한 경배의 일환으로 그렇게 하라는 것이다. 우리를 향한 하나님의 마음을 헤아리기 위해 우리는 이런 감정적 분투를 치지 않을 수 없다.

진실의 목소리를 찾아서

하나님은 어떤 분인가? 그분의 참모습은 어떠한가? 속에 있는 아픔과 분노를 쏟아내면 하나님은 어떻게 반응하실 것인가?

어둠 속에서 하나님과 씨름할 때 우리의 분노와 두려움에 대한 하나님의 반응은 우리를 깜짝 놀라게 한다. 우리 생각과 다르기 때문이다. 우리는 하나님이 고분고분하고 말 잘 듣는 자녀를 원하신다고 생각한다. 그러나 그분은 대담할 정도로 솔직하고 하나님의 영광스런 성품 앞에 경외심을 표하는 사람을 원하신다.

하나님의 마음을 보여 주는 목소리

시편은 이스라엘 백성을 향한 하나님의 뜨거운 사랑을 알게 해준다. 하나님은 우리를 인생의 벼랑 끝, 우리의 주도면밀한 계획이 통하지 않는 곳으로 이끄신다. 그곳에서 광야가 시작되고 어둠은 우리를 절망과 의존으로 이끌고 간다. 그곳은 하나님에 대한 신뢰가 자라나는 곳이다. 하나님이 우리의 세계를 흔드시는 이유는 간단하다. 그분의 영광스런 아들을 닮아가는 데 걸림돌이 되는 것을 제거하시려는 것이다.

시편 기자는 하나님의 눈을 속일 수 없다는 사실에 감탄했다. 어디를 가든 하나님은 이미 그곳에 계셨다.

주께서 내가 앉고 일어섬을 아시고
멀리서도 나의 생각을 밝히 아시오며…
내가 주의 영을 떠나 어디로 가며
주의 앞에서 어디로 피하리이까…
내가 새벽 날개를 치며 바다 끝에 가서 거주할지라도
거기서도 주의 손이 나를 인도하시며

주의 오른손이 나를 붙드시리이다.

내가 혹시 말하기를 흑암이 반드시 나를 덮고

나를 두른 빛은 밤이 되리라 할지라도

주에게서는 흑암이 숨기지 못하며

밤이 낮과 같이 비추이나니

주에게는 흑암과 빛이 같음이니이다.

(시 139:2, 7, 9-12)

우리가 어디로 도망을 가든지 그곳에는 하나님이 계시다. 그곳에서 자신의 사랑을 표현하시고 우리에게 특별한 소명이 있음을 알려 주신다. 하나님은 성내기를 더디 하시고 자비가 풍성하시며 은혜로 오래 참으시는 분이다. 시편이 그 사실을 말해 준다. 우리를 향한 하나님의 계획은 언제나 선하고 참될 뿐이다.

우리는 하나님과 감정 대립을 하는 중에 그분을 더 깊이 알게 된다. 하나님의 반응이 예상을 빗나갈 때 그분이 지니신 의외의 성품을 깨닫게 된다. 우리가 분노하며 하나님을 거세게 비난해도 하나님은 우리를 처벌하지 않으신다. 우리가 위험 앞에서 부르짖어도 즉각 들어주지 않으실 때가 있지만 그 와중에도 자신의 마음이 어떤지를 우리에게 계시하신다.

인간의 부정적인 감정들은 비뚤어지고 변색되어 있다. 그렇지만 여전히 하나님의 감정에 대한 단서를 제공해 준다. 한 번도 화내 보지 않고 어떻게 하나님의 분노에 대해 알 수 있겠는가? 인간적인 시기와 질투를 느끼지 못한다면 자신의 백성을 향해 질투하시는 거룩하고 의로우신 하나님의 질투를 짐작이나 할 수 있겠는가? 비록 타락하고 부패한 감정이지만 하나님은 우리의 감정을 통해서 그분의 완전무결한 마음을 보여 주신다. 그분의 마음을 더 풍성히 이해하려면 자신의 내면세계부터 이해해야 한다.

시편은 자기 자신에 대해, 다른 사람에 대해, 그리고 하나님에 대해 근원적인 질문들을 던져 준다. 우리는 그런 질문들과 씨름하며 자신의 감정을 숨김없이 드러내야 한다. 그때 우리는 시련 중에 자신을 계시하시는 하나님 앞으로 나아가게 된다.

03

관계 : 감정이 일어나는 정황

에밀리는 호스를 여러 개 꽂은 채 갖가지 의료 기구에 둘러싸여 있었다. 병원 침대에 누워 조용히 사투를 벌이는 중이었다. 이틀 전만 해도 교회 소프트볼 대회에 참가해 2루에서 아웃된 남편에게 입을 맞추고 타석에서 날아오는 공을 기다리던 그녀였다. 그러나 공이 오기도 전에 에밀리는 바닥에 주저앉아 정신을 잃고 말았다.

급하게 동네 병원을 찾았지만 도심의 큰 병원 응급실로 후송되었다. 에밀리의 병명은 동맥류였다. 몇 시간에 걸쳐 대수술을 받는 동안 에밀리는 생사의 갈림길을 오락가락했다.

의사들은 에밀리의 두개골을 절개하고 생명을 위협하는 혈종을 제거했다. 그러나 에밀리는 의식을 되찾지 못하고 있었다. 살 수 있을지도 미지수였고, 산다고 해도 심각한 후유증과 장애를 안게 될 것이었다.

에밀리가 쓰러지기 일주일 전, 나는(댄) 그녀의 가족과 즐거운 한때를 보냈다. 우리는 한바탕 웃고 떠들면서 하나님이 하시는 희한하면서도 위대한 역사를 이야기했다. 명랑하고 다정했던 에밀리는 나에게 큰 용기와 사랑을 가르쳐 준 사람이었다. 쓰러지기 전날, 에밀리는 내게 고통을 어떻게 다루는지 질문했다. 그러던 그녀가 이제는 의식불명 상태로 하나님의 처분만을 기다리고 있다. 병을 낫게 하시든지 고통 없는 세상으로 데려가시든지.

하나님, 언제까지입니까

에밀리가 쓰러진 뒤 나는 그녀의 남편을 만났다. 그와 마주 앉아있는데 눈물이 핑 돌았다. 슬픔이 깊어지면서 분노도 치밀었다. "하나님, 언제까지입니까?" 나는 하나님께 마구 퍼부어 댔다. "언제까지 사랑하는 딸이 두개골이 절개된 채 누워 있는 모습을 지켜보실 겁니까? 언제까지 그 자녀들이 우는 모습을 바라보실 겁니까? 울면서 잠이 들고 깨어나면 엄마가 살아날까 애태우는 모습을 언제까지 보고만 계실 겁니까? 언제까지!"

영혼의 울부짖음은 해산의 고통이다. 하나님이 육신과 영혼, 하늘과 땅을 구속해 주시기를 바라는 간절한 기다림이다. "언제까지입니까?"라는 탄식은 영혼의 처절한 애원이며 기도이며 비난이다.

이 세상 누구나 희로애락의 인생사를 살아간다. 순간순간의 기쁨과 고통은 우리 마음에 의문 부호를 남긴다. "왜 우리 아빠는 나를 그렇게 힘들게 했을까? 왜 우리 엄마는 내가 아기였을 때 죽었을까? 왜 하나님은 내게 음악적 재능을 주셨을까? 우리 가정에 주신 재물로 무엇을 하길 원하실까?" 그러나 이 모든 질문의 근원에는 더 깊은 본질적 문제가 도사리고 있다. "인생이란 무엇일까? 하나님은 누구시고 어떤 분일까?" 인간관계로 빚어진 감정이라도 그것은 모두 "하나님은 선한 분이신가?"라는 공통된 의문을 반영하고 있다.

에밀리의 남편은 괴롭고 슬픈 심정을 숨기지 않았다. 하나님에 대한 의문도 감추려 들지 않았다. 그는 삶과 죽음, 하나님의 고통과 열심, 간절한 소망에 대한 생각에 사로잡혀 있었다.

자신의 고통과 하나님 안에서의 소망을 이야기하는 그에게 나는 갑자기 경멸의 감정이 솟구쳤다. 물론 그런 감정은 내가 원한 것도, 기대한 것도 아니었다. 나는 에밀리의 남편을 존중했다. 하지만 그 순간만큼은 아주 냉혹하게 현실적으로 이야기하고 싶은 충동이 일었다. 그는 아내가 죽을지도 모른다는 사실을 인식하지 못한단 말인가?

왜 나는 하나님의 선하심을 이야기하는 훌륭한 신자에게 경멸을 느꼈을까? 아마도 그의 믿음을 시기해서였던 것 같다. 그가 당하는 고통을 나도 당하고 싶은 마음은 없었다. 그러나 그는 분명 슬픔 가운데서 하나님의 얼굴을 엿보았고 그분의 자비를 경험하고 있었다.

그는 나에게 하나님이 어떤 분인지를 더 깊이 가르쳐 주었다. 하지만 나는 흠칫했다. 하나님을 알고 싶은 마음을 꾹꾹 눌러 버리고 싶었다. 내가 느꼈던 경멸감은 슬픔 속에서 하나님을 신뢰하라는 권유에 대한 거부였다.

나는 반항적으로 도전했다 "왜 하나님은 가만히 보고만 계십니까?" 신뢰와 소망을 회피하기 위해 하나님께 싸움을 걸었다. 에밀리가 회복되기를 바라는데 하나님이 무슨 일을 하시든 신뢰하라니, 그것은 부당하다는 생각이 들었다.

나는 가까이 다가오시는 하나님께 저항하면서 경멸이라는 감정을 통해 달아났다. 에밀리의 남편이나 고통을 피해 달아난 것이 아니라 궁극적으로 하나님을 피해 달아난 것이다.

우리의 모든 감정이 최종적으로 눈길을 맞추고 있는 대상은 하나님이다. 기쁨의 바탕에 구속의 경이로움이 있듯이 부정적 감정의 바탕에는 "하나님, 당신은 정말 선한 분입니까?"라는 의문이 들어 있다.

다윗은 인간이 죄를 짓고 씨름하는 대상이 결국 하나님이라고 했다. "내가 주께만 범죄하여 주의 목전에 악을 행하였사오니 주께서 말씀하실 때에 의로우시다 하고 주께서 심판하실 때에 순전하시다 하리이다"(시 51:4).

부정적인 감정은 사람이나 상황보다 더 깊은 문제, 즉 하나님에 대한 근원적인 의문이 있음을 말해 준다. 그렇다면 감정을 유발하는 수평적 문제와 그 감정이 가리키는 수직적 문제를 어떻게 연관 지어야 할까? 이 장에서는 수평 문제의 세 가지 기본 형태(공격, 외면, 사랑)를 살펴보고자 한다. 우리의 인간관계가 하나님과의 관계에 어떻게 뿌리 내리고 있는지를 볼 수 있을 것이다. 어떤 상황에서 어떤 감정이 일어나는지 파악해 두면 그 감정이 가리키는 근원적인 문제가 무엇인지를 알 수 있다.

무엇이 감정을 유발하는가

감정은 예측 불가능한 비이성적인 반응으로 보일 때가 많다. 하지만 아무런 동기도 없이 우연히 일어나는 감정은 하나도 없다. 물론 같은 상황이라도 사람에 따라 반응이 다른 것이 사실이다. 그러나 인간은 하나님의 형상으로 창조된 존재이기 때문에 몇 가지 공통점이 있다.

우리의 감정은 기본적으로 다른 사람이 자신을 어떻게 대하는지에 따라 유발된다. 사람들이 우리를 세 가지 형태로 대할 때 우리 안에 감정이 일어나는 것이다. (1) 사람들이 우리에게 맞선다: **공격**. (2) 사람들이 우리에게서 멀어진다: **외면**. (3) 사람들이 우리에게 다가온다: **사랑**. 이 세 가지 형태에 직면한 인간은 보통 **싸우거나 피하는** 반응을 보인다. 다음 도표는 어떻게 부정적인 감정이 일어나는지를 간략하게 정리한 것이다.

관계상 움직임	싸우는 반응	피하는 반응
공격(맞서다)	분노	두려움
외면(멀어지다)	시기, 질투	절망
사랑(다가오다)	경멸	수치

왜 어떤 사람들은 싸우는 반응을 보이고 어떤 사람들은 피하는 반응을 보일까? 우리가 살아온 삶의 배경은 싸우거나 피하는 기본적인 성향을 형성하고, 그러한 성향이 대인 관계에 깊은 영향을 미친다. 우리가 처한 특정한 상황도 특정 반응을 더 자연스럽게 나오게 하는 결정적 요소로 작용한다.

누군가 우리를 공격할 때 우리는 어떤 감정적 반응을 보이는가? 분노로 그 공격에 대항하거나 두려움으로 도망가려 할 것이다. 누구에게 외면당할 때 우리는 어떤 감정적 반응을 보이는가? 질투 섞인 분노에 사로잡히거나 절망에 빠져 도피처를 찾을 것이다. 누구에게 사랑을 받지만 그 사랑이 불편하거나 위험하다고 여겨질 때 우리는 어떤 반응을 보이는가? 냉소와 경멸로 사랑받고 싶은 마음에 대항하거나 수치심에 움츠러들면서 사랑받고 싶은 마음에서 도피하려 할 것이다.

관계상의 움직임은 각각의 감정적 반응을 유도해 낸다. 바로 그러한 반응이 하나님에 대한 근원적 의구심으로 들어가는 문이 된다.

공격: 인간의 존엄성에 대한 훼손

공격은 싸우거나(분노) 피하는(두려움) 반응을 유도한다. 친한 사람에게 모욕을 당하면 두려움과 분노라는 자연스런 반응 외에도 충격과 실망을 느끼게 된다.

공격에는 보통 우리의 지위나 권력이나 인격이나 재산을 무너뜨리려는 위협이 가해진다. 상대는 우리가 갖고 있는 소중한 것을 빼앗으려고 한다. 공격 형태도 다양하다. 미묘하고 교활한 공격도 있고, 직접적이며 무자비한 공격도 있다. 어느 경우든 관계상의 공격은 우리에게 충격을 일으킨다.

상대의 공격이 은밀하고 교묘해서 그 점진적인 영향력을 의식하지 못하는 경우에도 우리는 분노와 두려움 중 하나로 반응한다.

분노의 감정이 제기하는 의문은 **"하나님은 공평하신가? 하나님은 악인이 승리하도록 두실 것인가?"**이다. 그런가 하면, 두려움은 **"하나님은 나를 보호해 주실 것인가?"** 하는 의문을 제기한다.

분노: 이에는 이, 눈에는 눈

타인의 공격에 공격으로 반응하는 것은 이에는 이, 눈에는 눈으로 갚겠다는 앙갚음이다. 분노는 우리를 싸우게 만든다. 부당한 일, 혹은 부당하다고 생각하는 일에 맞섬으로써 자신에게 가해지는 잘못을 막으려는 것이다. 징당한 분노든 그렇지 않은 것이든 분노는 에너지를 발산한다. 심장박동이 빨라지고 근육이 수축되고 눈의 초점이 좁아져 상대를 주시하게 만든다. 그리하여 즉각적이고 단호한 행동을 취하게 한다.

어떤 남성은 이런 말을 했다. "저는 화가 나야 무엇을 결정하는 습성이 있습니다. 마음이 편안하고 이성적일 때는 선택의 장단점을 두루 고려하느라 결정을 내리지 못합니다. 하지만 화가 나면 다른 사람이 뭐라고 하든 오기로 결정을 내리고 맙니다." 사람들은 울화를 품고 결정을 내릴 때가 많다. 자신의 욕구와 엇나가는 세상에서 분노는 결단을 부추기는 아드레날린이라 할 수 있다.

그릇된 분노는 내면의 욕구는 무시한 채 격렬하게 정의만을 요구한다. 하나님이 자신을 보호해 주시지 않았으니 스스로 문제를 해결하고 억울함을 풀고자 한다. 분노가 제기하는 의문은 이것이다. "**하나님은 공평하신가? 악인이 승리하여 나를 압도하도록 그냥 두실 것인가?**"

이때 분노는 하나님의 때를 기다리지 않고 스스로 행동에 돌입해서 하나님의 소극성을 교정하려는 것이다. 위험에서 자신을 보호하는 동시에 싸움을 부추기는 기폭제이기도 하다. 즉 자신을 위해 나서지 않는 하나님에 대한 도발인 셈이다.

두려움: 분노의 다른 표현

위험에 직면했을 때 느끼는 두려움은 우리에게 도망갈 힘을 더해 준다. 재빨리 뒤로 물러나게 하고, 맞서 싸우는 것 자체를 어이없는 행동으로 여기게 한다.

두려움을 느낄 때면 피해를 입지 않기 위해 정보를 수집하려고 동공이 확대된다. 피부 혈관이 수축하고 식은땀이 나며 근육이 수축해서 도망을 가거나 숨기 위한 신체적 준비를 한다. 두려움이 커질수록 우리 몸은 점점 더 위축되고 오그라든다. 극한 공포 상태에 이르면 몸을 움직이지도 못하게 된다.

위험에서 벗어나기 위해 우리는 피할 수 있는 모든 수단을 강구한다. 불안과 공포심은 생존을 위협하는 존재나 문제로부터 물러서게 만드는 힘이다.

두려움과 분노는 모두 자기정당화 수단이라고 할 수 있다. 다만 두려움은 분노의 반대 방향으로 움직일 뿐이다. 불의한 두려움은 영혼의 절박한 고통에 둔감해지고 소극적으로 보호받는 데 매달리게 만든다. 두려움을 느끼는 사람은 하나님이 자신을 보호해 주시지 않으니 자신의 행동은 정당하다고 생각한다. 두려움이 제기하는 의문은 이것이다. "**하나님이 나를 보호해 주실 것이라고 신뢰해도 되는가?**"

외면: 친밀감의 상실

타인에게 외면이나 버림을 당하면 우리는 자연히 상실감을 느낀다. 상실감이란 소중한 존재에게 소외당하는 외로움이다. 단순한 결별이라도 당사자에게는 그것이 죽음과 같이 느껴질 수 있다. 관계의 단절을 의미하기 때문이다.

인간이 맺는 모든 관계에는 외면의 가능성이 잠재되어 있다. 친한 친구에게 배신당할 수도 있고, 자녀에게 버림받을 수도 있고, 배우자에게 이혼

당할 수도 있다. 이러한 비극은 어떤 관계에든지 침입하여 친밀감을 조롱한다.

상실감은 잔인한 고통을 준다. 상실감은 희망을 앗아 가기 때문에 내면의 욕구를 더욱 절실하게 만든다. 상실감과 외면의 고통은 질투(싸움)와 절망감(도피)을 일으킨다. 질투가 궁극적으로 묻는 것은 "**하나님은 선하신가, 아니면 나만 빼고 다른 사람들에게만 복을 주시는가?**"이며, 절망이 묻는 것은 "**하나님은 나를 홀로 내버려두실 것인가?**"이다.

질투: 소유욕에 불타는 격분

결코 잃고 싶지 않은 것을 지키려는 마음에서 질투가 일어나고, 남이 가진 것을 갖고 싶은 욕구에서 시기와 부러움이 생긴다. 시기와 질투는 모두 자신은 상처받지 않겠다는 강렬한 저항이다.

한번은 어떤 남성이 이렇게 투덜거리는 소리를 들었다. "아니 우리 마누라는 대체 왜 다른 남자한테 웃어 보이고 말을 걸고 팔을 붙잡는 걸까요? 우리 목사님한테는 아주 애인같이 군다니까요!" 강한 질투심으로 그는 분노하고 몸이 병들었다.

질투하는 사람은 상대가 떠날까 봐 전전긍긍하며 그 주위에 단단한 울타리를 쳐 놓는다. 질투는 사랑하는 사람을 뺏기지 않으려는 소유욕에 찬 분노의 감정이다.

부러움도 실은 상실감에서 벗어나려는 몸부림이다. 자신이 갖지 못한 것을 남이 누리는 것을 보면 괴롭기 때문에 남의 기쁨을 훔치고 싶은 것이다. 우리는 상실감을 견디면서 하나님의 선하심을 신뢰하려 하기보다는 자신에게 소중한 것을 뺏으려는 사람이나 자신이 갖고 싶은 것을 누리는 사람을 적대시한다.

원하는 것을 갖지 못했을 때 질투에 찬 분노는 자칫 살인을 부를 수도 있다고 야고보 사도는 말했다. "너희는 욕심을 내어도 얻지 못하여 살인하며 시기하여도 능히 취하지 못하므로 다투고 싸우는도다"(약 4:2). 불의한 질투심은 상실감의 고통을 둔화하고 자기만족을 추구한다. 자신이 원하는 것을 하나님이 주지 않으셨으니 자신의 행동은 괜찮다고 정당화한다. 질투가 묻는 근원적인 질문은 이것이다. **"하나님은 선하신가? 나의 갈망을 채워 주실 것인가? 다른 사람들에게만 복을 주고 나는 빈손으로 두실 것인가?"**

절망: 외로움에서의 도피

절망은 내면적 갈등 자체를 거부하게 만든다. 언젠가는 나아질 것이고 행복해질 것이라는 소망을 짓밟아 버린다.

한 부인이 내게 결혼 생활의 어려움을 털어놓았다. "저는 남편이 변할 거라고는 생각도 하지 않아요. 지금까지 남편이 달라지기만 바라고 있었는데 이제는 희망을 품었다 실망하는 데도 진저리가 나요. 아니, 희망 자체가 싫어요. 뭔가를 바라다 속만 상하는 일을 뭐 하러 반복하겠어요?" 절망은 소망을 거부하는 것이다.

잠언은 이렇게 말한다. "소망이 더디 이루어지면 그것이 마음을 상하게 하거니와 소원이 이루어지는 것은 곧 생명 나무니라"(13:12). 여기서 '상하다'라는 단어는 '지긋지긋하다'로 번역하는 것이 더 어울린다. '상하다'라는 말은 상태가 좋지 않다는 뜻이고 '지긋지긋하다'는 것은 질렸다는 뜻이다. 소망이 더디 이루어지면 마음이 상하고 지긋지긋할까 봐 우리는 너무 사소한 것에 소망을 거는 것은 아닐까? 절실하게 원하면서도 거부당할 가능성이 있을 때 절망은 그런 가능성에서 도피하게 해준다.

우리는 외로움을 혐오한다. 혼자 있는 것은 좋아할지 몰라도 다른 사람에게 소외당해 외톨이가 되는 것은 싫어한다. 그러나 사람들과 친해지고 싶은 사람도 절망에 빠지면 누가 자신과 친해지고 싶어 하는지에는 관심이 없다. 자신에게 필요한 것을 찾기보다 실패한 것에만 몰두하려 한다.

불의한 절망은 외로움을 마비시키고 엉뚱한 곳에서 위안을 찾으려고 한다. 하나님이 위로해 주시지 않으니 스스로 위안거리를 찾겠다는 것이다. 절망이 묻는 근원적인 질문은 이것이다. "**하나님은 선하신가, 아니면 나를 고립된 채 내버려 두실 것인가? 다른 사람들과는 함께하시면서 나는 홀로 두실 것인가?**"

한동안은 절망에 빠져 무덤덤하게 살아갈 수 있다. 그러나 인생을 그렇게 살아서는 안 된다. 하나님은 우리가 로봇처럼 살기를 원치 않으신다. 고난은 우리로 하여금 하나님과 씨름하게 하거나 내면의 욕망을 죽임으로써 본질적으로 영혼을 죽인다. 하나님은 우리에게 다가오셔서 절망의 틀을 깨고 내면의 감추어진 열망을 드러내게 하신다.

사랑: 친밀감의 욕구

절망은 친밀감의 욕구를 차단해 버린다. 욕구와 소망의 좌절, 절망으로 인한 침체가 반복되면 결국은 욕구 자체를 증오하게 된다.

욕구는 경멸을 통해 상쇄할 수 있다. 누군가 다정하게 다가와 친밀감의 소망을 불어넣을 때 그 소망에 맞서 싸우는 것이 경멸이다. 만일 소망이 경멸의 진마저 뚫고 들어오면 우리는 바보처럼 농락당한 기분을 느낀다. 다른 사람과 친해지고 싶은 욕구가 적나라하게 노출되면 수치스럽다. 그래서 누가 우리에게 친밀감의 욕구를 일으키면 경멸감(싸움)이나 수치심(도피)이 일어나는 것이다.

친밀감은 화해의 맛보기이며 분열과 상실을 극복했다는 증거다. 사람 사이의 친밀감은 구원에 대한 갈망, 하나님과의 완전한 관계에 대한 갈망을 반영한다. 우리는 구원을 간절히 원하면서도 그러한 욕구가 통제력을 넘어설까 두려워 꺼린다. 친밀감을 동경하다가 느닷없는 공격을 당하거나 상처를 받을까 노심초사한다.

하나님은 우리가 피상적인 관계에 머물거나 절망에 빠져 사는 것을 원치 않으신다. 분노라는 얄팍한 방패로 하나님을 막아 보려는 시도도 용납하지 않으신다. 우리를 홀로 두지 않으시고 모든 방법을 동원해서 우리를 찾으시며 간섭하신다. 그리고 끊임없이 우리를 향해 다가오시며 우리 안에 갈망과 함께 주저하는 마음도 일으키신다. 우리는 우리의 마음을 녹이는 하나님의 은혜를 원하기도 하고 원하지 않기도 한다. 하나님께 나아가기 위해서는 먼저 마음의 벽부터 허물어야 하기 때문이다. 하나님은 절대로 우리를 그대로 놓아두지 않으신다. 우리를 용납하시고 변화시키신다. 우리는 그런 변화를 원하면서도 다른 한 편으로는 원하지 않는다.

C. S. 루이스는 「새벽 출정호의 항해」(*The Voyage of the Dawn Treader*)에 나오는 유스터스라는 인물을 통해 그런 갈등을 묘사했다. 악의 세력에 의해 용으로 변한 유스터스가 다시 인간으로 돌아올 수 있는 길은 아슬란(그리스도를 상징하는 사자)이 날카로운 발톱으로 그의 용 비늘을 벗겨 주는 것밖에 없다. 유스터스에게 그것은 미친 짓이나 다름없다. 그러다 아슬란에게 죽

을 수도 있다. 바로 이것이 이야기의 핵심이다. 유스터스의 생명은 죽음도 불사하겠다는 각오에 달려 있다. 유스터스는 용이 된 자신의 처지를 비관했고 인간으로 변화되기를 원했지만 죽기는 싫었다. 그런 갈등이 유스터스의 마음을 괴롭게 했다.

우리도 마찬가지다. 우리를 향해 다가오시는 하나님께 저항하면서 경멸과 수치심으로 내면의 갈등을 무마하려고 한다. 여기에 인간의 깊은 딜레마가 자리 잡고 있다. "**하나님은 정의롭고 선하신가?**"라는 근원적인 질문은 "**하나님은 나를 사랑하시는가?**"라는 개인적이고 단순한 질문으로 바뀐다.

경멸: 친밀감을 비웃는 조롱

경멸은 친절과 동정의 냄새를 맡는 순간 역겨움에 고개를 돌린다.

우리는 사랑을 절실하게 원하지만 그런 열망이 위험해 보여 자신을 향해 다가오는 사랑의 움직임을 경멸로 막아 버린다. 진짜 속마음은 이것이다. "**네가 나에게 다가오면 나는 너와 친해질지도 모른다는 기대감이 생길 거야. 하지만 네가 나를 진정으로 좋아하는 게 아니라면 어떻게 하지? 나에게 다가오는 의도가 다른 것이라면, 나를 해치려는 나쁜 의도라면 어떻게 하지?**"

사랑으로 다가오시는 하나님께 우리가 어떻게 반응하는지에 대해 사도 바울은 이런 질문을 던졌다. "혹 네가 하나님의 인자하심이 너를 인도하여 회개하게 하심을 알지 못하여 그의 인자하심과 용납하심과 길이 참으심이 풍성함을 멸시하느냐"(롬 2:4). 누군가 우리에게 선물을 주려고 해도 그 진심이 의심스러우면 우리는 멈칫하게 된다. 행여 더 받고 싶은 마음이 솟아날까, 혹은 우리 안의 죄성으로 사랑스럽지 않은 존재가 될까 두려워한다. 인간의 타락한 마음에 사랑이 들어올 때 그로 인해 느끼는 수치심을 막아 보려는 반응이 곧 경멸이다.

경멸은 마음속의 동요를 잠재우고 상대에게 멀어지라는 압박을 가한다. 하나님이 자신을 사랑하시는지 분명하지 않기에 자신의 행동이 정당하다고 생각한다. 경멸이 묻는 근원적인 질문은 이것이다. **"하나님은 나를 사랑하시는가? 아니면 싫어서 등을 돌리시는가?"**

수치심: 친밀감에서의 도피

수치심은 친밀감을 피해 달아나는 것이다. 인간이 지닌 근원적 두려움 중 하나는 영원히 소외되고 조롱당할 것 같은 두려움이다. 수치심은 생지옥이나 다름없다. 저항 한번 못해 보고 붙잡히는 듯한, 무참하게 망신을 당하는 듯한 느낌을 안겨 준다.

수치심은 자신의 추함이 드러날 때의 느낌이다. 수치심만큼 우리 영혼에 깊은 상흔을 남기는 것도 없다. 철학자 장 폴 사르트르는 수치심을 가리켜 "영혼의 출혈"이라고 했다.

수치심을 느끼면 힘이 빠지고 살고 싶은 의욕도 없어진다. 다른 도피의 감정들(두려움과 절망)처럼 수치심도 사람을 회피하게 만든다. 수치심을 느끼는 사람은 눈을 아래로 내리깔고 어깨를 축 늘어뜨린 채 어쩔 줄 모르는 전형적인 모습을 보인다. 수치심은 현실에서 달아나려는 일종의 현실도피라고 할 수 있다.

불의한 수치심은 폭로의 공포를 누그러뜨리고 수동적으로 안전을 추구하게 만든다. 하나님의 사랑은 위험해 보이므로 그 사랑을 거부하는 것이 당연해 보인다. 수치심이 던지는 근원적인 질문은 이것이다. "**하나님은 나를 사랑하시는가? 아니면 나의 진짜 모습을 보고 미워하시는가?**"

수치심에서 벗어나기 위해 우리는 보이고 싶지 않은 것을 드러내는 사람이나 사물로부터 자신을 격리하는 데 온 힘을 쏟아 붓는다.

스키를 배우지 않으려는 여성이 그 이유를 이렇게 설명했다. "어렸을 때부터 새로운 운동은 무엇이든 배우지 않으려고 했어요. 넘어지거나 다칠까 봐 겁이 나서 그러는 게 아니에요. 잘하는 사람들 속에서 혼자 서툰 시도를 하다가 망신당한 기억이 있어서 그래요. 그것도 못하느냐는 시선으로 쳐다보는 게 얼마나 창피하던지 다시는 아무것도 배우지 않겠다고 다짐했어요."

어떤 사람들은 배우자나 직장을 그런 식으로 선택하기도 한다. "이 사람(혹은 이 일)은 나에게 굴욕감이나 창피나 모욕감을 안겨 주지 않겠지? 만일 그렇다면 그 근처에는 얼씬도 하지 않을 거야." 사람들이 정직하게 진실이나 신앙을 밝히지 못하는 이유도 조롱당할까 두려워서다.

수치심은 회피를 정당화하려는 반응으로 볼 수 있다. 더 나아가 교만하게 굴면서 자신을 격리하려는 시도일 수도 있다. 점진적으로 마음을 굳어지게 해서 수치심에 면역이 되면 그때는 부끄러움도 모르는 뻔뻔한 사람이 된다.

교만은 단순히 우쭐거리거나 자기 자랑을 늘어놓는 어둠이 아니다. 교만은 하늘을 향해 이렇게 반항적으로 외치는 것이다. "나는 고개를 숙이지 않을 것이고 현실의 무게에 짓눌리지도 않을 것입니다. 나는 화해하고 싶은 갈망에 굴복하지도 않을 것이고 구원을 바라는 내 영혼의 신음도 듣지 않을 것입니다." 감정을 거부하거나 경멸로 다툼을 일으키는 사람 안에는 그러한 교만이 도사리고 있다. 교만한 사람은 자기 영혼의 신음에 등을 돌린다. 그것은 결국 하나님과 씨름하지도 않겠다는 것이다.

하나님과의 씨름이란 무엇을 의미하는가? 하나님을 더 깊이 알려면 하나님과 어떤 싸움을 해야 하는가?

하나님과의 씨름이란 "얼마나 더 기다려야 합니까, 주님!" 하는 원망 어린 탄식과 싸워야 한다는 뜻이다. 우리가 느끼는 모든 부정적인 감정들(분노, 두려움, 질투, 절망, 경멸, 수치)은 그런 질문을 할 수밖에 없게 만든다. 그리고 결국 하나님의 신비한 개입을 통해 응답을 얻게 하는 도구가 된다.

04
불의한 분노: 정의 실현에 대한 불신

분노는 간헐천에서 솟구치는 뜨거운 물처럼 느닷없이 분출되는 경우가 있다. 장기간 표면 아래서 부글부글 끓다가 주변 사람들을 데게 만들기도 한다.

분노는 공격을 당했을 때 나오는 반응이다. 분노의 정도는 상대의 공격을 얼마나 부당하게 느끼는지에 좌우된다. 실제로 공격이 아니었거나 극단적으로 반응할 만큼 심한 공격이 아니더라도 공격당한 본인이 어떻게 느끼는지에 달려 있는 것이다. 자신의 간절한 욕구를 막거나 마땅히 가져야 한다고 생각한 것을 갖지 못하게 할 때 분노는 극에 달하게 된다.

분노의 원인

만족을 막는 걸림돌

길이 막혀서 당신의 차가 도로 중간에 꼼짝 못하고 서 있다고 상상해 보라. 당신은 수시로 시계를 쳐다보면서 언제 길이 뚫릴지 생각할 것이다. 더욱이 약속 시간은 10분밖에 남지 않았고 눈앞에 보이는 출구만 빠져나가면 제 시간에 도착할 수 있는 상황이다. 당신은 좀 더 일찍 출발하지 않은 자신을 원망할 것이고 오늘은 재수가 없다느니, 교통 행정이 잘못되었다느니, 운전자가 조심성 없이 사고를 일으켜 교통 체증을 빚었다느니 하면서 불평을 늘어놓을 것이다. 하지만 아무리 화를 내고 원망을 해도 제 시간에 약속 장소에 도착하고 싶은 욕구를 해소하지는 못한다. 다만 화를 내는 순간에만 기다려야 하는 낭패감과 길이 뚫리기를 바라는 초조감에서 어느 정도 탈출할 수 있을 뿐이다.

원하는 것을 얻지 못하면 기다릴 수밖에 없다. 기다림은 만족으로 가는 것을 막는 걸림돌이다. 그래서 우리는 기다리는 자신의 무력함을 경멸한다. 길게 늘어선 줄에서 속절없이 기다릴 때, 약속 시간에 늦은 친구를 하염없이 기다릴 때 우리는 불쾌해지고 짜증이 난다. 만족을 향한 욕구가 차단됐을 때 금세 해결되지 않을 것 같은, 심지어 영원히 이루어지지 않을 것 같은 낙심에 빠진다. 기다림이 고통스러운 이유는 우리가 의존적인 존재라는 사실을 인정하지 않을 수 없게 만들기 때문이다.

불의한 공격

만족이란 불안과 무력감에서의 해방이다. 누구나 만족을 원한다. 그러나 욕구를 만족시키는 것이 우리가 통제할 수 없는 대상들의 손에 달려 있기 때문에 우리는 결코 안심할 수가 없다. 다른 사람이 내 요구를 들어주지 않으면 우리는 기분이 상한다. 불의한 이유로 자신의 욕구가 채워지지 않으면 우리는 분노를 매우 정당한 반응이라고 생각한다.

샘터에 가서 목을 축이려고 하는데 먼저 온 사람이 있다고 치자. 당신은 그 사람이 물을 다 마실 때까지 기다려야 한다. 빨리 갈증을 해소하고 싶었는데 그 욕구를 차단당했기 때문에 잠시 좌절감을 느낄 것이다.

하지만 당신의 차례가 되어 샘물을 마실 수 있게 되면 그런 좌절감은 순식간에 사라져 버린다. 만일 앞에서 물을 마시던 사람이 너무 천천히 마셔서 당신의 욕구를 금세 채울 수 없다면 분명 짜증이 날 것이다. 기다림은 불쾌감을 증폭시킨다. 설상가상으로 앞서 물을 마시던 사람이 이번에는 자기 아이까지 불러 물을 마시게 한다면 짜증은 곧 분노로 바뀔 것이다. "아니, 저 여자는 왜 아이를 줄도 세우지 않고 물을 마시게 해? 나는 이렇게 줄 서서 기다리고 있는데. 진짜 너무하네!"

공격은 어떤 형태로든 불의를 내포하고 있다. 불의란 하나님의 뜻을 거스르는 것을 말한다. 사람들이 쓰레기를 함부로 버려서 자연을 훼손할 때 우리는 불쾌감을 느낀다. 하지만 그 정도는 사소한 불의에 해당한다. 만일 누군가 아이에게 총을 겨누어 무고한 생명을 희생시킨다면 그것은 엄청난 불의가 아닐 수 없다. 불의가 심각할수록 우리가 느끼는 분노도 더욱 커진다. 강도가 총으로 아이를 살해했다는 기사를 읽고도 아무런 분노를 느끼지 않는다면 그것은 거룩하지 못한 일이다.

불의한 공격을 당한 한 남자의 분노에 찬 외침을 들어보라.

내가 찬양하는 하나님이여 잠잠하지 마옵소서.
그들이 악한 입과 거짓된 입을 열어
나를 치며 속이는 혀로 내게 말하며
또 미워하는 말로 나를 두르고

까닭 없이 나를 공격하였음이니이다.…

악인이 그를 다스리게 하시며

사탄이 그의 오른쪽에 서게 하소서.

그가 심판을 받을 때에 죄인이 되어 나오게 하시며

그의 기도가 죄로 변하게 하시며

그의 연수를 짧게 하시며 그의 직분을 타인이 빼앗게 하시며

그의 자녀는 고아가 되고 그의 아내는 과부가 되며

그의 자녀들은 유리하며 구걸하고

그들의 황폐한 집을 떠나 빌어먹게 하소서.

(시 109:1-3, 6-10)

다윗은 화가 머리끝까지 나 있었다. 그는 복수하고 싶었고 자신에게 해를 입힌 남자의 가족 전체가 그 죗값을 치르는 모습을 보고 싶었다. 저자 미상의 시편 중에도 울분에 가득 찬 시들이 많이 있다. 시편 기자는 자신을 공격해서 고통을 준 사람들에게 해가 돌아가기를 원하고 있다. 과연 이것이 성경적인 바람일까? 화가 나서 복수해 달라고 기도하는 것이 과연 옳은 일일까? C. S. 루이스는 이런 시편들은 기독교의 가치가 아니라 구약에 나오는 '눈에는 눈, 이에는 이'의 윤리 의식을 반영한다고 말했다. 그렇다면 그리스도인들은 분노를 어떻게 처리해야 할까?

하나님은 죄를 멸하려는 마음을 북돋우시고자 분노를 고안하셨다. 분노는 아름답고 구속(救贖)적인 감정일 수도 있고 추하고 보복적인 것일 수도 있다. 그것은 분노의 대상이 누구인지, 어떻게 분노를 표출하는지, 왜 분노가 일어났는지에 따라 달라진다.

사람 사이에서 표출되는 분노는 대체로 선을 권하고 악을 멸하는 구속적인 목적과는 큰 상관이 없다. 불의한 분노를 품은 사람은 타인의 자유를 억압하고 복종을 강요한다. 필요한 것을 하나님께 간구하지 않고 분노로 남을 삼켜서 자신의 공허를 채우려고 한다. 또한 자신의 지배를 막아서는 모든 사람을 정죄한다. 야고보 사도의 말을 들어보라. "사람이 성내는 것이 하나님의 의를 이루지 못함이라"(약 1:20).

당신은 모든 분노가 부당하다고 생각하는가? 사도 바울은 이렇게 말한다. "분을 내어도 죄를 짓지 말며"(엡 4:26). 바울은 모든 분노가 죄라고 단정 짓지 않았다. 죄에 지배당하지 않는 한 화를 내도 괜찮다고 말했다. 어떻게 그럴 수 있을까? 그에 대한 정답은 불의한 분노와 의로운 분노를 구별하는 것이다. 이 장에서는 불의한 분노를 살펴보고, 다음 장에서는 하나님의 성품을 반영하는 의로운 분노에 대해 알아보겠다.

기다리지 못하는 부정적인 에너지

불의한 분노는 하나님이 정한 때에 하나님의 방법대로 정의가 이루어지길 기다리지 않고 자기 식대로 지금 당장 정의 실현을 요구하는 부정적인 에너지를 의미한다.

불의한 분노는 선택권을 침해한다

쿠엔틴은 껍질을 벗기기 전에 먼저 당근을 물에 씻고 있었다. 그때 처제 사라가 잠시 쿠엔틴의 집에 들렀다. 현관문이 열리고 그녀 특유의 고음 섞인 목소리가 집안에 울려 퍼졌다. 사라는 방울 소리를 내며 다가오는 위험한 방울뱀처럼 몸을 잔뜩 웅크리고 누구든 공격할 태세를 갖추고 있었다. 그녀에게 물리는 건 시간 문제였다.

아이들은 인사를 하자마자 재빨리 사라를 피해 달아났다. 피하는 것이 상책이었다. 아직 아이들이라 외출할 참이었다는 그럴듯한 구실은 대지 못했다. 주방에 있던 다른 어른들도 얼른 자리를 피할 준비를 했다. 그래도 어른들은 노련미가 있었다. 아이 같은 공포심을 감추고 좀 더 고상한 방식으로 그 자리를 피했다.

요리를 하느라 미처 피할 새가 없었던 쿠엔틴이 마침내 사라의 일침을 받고 말았다. "아니, 형부! 대체 뭐하시는 거예요?" 그녀가 빈정대는 투로 쿠엔틴에게 쏘아붙였다. "어차피 껍질을 벗길 텐데 뭐하러 당근을 물에 씻느냐고요!"

쿠엔틴은 사라를 쳐다보지도 못한 채 "응, 그게 말이지, 이왕 씻은 거 그냥 마저 씻어야지 뭐"라면서 얼버무렸다. 당근 껍질을 벗기자마자 쿠엔틴 역시 부리나케 주방을 빠져나와 안전한 곳으로 피신했다.

대체 누가 사라를 그렇게 공격적으로 만든 것일까? 심한 공격은 아니었지만 그녀는 그날 저녁 내내 집안 분위기를 가라앉게 만들었다. 사라가 정말로 원했던 것은 어쩌면 그것이었는지도 모른다. 사라는 분노를 통해 사람들을 위협해서 절대주권을 행사했다. 사람들은 원하는 것을 선택할 수 없었다. 즉 사라에게 수치심과 공허감과 외로움과 연약함을 느끼게 할 수 있는 어떤 선택도 할 수 없었던 것이다.

정당한 분노는 결코 상대의 선택권을 침해하지 않는다. 대신 상대를 변화시키기 위해 고통을 주고 불안하게 만든다.

불의한 분노는 다른 사람을 지배하려 한다

불의한 분노의 또 다른 목적은 자신에게 필요한 것이면 무엇이든 손아귀에 움켜쥐고 놓지 않으려는 것이다. 이것은 소유욕의 발동이다.

나의(댄) 다섯 살배기 아들 앤드류는 얼마 전에 이웃집에서 트랙터 장난감 하나를 얻었다. 어느 날, 앤드류가 다른 놀이를 하는 사이에 여동생이 그 트랙터를 만지작거렸다. 그때 앤드류는 쩌렁쩌렁 울릴 정도로 고함을 질렀다. "안 돼! 내 장난감 건드리지 마! 그거 내 거야, 내 거라고!" 화를 참지 못한 앤드류가 그 조그만 몸을 부르르 떨더니 여동생에게 가차 없이 주먹을 날리는 게 아닌가!

불의한 분노를 품은 사람은 다른 사람의 선택권을 지배하려고 한다. 특히 자신의 행복에 필수적이라고 생각되는 것이면 인정사정 보지 않고 가지려고 한다.

여동생을 때린 우리 아들은 "그거 내 거야, 내 거라고!"라는 반복적인 투쟁 구호로 스스로 공격성을 부추겼다. 아이는 자기가 그 장난감의 '주인'이라고 믿고 있었다. 그것이 반드시 '필요'하다고 생각했고 그래서 누가 그것을 만지기라도 하면 자기는 '죽는' 줄 알았던 것이다.

우리는 천국의 행복을 **지금 당장** 누리고 말겠다는 맹목적인 욕구에 집착한다. 분노는 지금 당장 천국을 맛보게 해주고 그 만족감을 유지시켜 주는 것이라면 무엇이든 소유하려 한다.

사람을 소유한다는 것은 곧 그들을 집어삼켜서 자신의 빈 곳을 채운다는 의미다. 우리가 지닌 공허와 굶주림이 그렇게 삼키고 침해하는 행동을 정당화한다. 시편은 그러한 행동을 먹을 것을 찾아 울부짖는 굶주린 개들에 빗댔다. "그들에게 저물어 돌아와서 개처럼 울며 성으로 두루 다니게 하소서. 그들은 먹을 것을 찾아 유리하다가 배부름을 얻지 못하면 밤을 새우려니와"(시 59:14-15). 굶주린 배를 채워 줄 먹잇감이 보이면 개들은 사정없이 그것에 달려든다. 언제 무엇을 먹을지는 개들의 관심사가 아니다. 오직 배를 채우는 것만이 전부다.

우리 상담소에 찾아온 어떤 여성은 하루에 몇 시간씩 남편에게 관심받을 방법을 고민한다고 했다. 매혹적인 자태를 꾸며 유혹도 해 보고, 함께 운동을 하거나 휴가를 보낼 방법을 궁리하고, 텔레비전 앞에서 오붓한 시간을 보낼 계획도 한다는 것이다. 모두 치밀하게 준비하고 계획한 일이었다. 남편을 광적으로 '섬기려는' 동기는 결코 존경이나 애정이 아니었다. 그것은 분노였다. 남편은 그녀의 '먹잇감'이었고 그녀는 주린 배가 채워질 때까지 울부짖으며 헤매고 있었다.

이사야는 광적인 행동과 분노 간에 상관관계가 있음을 역설했다. 내면의 공허, 광적인 노력, 분노 간에는 서로 깊은 연관성이 있다는 것이다.

이 땅으로 헤매며 곤고하며 굶주릴 것이라.
그가 굶주릴 때에 격분하여
자기의 왕과 자기의 하나님을 저주할 것이며….

(사 8:21)

성공에 집착해 애쓰고 수고하는 사람들에 대해 솔로몬도 같은 문제를 지적했다. "내가 또 본즉 사람이 모든 수고와 모든 재주로 말미암아 이웃에게 시기를 받으니 이것도 헛되어 바람을 잡는 것이로다"(전 4:4). 광적인 성취욕이 시기나 분노에서 비롯된 것이 아니라고 해도 시기와 분노의 감정에 불을 지피는 것만은 분명하다. 앞서 언급한 여성은 분노의 문제를 거론하자 당황하기 시작했다. 그녀는 오로지 자신의 강박관념과 두려움만을 의식하고 있었다. 남편이 자신을 떠날까 두려워서 비위를 맞추려 했던 것이다.

그녀의 마음은 얼음처럼 차갑고 냉랭해져 있었다. 낭만적인 저녁을 계획했다가 그것이 틀어지면 분노가 치밀었다. 홧김에 남편의 정력이나 직장 성취도나 아버지 역할을 깎아내려서 마음에 상처를 입혔다. 그렇게 날카로운 말이 가슴을 후벼 팠으니 그녀의 남편은 방어적이 되고 위축될 수밖에 없었다.

사랑을 얻기 위해 부단히 노력했던 그녀의 버팀목은 분노였다. 상황이 자기 뜻대로 따라주지 않을 때 숨겨진 분노가 터져 나왔고, 그러면 그녀는 다시 전쟁터로 복귀해서 남편의 애정을 쟁취하기 위한 싸움을 계속했다. 분노는 만족할 때까지 고군분투하게 만드는 힘이었고, 남편이 자신을 실망시킬 때 그를 응징하는 원동력이었다.

불의한 분노에 사로잡힌 사람은 자신의 길을 가로막는 사람은 누구든 응징하려고 한다. 반면에 의로운 분노를 품은 사람은 타인에게 생명을 주고 축복하고자 한다.

불의한 분노는 다른 사람을 정죄하다

불의한 분노는 선택권을 억압하고 행복을 위한 광적인 노력에 연료를 공급한다. 단지 지배권과 소유권을 차지하고 남을 응징하려는 차원만이 아니다. 불의한 분노에는 언제나 가인의 증오가 숨어 있다. 누군가를 죽여 고통의 대가를 치르게 하려는 것이다.

얼마 전에 한 십대 소년이 신호등 앞에서 대기 중인 운전자를 쳐다보았다는 이유로 그 운전자의 총에 맞아 사망했다. 소년을 쏘아 죽인 운전자는 "그 놈이 나를 깔보듯이 쳐다보잖아요. 그런 놈은 죽어도 싸다고요"라며 자신의 행위를 변호했다. 불의한 분노가 추구하는 것은 파멸이다.

우리의 내면에 도사리고 있는 분노는 미치광이처럼 날뛰면서 권위를 짓밟고 싶어 한다. 타락한 마음으로 상대를 저주하는데, 저주는 분노를 해소하는 또 하나의 방법이다. 분에 못 이겨 소리치고 고함을 지르고 욕을 한다고 문제가 해결되지는 않는다. 다만 자신의 무력감을 떨치고 세력을 되찾은 듯한 착각을 불러일으키는 데는 효과적이다. 뜻대로 되지 않아도 최소한 거드름을 피울 수는 있는 것이다. "휘어지고 피가 나도 꺾이지는 않으리"라고 읊었던 어느 시인처럼 말이다.

사람을 향해 화를 냈다고 해도 궁극적으로 우리의 분노가 향하는 곳은 하나님이다. 사람이 아닌 사물에게 화가 났어도 그것은 창조주를 향한 공격이나 다름없다. 우리는 하나님의 불공평한 처사에 화를 낸다. 나보다 더 아름답고 똑똑하고 재능 있는 인간들을 만드시다니! 왜 모두에게 재능과 기회를 공평하게 분배하지 않으신 걸까? 세상 불의에 있어서도 마찬가지다. 하나님은 해결 능력이 없거나 아예 해결할 의사조차 없어 보인다. 심지어 어떤 경우에는 하나님이 불의 편에 서서 우리를 향한 공격에 가담하시는 것처럼 느껴진다. 그래서 우리는 복수하고 싶은 것이다.

남을 공격해서 파멸시키고 싶은 이유는 그런 복수심 때문이다. 보상받지 못한 억울함과 피해에 대해 하나님과 다른 사람에게 앙갚음하려는 것이다. 즉, 공격에 대한 공격이다. 상대가 패배하고 모욕을 당하기 전까지 우리는 공격을 멈추지 않는다.

반면에 의로운 분노는 상대를 축복하려는 동기에서 말미암는데, 그 의도가 거듭 훼손될 때 경고 삼아서 상대에게 상처를 입힌다. 거만한 죄인에게 지옥을 맛보게 하여 회개를 촉구하는 것이다. 분노는 고통을 유발하여 변화를 요구하는 무기다. 죄 지은 자가 죄를 뉘우치게 만드는 수단이다.

하나님에 대한 투쟁

의로운 분노는 죄를 미워하고 아름다움을 사랑하는 것이고, 불의한 분노는 연약함을 혐오하고 지배욕을 추구하기 위한 것이다. 불의한 분노는 하나님과 사람들을 의지하지 않고 독자적으로 행동한다. 시편 2편은 불의한 분노의 동기를 다음과 같이 묘사한다.

어찌하여 이방 나라들이 분노하며

민족들이 헛된 일을 꾸미는가.

세상의 군왕들이 나서며 관원들이 서로 꾀하여

여호와와 그의 기름 부음받은 자를 대적하며

우리가 그들의 맨 것을 끊고

그의 결박을 벗어 버리자 하는도다.

(시 2: 1-3)

왜 사람들은 분노하는가? 자신을 묶고 있는 제재와 속박에서 풀려나고 싶어서다. 사람들은 구속을 끊고 욕망대로 하기 원한다. 하나님이 정하신 법으로 제재받기를 원치 않는다. 불의한 분노는 망치와 같아서 하나님께

종속된 연결 고리를 산산이 부수어 버리려고 한다.

자신의 욕구를 순순히 들어주지 않는 하나님은 신뢰하지 않겠다는 것이다. 이상하게도 불의한 분노는 우리의 가장 깊은 욕구를 끌어내 이전보다 더 극심한 무력감을 안겨 준다. 또한 하나님의 진노 앞에 우리를 벌거벗겨 놓는다.

하나님을 향해 분노할 때 우리는 전혀 예상치 못한 결과를 맞이하게 된다. 우리가 기대한 것은 하나님의 심판과 끝없는 진노였다. 그러나 그분의 영광스러운 독생자 예수님이 이미 우리를 위해 그 진노를 대신 감당하셨다. 하나님의 진노에서 우리는 분노에 대해 무엇을 배울 수 있는가?

05

의로운 분노: 불의에 대한 공격

심한 말은 아니었다. 별 생각 없이 뱉은 농담쯤으로 여기고 넘어갈 수도 있었다. 그러나 상대는 내 말을 뼈 있는 말로 받아들였다.

내(때) 과실로 추가 재정과 시간이 들어가게 된 것이 발단이었다. 나는 비서인 수잔에게 이렇게 말했다. "흠, 수잔이 점심시간만 좀 줄여도 1년이면 그 돈을 만회할 수 있을 텐데 말이에요." 한순간에 내뱉은 말이었고 한순간에 잊어버렸다.

그런데 며칠이 지나서 수잔이 내게 잠시 할 말이 있다고 했다. 나와 마주앉은 수잔이 다짜고짜 물었다. "혹시 제가 하는 일에 못마땅한 점이라도 있으세요?"

"아니, 전혀 없는데. 왜 그런 걸 물어보는 거지요?"

"화요일에 저에게 점심시간에 대해 말씀하셨잖아요. 그래서 혹시 제가 뭔가 잘못하는 게 있어서 그런 말씀을 하신 게 아닌가 하고요."

그 순간 쥐구멍이라도 찾아 들어가고 싶었다. 그때 했던 말이 떠오르자 수잔의 얼굴을 볼 수가 없었다. 나는 아무것도 못마땅한 것이 없으며 성실하게 일을 잘 해주어 늘 고맙다고 그녀를 안심시켰다. 모쪼록 내 '칭찬'에 감동해서 경솔한 말은 얼른 잊어주기를 바랐다.

하지만 수잔은 화가 나 있었다. 내 칭찬에 마음을 풀고 그 자리를 떠날 분위기가 아니었다. 오히려 의자를 바짝 당겨 앉으며 말했다. "가끔은 농담을 하시는 건지 진담을 하시는 건지 헷갈릴 때가 있어요." 수잔의 목소리는 조용했지만 단호했고 고민과 분노의 기색이 역력했다.

나는 수잔의 원망을 마음에 담아두지 않기로 하고 내 잘못을 인정했다. 그러자 "언제나 주님을 닮고 싶다고 말씀하시는 분이 어떻게 그리 쉽게 사람에게 상처를 주실 수 있어요?"라고 말하는 것이었다.

나는 수잔의 강한 어조와 눈빛에 압도당하고 말았다. 할 수만 있다면 뛰쳐나가 어디 숨어 버리고 싶었지만 나는 그녀의 비난을 받아들이고 하나님이 내게 무엇을 말씀하시는지 듣기로 했다. 수잔의 분노는 정당했고 구속의 힘이 있었다. 요즘 세상에 보기 드문 일이었다.

의로운 분노를 품은 사람은 구속의 역사가 일어나도록 상대방을 훈계하고 권고하고 아프게 한다. 그런 분노는 방어적이지 않고 구차한 변명도 없으며 용기와 힘을 지니고 있다. 소망과 애정을 가득 담은 서글픔이 묻어 나온다. 더 중요한 것은 의로운 분노는 하나님과의 껄끄러운 관계를 깨닫게 한다는 것이다.

지배하고 소유하고 정죄하는 분노에 익숙해진 우리가 의로운 분노를 품으려면 어떻게 해야 하는가?

확신과 기다림

불의를 볼 때 우리가 즉각적으로 나타내는 분노는 의로운 것일 수도 있지만 그렇지 못한 경우도 있다. 사실은 의로운지 그렇지 않은지 정확히 판가름하기가 어렵다. 다만 불의를 보고도 분노하지 않는다면 그것은 명백히 뭔가 잘못됐다는 증거다.

불의를 보고 즉각적인 분노를 느낀 **다음**에 어떻게 하는지를 보면 그 분노가 의로운지 그렇지 않은지를 평가할 수 있다. 의로운 분노는 가슴 깊이 탄식하면서 하나님과 씨름한다. "하나님, 무엇을 하고 계십니까? 당신을 어떻게 이해해야 합니까? 제가 느끼는 이 분노를 어찌 해야 합니까?"

자, 그렇다면 시편 기자의 분노에 찬 목소리를 들어보자.

밤에 부른 노래를 내가 기억하여
내 심령으로 내가 내 마음으로 간구하기를
주께서 영원히 버리실까,
다시는 은혜를 베풀지 아니하실까,
그의 인자하심은 영원히 끝났는가,
그의 약속하심도 영구히 폐하였는가.
(시 77:6-9)

시편 기자는 자신의 아픔과 분노에서 하나님의 성품과 역사로 초점을 옮긴다(10-11절). 우리가 고통과 불의에 직면했을 때 하나님과 씨름하며 그분을 향한 의문을 솔직하게 털어놓아야만 의로운 분노를 품을 수 있다.

불의한 분노를 품은 사람은 그런 의문을 하나님 앞에 털어놓으려 하지 않는다. "당신은 의로운 분이신가요? 악인이 승리하도록, 저를 부당하게 짓밟고 괴롭히도록 놓아두실 건가요?" 불의한 분노를 품은 사람은 무력하고 혼란스럽고 괴로워도 하나님께 순종하거나 그분의 뜻을 기다리려 하지 않는다. 억울함을 풀어 주어야 할 분이 아무 반응이 없으시니 자기 손으로 해결하는 것이 마땅하다고 생각한다. 스스로 자경단원이 되어 자신이 원하는 바대로 정의를 구현하려고 한다.

야고보 사도는 자신의 뜻이 좌절되어 분노하는 사람들을 다음과 같이 묘사했다.

> 너희는 욕심을 내어도 얻지 못하여 살인하며 시기하여도 능히 취하지 못하므로 다투고 싸우는도다. 너희가 얻지 못함은 구하지 아니하기 때문이요, 구하여도 받지 못함은 정욕으로 쓰려고 잘못 구하기 때문이라.
>
> (약 4:2-3)

사람은 자신이 원하는 것이 이루어지지 않으면 잔혹해진다. 욕구라는 우상을 제대로 다루지 않고 하나님께 순복하지 않는 한 그것은 불가피하다. 그런데 여기에 한 가지 문제가 있다. 하나님은 우리가 원하는 것을 얼마든지 들어주실 수 있는 분이지만 우리의 뜻과 요구대로 하지는 않으신다는 것이다. 하나님은 우리를 기다리게 하신다. 기다림은 우리의 욕구를 더 간절하게 만드는 동시에 우리의 무력함을 노출시킨다. 그리하여 하나님을 신뢰하거나 혹은 하나님께 등을 돌리게 한다.

불의한 분노는 자신의 능력을 신뢰하고 하나님께 소망을 두지 않으려는 태도에서 비롯된다. 그렇기 때문에 성경은 하나님께 소망을 두는 것과 기다림을 동일 선상에 둔다.

너는 여호와를 기다릴지어다.
강하고 담대하여 여호와를 기다릴지어다.
(시 27:14)

우리 영혼이 여호와를 바람이여
그는 우리의 도움과 방패시로다.
(시 33:20)

나 곧 내 영혼은 여호와를 기다리며
나는 주의 말씀을 바라는도다.
(시 130:5)

하나님이 억울함을 풀어 주실 거라는 확신만 있으면 기다림은 수월해진다. 우리가 원하는 때가 아니라 그분이 원하는 때에 우리의 소원을 들어주실 것이라고 신뢰하는 것이다. 그러나 의로운 분노를 품은 사람도 하나님과의 지속적인 씨름을 피할 수는 없다. "하나님, 무엇을 하십니까?" 의로운 분노를 품은 사람은 오직 하나님만을 바라본다. 의심이 들어도 회피하지 않고 거역과 반항으로 상처를 덧나게 하지 않는다. 의로운 사람은 하나님이 그 성품을 드러내시기를 기다린다.

분노의 놀라운 비밀

인간의 부정적인 감정들은 하나님의 거룩한 성품이 오염되어 나타난 것이다. 인간의 흉악하고 파괴적인 감정들도 빈약하고 희미하기는 하지만 어떤 면에서는 하나님의 영광을 반영하고 있다. 마치 사진의 원판과도 같다. 흑백 사진의 원판은 실물과 정반대로 보인다. 원판에 나타난 검은색이 빛이다.

하나님의 성품을 이해하기 위해서는 우리의 부정적인 감정들이 하나님의 영광에 대해 어떤 점을 드러내고 있는지를 알아야 한다. 불의한 분노, 좌절, 불쾌감, 울분 등은 하나님 영광을 어떻게 반영하는가?

분노, 수치, 절망 등의 감정은 하나님의 의로운 분노를 반영한다. 사탄을 조롱하고 죄를 멸하시기 위해 우리에게 허락하신 감정들이다. 소유욕에서 비롯된 분노는 하나님의 의로운 질투를 반영한다. 특정한 관계를 보호하기 위해 하나님은 인간에게 의로운 질투심을 허락하셨다. 결국 우리의 부정적인 감정들은 하나님의 원래 의도를 부정적으로 반영한다고 할 수 있다.

그렇다면 불의한 분노가 어떻게 하나님의 의로운 분노를 드러낸다는 말인가?

이상하게 들릴지 모르지만 남을 파괴하고 싶은 욕구조차도 사실은 의로운 분노를 반영하고 있다. 시편 곳곳에서 저주하는 분노를 볼 수 있다. 원수를 멸망시켜 달라는 잔혹한 호소, 악인에게 고통을 내려 달라는 외침이 그것이다.

여호와여 이 세상에 살아 있는 동안

그들의 분깃을 받은 사람들에게서 주의 손으로 나를 구하소서.

(시 17:14)

그들을 죽이지 마옵소서.

나의 백성이 잊을까 하나이다.

우리 방패 되신 주여

주의 능력으로 그들을 흩으시고 낮추소서.

(시 59:11)

그들을 생명책에서 지우사

의인들과 함께 기록되지 말게 하소서.

(시 69:28)

그의 자녀는 고아가 되고 그의 아내는 과부가 되며

그의 자녀들은 유리하며 구걸하고

그들의 황폐한 집을 떠나 빌어먹게 하소서.

고리대금하는 자가 그의 소유를 다 빼앗게 하시며

그가 수고한 것을 낯선 사람이 탈취하게 하시며

그에게 인애를 베풀 자가 없게 하시며

그의 고아에게 은혜를 베풀 자도 없게 하시며.

(시 109:9-12)

네 어린 것들을 바위에 메어치는 자는

복이 있으리로다.

(시 137:9)

시편 기자는 단순히 악인이 죽는 것으로는 성이 차지 않았다. 악인이 쫓겨나고 굴욕을 당하고 생명책에서 이름이 지워지기를 바랐다. 악인 혼자만으로는 안 되고 그의 자녀와 아내까지도 악인이 저지른 죗값을 치러야 한다고 주장했다. 심지어 악인의 어린 자녀를 바위에 메어치는 것을 보고 싶다고 했다.

그리스도인들은 제대로 화낼 줄을 모른다. 의로운 분노든 불의한 분노든, 분노하는 것 자체가 나쁘다고 배운다. 의로운 분노가 불의한 동기로 더럽혀지지 않을 때가 있는가? 그런 일은 없다. 마찬가지로 불의한 분노도 우리가 무엇을 어떻게 미워해야 하는지를 암시한다. 만일 완벽하게 순수한 동기로, 완벽하게 의롭고 품위 있게 표현할 수 있을 때까지 분노를 억제해야 한다면 차라리 무감각하게 움직이는 자동 인형이 되는 편이 나을 것이다.

인간의 분노는 억제해야 할 때도 있지만 표출해야 할 때도 있다. 우리가 더욱 성숙해서 하나님의 분노를 닮은 의로운 분노를 낼 줄 아는 사람이 되기를 바란다. 하나님의 의분에 동참해서 마땅히 미워해야 할 죄악을 미워하게 된다면 하나님의 성품을 새롭게 발견하는 계기가 될 것이다.

하나님의 분노

하나님의 분노는 역설적인 면이 있다. 한편에서는 "여호와는 은혜로우시며 긍휼이 많으시며 노하기를 더디하시며 인자하심이 크시도다"

(시 145:8)라고 증언하지만, 다른 한편에서는 "그의 맹렬한 노여움과 진노와 분노와 고난 곧 재앙의 천사들을 그들에게 내려 보내셨으며"(시 78:49)라고 한다. 심지어 시편 78편은 하나님을 술 취한 용사에 비유했다. 술에 취해 고함을 치면서 원수를 향해 분노를 폭발한다는 것이다. "그때에 주께서 잠에서 깨어난 것처럼, 포도주를 마시고 고함치는 용사처럼 일어나사 그의 대적들을 쳐 물리쳐서 영원히 그들에게 욕되게 하셨도다"(시 78:65-66).

어느 쪽이 맞는 말인가? 하나님은 노하기를 더디 하시고 이성적이신가, 아니면 진노하며 충동적이신가? 역설적이지만 두 가지 모두 하나님의 모습이다. 하나님은 쉽게 분노하지 않으시되 일단 분노하시면 매우 엄하고 맹렬하고 가혹하시므로 화를 돋우지 않는 것이 최선이다.

하나님의 분노에는 거룩한 목적이 있다. 두려움을 자아내며("죄를 떠나거나 멸망당하거나") 하나님의 경고를 듣지 않는 자들을 제거하는 것이 그 목적이다. 시편 기자는 하나님의 분노와 우리의 두려움을 이렇게 연결 지었다.

> 우리는 주의 노에 소멸되며 주의 분내심에 놀라나이다.
> 주께서 우리의 죄악을 주의 앞에 놓으시며
> 우리의 은밀한 죄를 주의 얼굴 빛 가운데에 두셨사오니
> 우리의 모든 날이 주의 분노 중에 지나가며
> 우리의 평생이 순식간에 다하였나이다.
> 우리의 연수가 칠십이요 강건하면 팔십이라도
> 그 연수의 자랑은 수고와 슬픔뿐이요
> 신속히 가니 우리가 날아가나이다.
> 누가 주의 노여움의 능력을 알며

누가 주의 진노의 두려움을 알리이까.

우리에게 우리 날 계수함을 가르치사

지혜로운 마음을 얻게 하소서.

(시 90:7-12)

하나님의 진노는 하나님이 응당 받으셔야 할 경외함과 비례한다. 하나님께 고개 숙이기를 거부하는 한 우리는 그분의 진노를 피할 수 없다. 하나님 없이 살려는 독립 의지도 무참히 꺾이고 만다. 시편 기자는 하나님의 진노가 얼마나 맹렬한지 자신의 건강이 악화되었고(시 38:1-3), 움직이지도 못했고(시 88:7-8), 강제로 진노의 잔을 마신 사람처럼 비틀거렸다고 말했다(시 60:1-3). 하나님의 분노는 우리의 오만한 자신감에 경종을 울리고 그분을 인식하지 않을 수 없게 만든다. 하나님의 분노는 우리를 향한 경고이며 돌이키라는 촉구이며 응징을 의미하는 최후통첩이다. 분노는 인류 통치를 위해 하나님이 사용하시는 무기다. 혼돈을 정리하고 죄를 멸하고 추악함을 회복하는 능력의 표시인 것이다.

하지만 가장 불가사의한 것은 하나님의 분노가 우리가 아닌 하나님 자신을 향하고 있다는 사실이다. 하나님은 교만한 자에게 진노의 잔을 주겠다고 하셨다. 하나님이 얼마나 죄를 혐오하시는지를 보여 주는 말씀이다. 교만한 자는 진노의 잔을 마시고 비틀거리다 죽을 것이라고 했다. 그런데 그 진노의 쓴 잔을 마신 이는 바로 예수님이었다. 하나님 아버지를 사랑하고 하나님 아버지께 사랑받았던 완벽한 아담, 예수님이 하나님 아버지께 멸시도 받으신 것이다. 이 사실을 어떻게 이해해야 할까? 하나님 아버지는 독생자 예수에게서 등을 돌리셨다. 그 순간에는 성부의 진노로 인해 성삼

위의 연합마저 깨졌다.

우리는 이제 하나님의 그 어마어마한 진노를 감당하지 않아도 된다. 완전한 인간이었던 영광스런 독생자께 하나님이 진노를 쏟아 부으셨기 때문이다.

불의한 분노의 변화

하나님은 자신의 영광과 창조 세계에 흠집이 나는 것을 극도로 싫어하신다. 언젠가 우리가 지닌 파괴의 욕구도 하나님의 그런 증오심을 반영하는 날이 올 것이다. 하나님은 놀랍게도 그 진노를 우리가 아닌 다른 이에게 전가하셨다. 더 나아가 우리의 분노를 그분 앞에 쏟아 놓고 궁극적으로 그것이 분노를 받아 마땅한 존재, 곧 악을 향하도록 하신다.

분노를 느낄 때 우리는 어떻게 해야 할까? 불의한 분노는 잘못된 것이므로 분을 삭이고 너그러워지는 것이 바람직할까? 물론 그렇게 할 수도 있지만 그보다 더 차원 높은 대응이 필요하다.

시편 기자는 화가 나더라도 잠시 마음을 진정하고 잠잠히 생각에 잠겨 보라고 권한다. 단순히 부정적인 감정을 긍정적인 감정으로 대체하라는 것이 아니라 잠시 멈추어 성찰해 보라는 것이다.

잠잠하라

"여호와 앞에 잠잠하고 참고 기다리라. 자기 길이 형통하며 악한 꾀를 이루는 자 때문에 불평하지 말지어다. 분을 그치고 노를 버리며 불평하지 말라. 오히려 악을 만들 뿐이라"(시 37:7-8).

화가 나면 잠시 기다리는 것이 좋다. 행동을 멈추고 그 자리에 앉으라!

분노는 우리를 싸움으로 몰아넣는 촉매제다. 분노로 시작된 싸움은 대개 피를 흘릴 가치도 없는 것이다. 불의한 분노는 절대로 하나님이나 다른 사람을 더 사랑하게 만들지 못한다. 분노는 해독이 필요하다.

분노의 해독이란 공격하고 싶은 욕구를 억제하고 상대에게 분노를 표출하지 않기로 결정하는 것이다. 잠잠하라. 가만히 앉아서 몰아치는 태풍이나 폭우처럼 분노가 당신 안에서 몰아치도록 두라.

기다리라

기다림은 부인도 아니고 가식도 아니다. 단순히 시간을 갖는 것도 아니다. 오히려 분노를 끌어내 표면으로 나오게 하는 작업이다. 하나님은 우리가 정의와 선이 실현될 때까지 기다리게 하신다. 분노하는 상황에서는 하나님이 침묵하시거나 어디론가 피하시거나 우리를 대적하시는 것처럼 느껴진다. 하지만 잠잠히 기다리는 동안 우리는 분노의 더 깊은 영역까지 들어가게 된다.

잠잠한 기다림은 불의한 분노로 인한 피해와 영향력을 피하게 해준다. 기다림의 진정한 유익은 하나님과 더 깊이 씨름하도록 우리를 이끄는 것이다.

생각하라

"너희는 떨며 (분내어) 범죄하지 말지어다. 자리에 누워 심중에 말하고 잠잠할지어다"(시 4:4).

화가 날 때는 즉각적인 행동을 취하기보다 조용히 생각하는 시간을 가져야 한다. 분노는 보통 상대를 압도하고 해치고 파멸시키는 단계로 이끌어 간다. 그러나 도리어 자리에 앉아 조용히 생각하는 계기로 삼아 보라.

무엇을 생각해야 할까?

당신의 바람이 무엇인지를 생각하라. 당신이 정말로 바라는 일은 무엇인가? 당신은 상대를 압도하고 해치고 파멸시키려는 충동을 느끼고 있다. 그런데 그것은 구속된 열망인가? 당신을 화나게 한 상대의 마음속에 있는 흉악한 암 덩어리를 제거하기 위해 그에게 경고하고, 변화를 촉구하고, 죄를 응징하고 싶은 의로운 욕구인가? 만일 그렇지 않다면 당신의 의로운 욕구를 메마르게 한 원인이 무엇인지를 생각해 보라.

당신의 죄를 생각하라. 예수님은 타인의 눈에 있는 티끌을 보기 전에 자신의 눈에 있는 들보를 먼저 보라고 충고하셨다. 남의 잘못과 허물을 탓하기 전에 먼저 자신의 잘못과 허물부터 돌아보라. 자신의 죄보다 남의 죄를 더 증오하면 불의한 사람이 될 수밖에 없다. 반면에 남의 죄보다 자신의 죄를 더 미워하는 사람은 의로운 분노 가운데 성숙하게 된다.

하나님을 생각하라. 아무리 화가 단단히 났더라도 하나님의 진노와 비교할 수 있을까? 당신을 위해 예수님이 덮어쓰신 진노와 비교한다면 당신의 분노는 새 발의 피에 지나지 않는다. 당신이 분에 못 이겨 주먹으로 탁자를 내리치고 싶을 때, 하나님 아버지가 아들에게 어떻게 하셨는지 생각해 보라. 탁자를 부수어 버릴 정도의 분노를 인간이 아니라 자신에게 돌리신 하나님은 어떤 분이신가? 우리의 분노가 의로워지려면 하나님에 대한 경외심이 있어야 한다.

하나님의 성품을 생각한다고 해서 화가 저절로 누그러지지는 않는다. 오히려 더 깊어진다. 우리의 문제는 너무 화를 내는 것이 아니라 화를 충분히 내지 못한 데 있다. 우리는 제대로 화낼 줄을 모른다. 사람이나 다른 대상에게 화를 내는 것은 한심스러운 것이다. 악과 죄에 대하여, 그리고 사랑하지 못하는 자신의 연약함에 대하여 우리는 분노해야 한다. 의로운 분노에 이르려면 하나님의 분노에 동참하는 법을 배워야 한다.

의로운 분노의 위력

의로운 분노는 어떤 분노인가? 의로운 분노의 목적은 무엇인가?

의로운 분노를 품은 사람은 상대에게 경고하고, 변화를 촉구하고, 마음을 찌른다. 의로운 분노는 고통을 주는 동시에 화해를 원하고 모질면서도 부드럽다.

의로운 분노는 감추어진 것을 드러낸다. 의로운 분노는 부주의에 대한 경고라고 할 수 있다. 그것은 "**조심하라! 당신은 사랑을 짓밟으며 당신 자신과 다른 사람들에게 해를 입힐 위험에 처해 있다**"고 경고한다. 의로운 분노는 상대에 대한 공격과 유린이 일어났음을 알려준다. 잘못과 죄를 드러나게 하고 마음을 갉아먹는 암 덩어리에 주의를 기울이게 한다.

우리에게는 타인의 자유와 선택권을 빼앗을 권리가 없다. 상대가 당할 수 있는 피해를 알려 주되 나머지 결정은 그의 손에 맡겨야 한다. 불의한 분노를 품은 사람은 상대가 당할 수 있는 고통과 슬픔을 외면하고 오히려 그의 자유를 억압해 자신의 빈 곳을 채우려고 한다. 의로운 분노는 타인의 자유를 침해하지 않고 오로지 잘못될 가능성만을 알려 주려 한다.

수잔이 내게 자신의 업무 처리가 못마땅하냐고 물은 것은 나의 허물을 드러내는 말이었다. 감추어진 것을 드러내는 것은 방어가 아니며 공격에 공격으로 맞서는 앙갚음이 아니다. 당당하게 상대와 직면해서 상대가 한 공격이 결코 정당하지 않음을 알려 주는 것이다.

내가 수잔에게 점심시간에 대해 이야기한 것은 사실상 재정 관리 실패에 대한 책임을 그녀에게 떠넘긴 데 불과했다. 수잔은 분노했고, 그로써 나의 어설픈 공격을 드러냈으며, 내가 그녀의 일 처리를 못마땅해한 것이 아님을 시인하게 했다. 수잔은 내 공격에 당당히 맞섰고 내 죄를 폭로했다.

의로운 분노는 변화를 초래한다. 의로운 분노를 품은 사람은 거만한 이가 올바른 길로 돌아섰을 때의 모습을 상상하게 해준다. 외과 의사의 수술 도구처럼 추한 것은 잘라내고 아름다운 것은 회복시킨다. 사랑 안에서 아름다움을 꿈꾸는 자의 손에 의로운 분노라는 수술 도구가 쥐어진다면 그것은 치유와 회복의 도구가 된다.

구원의 역사를 믿는 사람만이 의로운 분노라는 무기를 쓸 수 있다. 여기서 믿음이란 구원의 역사에 **대해서** 믿거나 구원의 역사에 머리로만 동의하는 것을 뜻하지 않는다. 기쁨과 슬픔과 혼동과 탄식으로 엉망이 된 마음을 하나님이 추슬러 주시리라 신뢰한다는 뜻이다. 물론 마음 한편에서는 여전히 억울하고 분하겠지만 잘못한 사람을 축복하려는 따뜻한 마음도 우러날 것이다.

상대의 구원을 바라고 축복하는 과정은 어떤 면에서 해산의 고통과도 같다. 수잔이 내 잘못을 지적하는 일도 쉽지 않았겠지만 나로 인해 겪었던 마음고생이 훨씬 더 심했을 것이다. 잘못을 두고 괴로워하는 내 모습을 보는 것이 즐거웠을 리가 없다. 수잔이 흘린 눈물은 그녀의 분노를 부드럽게 녹였고 내가 도저히 그 충고를 거부할 수 없게 만들었다.

잘못한 사람을 돕기 위해 화를 내는 것은 참으로 값진 일이다. 화를 내지 않는 편이 사실은 훨씬 더 쉽고 속 편하다. 도리어 죄를 지은 상대에게 분노하지 않는 것은 결국 죄를 방관하며 살겠다는 것이다. 의로운 분노는 하나님의 영광이 더럽혀졌을 때 결코 그것을 방관하지 않게 만든다.

언뜻 생각해도 그것은 쉬운 일이 아니다. 대개는 바쁘다는 핑계로 분노를 묻어 두거나 남의 탓을 하며 분노를 부인하려고 한다. 겉으로는 아무렇지 않은 척하고 속으로는 복수하는 공상을 한다. 직접 화를 내는 것보다 그 편이 훨씬 더 안전하기 때문이다. 그러나 의로운 분노는 공상의 세계를 벗어나 상대가 잘못을 두고 씨름하게 만들고 회복의 길을 가게 해준다.

의로운 분노를 품은 사람은 상대의 변화를 바라는 데 그치지 않고 하나님의 분노가 어디를 향하는지 깨닫도록 이끈다. 자신의 고통, 잘못한 사람의 고통, 더 나아가 피조물끼리 싸우는 모습을 바라보아야 하는 하나님의 고통을 안타까워하고 슬퍼하며, 다른 이들도 그런 깨달음을 얻게 만든다. 우리의 고통은 하나님의 고통을 이해하게 만드는 다리다. 하나님은 피해자뿐 아니라 가해자도 가슴 아파하신다. 자녀들의 고통은 물론이고 죄를 지은 이들의 고통도 슬퍼하신다.

의로운 분노는 상처 입게 한다. 의로운 분노도 강렬하고 격하다. 그러나 무작정 폭발하는 분노는 아니다. 분노의 이유와 대상이 명확하고, 표출 방식은 직접적이다. 의로운 분노를 품은 사람은 비난이나 악담을 늘어놓지 않고 상대를 치유하기 위해 상처를 입힌다. 프레드릭 뷰크너는 의로운 분노를 가리켜 '상처를 주고받는 친구'라고 했다. 의로운 분노는 상대가 더 큰 해를 입지 않게 하는 따끔한 예방주사와 같다. 그런 면에서 아이를 체벌하는 것과도 비슷하다. 아이에게 신체적 고통을 주는 이유는 아이가 잘못되는 것을 방지하려는 목적 때문이 아닌가?

악을 미워하고 선을 사랑하는 마음이 깊어질수록 불의한 분노는 점차 의로운 분노로 변해 갈 것이다. 의롭게 화를 낼 수 있으려면 하나님을 경외하는 마음을 지녀야 한다.

06

불의한 두려움: 파괴적인 불안

빗자루로 주방 바닥을 쓸면서 테레사는 오늘 하루 해야 할 일들을 생각해 보았다. 바쁘게 살다 보니 그런 짬이라도 나야 생각도 하고 계획도 세울 수 있었다. 하지만 교회 여성도 성경공부반에 참석하려면 서둘러야 했다. 성경공부가 끝나면 정원 가꾸기 동호회 회원들과 점심 약속이 잡혀 있었다. 두 시간은 족히 지나야 끝날 것이다.

갑자기 뭐라도 걸린 것처럼 가슴이 답답해져 왔다. 자신도 모르게 십대 아들 로버트에게 생각이 옮겨 가 있었다. 그날 아침, 시무룩한 표정으로 집을 나서던 로버트가 "아, 살기 싫어"라고 중얼거리는 소리를 들었기 때문이다.

테레사는 빗질을 멈추었다. 가슴이 꽉 막히고 머리까지 어찔어찔했다. 곧 마음을 진정하고 다시 바닥을 쓸었지만 일이 손에 잡히지 않았다. 몇 분 동안 멍하니 허공만 쳐다보다 다시 로버트에 대한 생각으로 돌아오자 괜스레 마음이 불안해졌다.

로버트는 친한 친구도 없었고 무척이나 외로워 보였다. 집에 오면 항상 풀죽은 모습으로 집안 여기저기를 돌아다녔다. 숙제도 하려 하지 않았다. 어제는 담임 교사가 전화를 걸어 로버트의 성적과 수업 태도를 걱정했다. 아들이 점점 잘못되어 가는 모습이 망령처럼 테레사의 눈앞에 어른거렸다.

입이 말라 물 한 잔을 들이키고 천천히 의자에 앉았다. 금세라도 눈물이 쏟아질 것 같았다. 하지만 마음을 진정하고 주방 바닥을 마저 쓴 후에 애써 불길한 생각을 떨쳐 버렸다.

위험 앞에서의 무력감

두려움은 생명을 위협당하는 상황에서 느끼는 공포만은 아니다. 우리는 신체적 위험이나 협박 앞에서만 두려움을 느끼는 것이 아니라 일상에서 마주치는 막막함과 아주 사소한 문제들에도 두려움을 느낀다.

두려움은 걱정, 초조, 불안의 형태로 드러나기도 한다. 뚜렷한 이유 없이 그저 모든 것이 불안하고 걱정스러울 때가 있다. 반면에 무엇 때문에 불안한지 그 이유가 분명한 경우도 있다. 강압적인 상사, 가정에 소홀한 배우자, 말썽 부리는 십대 자녀, 심지어 어지럽혀진 책상도 불안의 요소가 된다.

'두려움'이라는 단어에는 다양한 감정이 포함되어 있다. 강도가 낮은 것부터 나열하면 초조, 걱정, 불안, 공포 순이다. 이러한 감정들의 차이는 그 요인의 심각성이 아니라 반응의 차이라고 볼 수 있다. 요인의 심각성과 감정의 강도가 반드시 일치하는 것은 아니다.

어떤 여성들은 주방이 지저분하면 굉장히 신경이 예민해진다. 반면에 온 집안이 어질러져도 아무렇지 않은 이들도 있다. 내가(트램퍼) 가르치는 학생들 중에는 시험 전날이면 한숨도 자지 못하는 이들이 있다. 그들은 어려운 문제가 나올까 불안해서 잠을 이루지 못한다. 그런가 하면 걱정은 접어 놓고 할 수 있는 만큼만 공부한 후 푹 자는 학생들도 있다. 재미있는 사실은 학생들이 얼마나 걱정하는지는 성적에 아무런 영향을 미치지 않는다는 것이다.

걱정과 두려움은 사촌지간이다. 감정의 강도에서는 차이가 나지만 두 가지 모두 결국은 같은 감정이다. 두려움과 걱정의 요인은 무엇일까?

사람마다 두려워하는 대상이 다르고 두려워하는 정도도 다르다. 그러나 **사람들은 공통적으로 자신이 어찌할 수 없는 불가항력적인 일들을 두려워한다**. 두려움은 위험한 상황에서 자신의 대처 능력을 확신할 수 없을 때 나오는 반응이다. 자신의 힘으로 어쩔 수 없는 일에 직면해야 하는 상황이 오면 우리는 두려움을 느낀다. 신체상 혹은 관계상의 위험에 부딪혔을 때 자신이 소중하게 여기는 것을 지킬 수 없다는 무력감이 들면 우리는 두려워한다.

테레사는 아들 로버트를 도와줄 수가 없었다. 로버트는 어머니의 말이나 충고는 전혀 듣지 않았다. 아들이 계속해서 자신의 문제를 회피한다면 테레사도 어쩔 수가 없다. 아들을 위해 기도하고, 대화하고, 나은 사람에게 도움을 청할 수는 있겠지만 그녀가 직접 아들을 변화시킬 수는 없다. 로버트가 심각한 우울증에 걸리면 의사에게 도움을 구할 수는 있어도 테레사가 나서서 자살을 막을 방도는 없다.

두려움은 위험 요소로 인해 비롯된다. 성경은 우리가 죄인들로 가득 찬 타락한 세상에서 살고 있다고 말한다. 악의 화신 사탄은 "이 세상의 임금"으로 불린다. 이 세상에는 온갖 위험이 도사리고 있음을 그리스도인들은 잘 알고 있다. 우리는 날마다 문제에 부딪힌다. 직장에서 동료들과 갈등이 생기기도 하고 가정에서 가족들과 불화하기도 한다. 아마도 가장 큰 위험 요소는 사람들일 것이다. 내 힘으로 좌지우지할 수 없기 때문이다.

죽음과 분리

30여 년 전, 그러니까 내가(트렘퍼) 열 살 무렵이었다. 지금도 엊그제 일처럼 기억에 생생하다. 내 방에 앉아서 창 밖을 내다보고 있는데 불현듯 내가 죽는다는 생각이 들었다. 물론 꽃이나 동물처럼 사람이 죽는다는 것은 알고 있었지만 그때는 **내가** 죽는다는 사실이 너무도 실감나게 다가와서 덜컥 공포에 빠졌다.

그 이듬해에도 나는 잠자리에 들 때마다 내 이름이 적혀 있는 비석을 상상하곤 했다. 지금 당장 죽는다거나 머지않은 장래에 죽을 것 같다는 생각이 든 것은 아니었지만 어쨌든 죽음은 피할 수도 없고 도망칠 수도 없는 것으로 느껴졌다.

이제 나이가 들고 보니 죽음은 정말 멀지 않은 곳에 있음을 실감한다. 하지만 열 살 무렵에 느꼈던 것만큼 죽음이 두렵게 느껴지지는 않는다. 오히려 늙어서 신체와 정신이 쇠약해지는 것이 죽음보다 더 무섭다. 우리 집안 어른들처럼 결국은 요양원에 보내지고 밥도 혼자 못 먹고 조리 있게 말 한마디 못하는 신세가 될까 두렵다.

죽음과 고통과 아픔은 삶의 구석구석에 도사리고 있는 위험이다. 우리는 어린 시절부터 위험이 존재한다는 것을 배운다. 그런 위험이 자신을 해치고 죽일 수도 있다는 것을 깨닫는다. 또한 죽음은 피할 수도 없고 우리는 죽음이라는 위험 앞에서 철저히 무능하다는 사실도 알게 된다.

전도서는 죽음의 공포를 매우 심각한 어조로 다룬다. 죽음은 우리 인생에 비극적 결말을 가져올 뿐 아니라 이 땅에서 누리는 모든 권세와 성공을 덧없게 한다고 전도서 기자는 탄식했다.

인간은 누구나 죽음을 두려워한다. 쇠하는 것, 소멸하는 것, 단절되는 것, 존재하지 않게 되는 것을 두려워한다. 죽음이 질서 있고 일관된 삶을 무너뜨리고 미지의 어둠 속에서 우리에게 달려드는 것을 두려워한다.

시편 기자 역시 죽음이 두려웠다. 그는 자신의 두려움을 하나님 앞에서 숨기지 않았다. 특히 육신이 병들었을 때(시편에는 병들어 고통하는 사람들이 지은 시가 여러 편 등장한다) 시편 기자는 자신을 죽음에서 구해 달라고 두려움 속에서 하나님께 호소했다. 그중 하나가 시편 30편이다. 이 시는 자신의 목숨을 구해 주신 하나님께 감사와 찬양을 올리는 내용이지만 치유 전에 드렸던 간구도 기록되어 있다.

> 내가 무덤에 내려갈 때에 나의 피가 무슨 유익이 있으리요
> 진토가 어떻게 주를 찬송하며 주의 진리를 선포하리이까,
> 여호와여 들으시고 내게 은혜를 베푸소서,
> 여호와여 나를 돕는 자가 되소서 하였나이다.
> (시 30:9-10)

우리가 죽음을 두려워하는 이유는 분리에 대한 공포 때문이다. 궁극적

으로 죽음은 홀로 남는 외로움이다. 우리는 육신이 죽는 순간 우리에게 기쁨을 주었던 모든 것과 모든 사람들을 떠나 영원히 이별해야 한다. 복음적인 시각으로 보지 않는다면 죽음은 심지어 자기 자신과도 분리되는 것이라고 말할 수 있다.

죽음은 실제적 사건인 동시에 상징적인 의미도 지닌다. 자신의 정체성을 형성하는 가장 핵심적이고 중요한 꿈이 사라질 위기에 놓일 때 우리는 두려움을 느낀다. 나는(트램퍼) 대학원 입학원서를 내고 합격자 통보를 초조하게 기다린 적이 있다. 당시 신학대학원 졸업반이었던 나는 과에서 최고 성적을 올렸고, 교수들의 추천을 받아 유명 대학원에 진학하려는 꿈을 안고 있었다.

오랜 시간 신중하게 작성한 입학원서에 추천서와 성적 증명서를 동봉해서 여섯 개 대학원에 우편으로 발송했다. 그런데 원서를 발송하고 나서부터 초조감은 극도에 달했다. 일주일 동안 우체통을 열 때마다 손이 덜덜 떨렸다. 제발 합격 통지서를 받게 해 달라고 간절히 기도하면서 떨리는 마음으로 우체통을 열어 보곤 했다.

결국 대학원에서 통지를 보낸 것은 6개월이 지나서였지만 날마다 우편물이 도착하는 시간만 되면 온 몸이 떨리고 정신이 아득해졌던 기억이 난다. 대학원 진학의 꿈이 죽는 것은 마치 나라는 인간의 정체성이 죽는 것 같았다. 어떤 형태든 죽음은 엄청난 두려움을 불러일으킨다.

죽음에 대한 두려움은 누구나 경험하는 것이다. 완벽한 삶을 살고 모든 사람과 원만한 관계를 맺고 모든 면에서 성공한 사람도 죽음이라는 미지의 어둠을 두려워한다. 이 세상에서 가장 행복한 사람이 가장 죽음을 두려워할 것이다. 죽음은 직장에서 얻은 지위, 사람들에게 받는 존경, 물질적 소유에서 오는 혜택, 사랑하는 사람들과의 관계에서 영원히 분리됨을 뜻하기 때문이다.

무력감과 도피

위험은 우리가 가장 중요하게 여기는 것, 이를테면 행복도 우리 힘으로 지켜 낼 수 없다는 무능을 깨닫게 한다. 사실 소중하게 생각하는 대상일수록 그것을 지켜 내기는 더욱 힘들고 어렵다. 나는 우리 집 정원을 잡초 하나 없이 말끔하게 정돈할 수 있다. 하지만 우리 아이들이 죄악에 물들지 않고 훌륭한 신앙인으로 성장할 것이라고는 보장할 수 없다.

우리는 처절한 무력감에 빠지기도 하고 때로는 모든 것을 할 수 있다는 환상에 빠지기도 한다. 여행을 계획하거나 작업을 마무리했을 때 우리는 자신이 마냥 대단하게 여겨진다. 하지만 생각대로 일이 풀리지 않을 때면 그것을 해결하지 못하는 자신이 너무도 무력하게 느껴진다.

우리가 밤에 꾸는 꿈들이 우리의 근원적 두려움을 보여 주기도 한다. 나는(대) 잠에서 깨는 순간에도 전날 밤 꿈을 기억하지 못하는 편인데, 한 가지 꿈은 수년간 되풀이되었다.

그 꿈은 내가 대수학 수업을 받으러 교실로 들어가는 장면으로 시작된다. 그날은 10수 만에 처음으로 수업에 늘어간 날이었는데 마짐 학기말 시험을 치른다고 한다. 시험지에는 상형문자처럼 생긴 대수학 문제들이 잔뜩 실려 있다. 전부 대수학 공식을 적용해서 풀어야 하는 문제들이다. 나는 펜을 들고 시험지에 공식을 적어 내려간다. 처음에는 아주 기분 좋게 적는다. 무슨 문제를 어떻게 푸는지는 알 수 없지만 어쨌든 열심이다.

문득 고개를 돌리는데 선생님이 내가 앉은 책상 쪽으로 천천히 걸어오는 모습이 보인다. 나는 얼른 시험지로 시선을 돌리고 계속해서 복잡한 대수학 문제들을 몇 장에 걸쳐 푼다. 선생님은 점점 더 빨리 내 쪽으로 다가오고 나는 점점 더 빨리 문제를 푼다. 그러다 마침내 모든 것이 아득하게 느껴진다.

갑자기 장면이 바뀌어 나는 교실 앞에 서 있고 내가 작성한 답안지 여러 장이 친구들 앞에 어지럽게 펼쳐져 있다. 선생님이 그 답안지 중 한 장을 집어 든 순간 나는 마음이 졸아들어 얼굴이 하얗게 질린다. 선생님의 표정은 험악해지고 입에서는 경멸과 조롱 섞인 말들이 쏟아져 나온다. 그러다가 나는 꿈에서 깨어난다.

이 꿈은 불가항력에 직면하는 공포를 그대로 보여 준다. 나는 시험이 있다는 사실도 몰랐을 뿐 아니라 교실에 들어가서 자리에 앉을 때까지 내가 대수학 수업을 꼭 들어야 하는지도 모르고 있었다. 나는 뭔가를 요구하는 세상에 비틀거리며 들어가지만 세상의 요구를 감당한 능력이 없다. 그래도 일단 노력은 해 본다. 처음 얼마 동안은 내가 하는 노력에 신바람이 나지만 결국은 내 인생이 모조품이고 진짜가 아님이 드러나고 만다. 나는 내 어깨에 얹혀 있는 짐의 무게를 감당할 능력이 없다고 느낀다.

사람들은 누구나 '거인들'의 세상에서 초라하고 무력한 자신을 발견한다. 우리를 직장에 고용할지 말지를 결정하는 이들은 누구인가? 우리 자신이 회사를 소유하지 않은 한 그것은 다른 사람들의 결정에 달려 있다. 우리가 존경하지도 않고 신뢰하지도 않는 사람들이지만 그들은 우리 미래의 경제권을 쥐고 있다. 회사를 소유하고 있으면 그보다 나을까? 제품을 생산하거나 서비스를 제공하는 회사는 고객과 구매자들의 요구에 따라야 한다. 막강한 권력을 가진 것처럼 보이는 사람들도 실상은 그렇지 못하다.

내가 꾸었던 대수학 시험 꿈은 사람들이 지닌 공통된 문제의 한 예에 불과하다. 그것은 사람들이 날마다 부딪히는 무력감의 상징적인 형태라고 볼 수 있다. 우리의 인생은 무력감의 전시장이다. 우리는 태어나서 죽는 순간까지 다른 사람의 힘에 압도당하며 살아간다. 우리는 자유롭지 못하다. 적어도 다른 사람의 눈치를 보지 않고 소신껏 결정을 내리는 면에서 완전히 자유로운 사람은 아무도 없다. 인간은 자신의 문화, 개인적 배경, 인간관계, 유전적 요인, 생존 경쟁의 영향력에서 완전히 벗어날 수 없는 존재다.

자기 힘으로 해결하려는 본능은 동전의 한 면에 불과하다. 인간 본능의 또 다른 면은 실패(죽음)를 싫어하는 것이다. 내가 꾸었던 꿈은 실패에 대한 두려움을 잘 보여 준다. 무능력이 발각되는 순간 나는 친구들 앞으로 끌려 나왔고 내가 쓴 답안지가 공개되어 창피를 당했다. 선생님 책상 앞에 어지럽게 흩어진 답안지들이 내 무능력의 상징이었다. 실패는 굴욕과 상처로 이어진다.

나는 결코 성공하지 못할 것 같다. 내 인생의 잡초들이 나의 정원을 망가뜨리는 것이 정해진 운명처럼 느껴진다. 열심히 살려고 노력하면 할수록 오히려 모든 면에서 공격을 당하고 무너질 것만 같다. 오랜만에 아이들과 놀러 가려고 하면 갑자기 일이 생긴다. 어쩌나 가볏돈이 생기면 쏙 자동차가 고장 난다. 이것이 바로 열역학 제2법칙이다. 모든 사물과 인간과 관계는 궁극적으로 무질서해지고 쇠퇴한다는 것이다. 잡초를 뽑고 나면 더 많은 잡초가 돋아나는 것처럼 나는 인생에서 완전히 속수무책이다.

우리는 누구나 성공을 원하지 실패를 원하지 않는다. 죽음의 가능성이 커질수록 인간은 더 큰 무력감을 느낀다. 자신이 무력하다고 느끼면 두려움은 그만큼 증폭된다. 두려움으로 인해 무력함이 드러날 때 도피는 유일한 해결책으로 보일 수밖에 없다.

도피를 위한 전략

두려움은 도피를 위한 전략이자 분노의 다른 면이다. 두려움과 분노 모두 위험에 대한 반응이다. 분노는 공격적인 반응인 반면 두려움은 소극적인 반응이다. 두려움이란 신체적으로나 정신적으로 자신을 해칠 것 같은 대상 앞에서 위축되는 것이다. 자신에게 닥친 위험을 도저히 자기 힘으로 해결할 수 없을 때, 위험에 맞서기보다 자신을 보존하는 편이 더 낫다고 판단될 때 우리는 도피라는 수단을 사용한다.

두려움은 타락한 세상에서 매우 유용한 기능을 한다. 미리 조심하게 하고 특정한 사람과 상황을 피하게 한다. 그런 면에서 두려움은 통증과 비슷한 역할을 한다고 볼 수 있다. 통증은 우리 몸에 어떤 심각한 손상이 일어났음을 알려 주어 활동을 멈추게 한다.

통증이 없으면 우리는 끔찍한 상황에 부딪힐 수 있다. 맨발로 걷다가 압정처럼 날카로운 물건을 밟았다고 생각해 보라. 밟는 순간 몸을 움찔하면서 재빨리 날카로운 물체를 제거하려고 할 것이다. 그러나 아무런 통증도 느끼지 못한다면 찔린 사실도 모른 채 돌아다닐 것이고 어쩌다 발에 박힌 압정이 눈에 띠더라도 그때는 이미 상처 부위에 감염이 진행되고 있을 것이다. 고통은 전혀 달갑지 않지만, 그보다 더 심각한 것은 고통이 없는 것이다. 두려움도 그와 마찬가지다.

나는(트렘퍼) 대도시 관광을 좋아한다. 직업상 출장을 자주 다니는 편인데 다른 도시로 출장을 갈 때면 일을 마치고 그 도시의 경관을 구경하러 다닌다. 얼마 전에는 내가 좋아하는 시카고에 다녀왔다. 시카고 대학 오리엔털 협회에서 볼 일을 마친 후 이번에도 어김없이 시내 구경을 나갔다. 먼저 미술관에 들러 예술품들을 감상하고 미시간로를 잠시 거닐다가 플래닛 할리우드 식당이 있는 식당가로 갔다.

플래닛 할리우드 식당에서 자리를 예약한 뒤 나는 다시 밖으로 나갔다. 그런데 거리를 걷는 동안 조금씩 불안해졌다. 밝은 대낮인데도 인적이 드물었고 갈수록 길이 좁아지고 지저분했다. 밀려오는 두려움이 내게 돌아가라는 경고를 내렸다. 그곳은 내가 혼자 돌아다닐 곳이 아니었다. 나는 재빨리 발길을 돌려 사람들이 북적이는 룹 거리로 나왔다.

두려움은 위험을 알려 주는 경고등 역할을 한다. 해를 당하지 않게 지켜 주는 것이다. 물론 때로는 엉뚱한 두려움을 느끼게도 한다.

두려움의 어두운 면

우리가 살고 있는 타락한 세상에서는 피하는 것이 최선일 때가 많다. 그러나 두려움이 지나치면 마음이 얼어붙고 활동이 위축되어 하나님과 그분이 지으신 세상을 누리지 못하게 된다. 그런 경우 두려움은 우리를 도와주는 것이 아니라 오히려 불구로 만든다.

어떤 사람들은 두려움에 사로잡힌 나머지 외출도 하지 못한다. 물론 그것은 극단적인 경우에 해당하지만, 두려움과 걱정이 삶에 지장을 초래한 경험은 누구나 있을 것이다.

안전지대에 갇히다

사람은 누구나 자신에게 익숙하고 편안한 환경에서 살고 싶어 한다. 그런 환경은 비교적 불안 요소가 적다. 우리는 그런 환경을 안전지대라고 부른다. 우리 중 많은 이들이 안전지대를 벗어나지 않으려 한다. 새롭고 낯선 것은 불안감을 안겨 주기 때문이다.

물론 안전지대에 머물려는 경향이 이로운 것은 사실이다. 그만큼 해를 입을 가능성이 줄어들기 때문이다. 나에게도 안전지대는 중요하기 때문에 고속도로를 시속 150킬로미터로 달리지 않는다. 안전지대를 벗어날 때 느끼는 불안감이 교통사고 위험을 줄여 줄 뿐만 아니라 속도위반 벌금도 줄여 준다.

그러나 때로는 문제를 일으키기도 한다. 평소 모험을 좋아하지 않는 내 (트렘퍼) 아들은 고등학교에 등교하는 첫날, 낯선 학교에 가기가 싫었던지 자리에서 일어나지 않으려고 하는 통에 우리 부부가 한 시간 동안이나 애를 먹었다.

문제를 회피하는 것은 인간의 타고난 성향이다. 하지만 어떤 사람들은 너무도 완벽하게 방어벽을 둘러친 나머지 누구도 근접할 수 없는 단단한 고치를 만들기도 한다. 그런 경우 두려움은 그를 보호하는 것이 아니라 그를 가두는 것이다.

두려움의 악영향

부정적인 감정들이 현실을 왜곡하는 경우가 많다. 두려움도 예외는 아니다. 다만 두려움에는 한 가지 특이한 점이 있다. 두려움은 잘못된 자아상을 형성한다는 것이다. 예를 들면 자신을 실제보다 더 약하게 본다든지 더 책임이 있는 것처럼 보는 경우다. 일반적으로 사람들은 두려움을 느낄 때 자신을 비난하려고 한다. 화가 날 때 남을 비난하려는 경향과 정반대 현상이다. 자신을 비난함으로써 실패할 그 일이 사실은 자신이 할 수 있고 또 마땅히 해야 할 일이었다고 환상을 갖는 것이다.

두려움은 또한 자신에게 닥친 위험의 성격을 제대로 파악하지 못하게 만든다. 다가오는 위험이 도저히 자기 힘으로 막을 수 없는 것이라면 우리는 피하는 것이 상책이라고 여긴다.

내가 아는 한 목사가 처음 목회를 시작했을 때 겪은 일을 들려주었다. 갓 신학대학원을 졸업한 탐 목사는 교인들 앞에서 설교하는 것이 가장 고역이었다고 한다. 어느 날, 한 남성도가 자신에게 전화를 걸어 만나자고 요청했다. 마침내 자신에게도 상담을 요청하는 교인이 생겼다는 생각에 그는 기분이 좋았다.

약속 시간이 되어 목사 사무실에 나타난 그 교인은 다짜고짜 그에게 설교 테이프 일곱 개를 내밀었다. 그러고는 "저는 제 얘기를 하러 온 게 아닙니다. 목사님 얘기를 하러 온 겁니다"라고 말했다. "목사님 설교는 너무 지루합니다. 졸린 설교를 듣는 것도 한두 번이지 이대로 가다가는 이 교회가 무너질지도 모릅니다."

당황해서 어쩔 줄을 모르는 그를 향해 그 교인이 다시 입을 열었다. "설교 테이프를 드릴 테니 잘 들으시고 이 목사님의 설교 방식을 따라하십시오. 제가 보기에 목사님이 하시는 설교 내용은 그런대로 괜찮습니다. 하지만 이 테이프에 나오는 브라운 목사처럼 설교 방식을 좀 더 효과적으로 바꾸지 못한다면 안타깝게도 이 교회의 미래는 암울할 것 같습니다."

그 다음 주 주일예배는 탐 목사에게 그야말로 고문이었다. 설교를 하기 위해 강단 위로 올라갔으나 속이 울렁거리고 입이 바짝바짝 말랐다. 되도록 모든 교인들과 눈을 맞추며 이야기를 하려고 해도 고개를 돌리는 곳마다 그 설교 비평가가 자신을 뚫어지게 쳐다보고 있는 것만 같았다. 탐 목사는 그때를 회상하며 이렇게 말했다. "다른 사람들의 머리는 전부 정상으로 보이는데 그 교인의 머리만 수박 만하게 보이더군요."

두려움은 진실을 왜곡한다. 원수를 어마어마하게 크고 막강한 존재로 보이게 한다. 이사야 30:17이 그 사실을 단적으로 보여 준다.

> 한 사람이 꾸짖은즉 천 사람이 도망하겠고
> 다섯이 꾸짖은즉 너희가 다 도망하고
> 너희 남은 자는 겨우 산꼭대기의 깃대 같겠고
> 산마루 위의 기치 같으리라.

원수들은 막강해 보이고 자기 자신은 한없이 작고 연약해 보인다. 그렇다면 하나님은 어떻게 보일까? 하나님은 어디에도 계시지 않는듯 보인다. 탐 목사는 아마 다음의 시편 기자처럼 말하고 싶었을 것이다.

> 많은 황소가 나를 에워싸며
> 바산의 힘센 소들이 나를 둘러쌌으며
> 내게 그 입을 벌림이
> 찢으며 부르짖는 사자 같으니이다.
>
> (시 22:12-13)

탐 목사는 두려워했고, 두려움은 진실을 보지 못하게 했다. 더 나아가 그가 그토록 외면하고 싶었던 것, 즉 자신이 교인들 앞에서 권위 있고 설득력 있게 설교하지 못한다는 생각을 기정 사실로 받아들여 지니고 있던 언변마저 위축되어 버렸다.

다른 부정적인 감정들과 마찬가지로 두려움도 우리 생각에 악영향을 미칠 수 있다. 오페라의 라이트모티프(leitmotif, 주요 등장인물이나 특정 주제가 나올 때마다 비슷한 악구를 되풀이해 연주하는 것-역주)처럼 우리의 생각도 비슷하게 작용할 때가 있다. 두려움을 느낄 때마다 그 두려움에 모든 생각이 지배당한다. 그렇다면 두려움을 극복하는 열쇠는 무엇일까?

두려움을 극복하는 열쇠

로라가 나지막한 음성으로 내게(댄) 물었다. "하루 일이 끝나고 조용한 시간에, 그러니까 할 일이 없고 그냥 조용히 있을 때 교수님은 어떤 감정이 드시나요? 기분이 좋으신가요, 아니면 두려움을 느끼시나요?"

심리치료사들은 대체로 단도직입적인 질문에 단도직입적으로 대답하기를 꺼린다. 그러나 로라의 추궁하는 듯한 목소리와 진지한 표정에 속마음을 털어놓지 않을 수가 없었다. "사실은 그냥 탈진했다고 느낄 때가 많지요."

내 말을 들은 로라의 표정이 한층 더 진지해졌다. "저는 탈진해서 아무 생각이 나지 않을 때 두려움을 느껴요."

고통 속에서 로라는 극도의 피로도 감정을 덮어 버리지 못한다는 사실을 깨달았다. 고통의 시간이 침착하게 평정을 지킬 수 있다는 착각과 허세의 구름을 거두어 간 것이다. 성실하고 착했던 로라의 남편은 얼마 전 마흔세 살이라는 젊은 나이에 세상을 떠났다. 그녀는 이제 과부로 홀로 살아가야 할 처지가 되었다.

설상가상으로 로라의 남편 짐은 생명보험을 갱신하지 않았다. 죽기 두 해 전에 사업이 어려워져서 저축해 둔 돈을 모두 쓴 후 아내와 아무런 상의도 없이 생명보험을 해지해 버린 것이다. 그는 사업 형편이 나아져 여유가 생긴 뒤에도 생명보험 계약을 갱신하지 않았다. 그의 실수는 치명적인 결과를 낳고 말았다. 로라는 살던 집과 아이들 학비까지 모두 잃어버릴 처지에 놓였다. 아직 아이들이 어렸지만 가족의 생계를 꾸리려면 빨리 직장을 구하는 수밖에 다른 도리가 없었다.

하지만 로라가 느끼는 고통은 재정적 어려움 때문만은 아니었다. 오히려 죽은 남편에 대한 배신감 때문이었다. 생명보험을 해지하면서 왜 한마디 상의도 하지 않았던 걸까? 답은 간단했다. 짐은 아내의 추궁과 걱정에 대응하고 싶지 않았던 것이다. 그는 자기 편한 대로 했고 결국 그런 무책임한 행동으로 남은 가족을 고통스럽고 힘들게 했다. 로라는 살아갈 앞날이 막막해질 때마다 남편에 대한 분노가 치솟았다.

로라가 느끼는 고통과 두려움을 어떤 말로 위로해 줄 수 있겠는가? 그저 "걱정하지 마세요"라고 하면 잔인하고 무정하게 들릴 것이다. 성경 말씀은 다음과 같이 위로한다.

군대가 나를 대적하여 진 칠지라도 내 마음이 두렵지 아니하며
전쟁이 일어나 나를 치려 할지라도 나는 여전히 태연하리로다.

(시 27:3)

그러므로 땅이 변하든지 산이 흔들려 바다 가운데에 빠지든지

바닷물이 솟아나고 뛰놀든지

그것이 넘침으로 산이 흔들릴지라도

우리는 두려워하지 아니하리로다.

(시 46:2-3)

겁내는 자들에게 이르기를

굳세어라, 두려워하지 말라

보라 너희 하나님이 오사 보복하시며 갚아 주실 것이라

하나님이 오사 너희를 구하시리라.

(사 35:4)

두려워하지 말라, 내가 너와 함께함이라.

놀라지 말라, 나는 네 하나님이 됨이라.

내가 너를 굳세게 하리라. 참으로 너를 도와주리라.

참으로 나의 의로운 오른손으로 너를 붙들리라.

(사 41:10)

너희는 다시 무서워하는 종의 영을 받지 아니하고 양자의 영을 받았으므로 우리가 아빠 아버지라고 부르짖느니라.

(롬 8:15)

사랑 안에 두려움이 없고 온전한 사랑이 두려움을 내쫓나니 두려움에는 형벌

이 있음이라. 두려워하는 자는 사랑 안에서 온전히 이루지 못하였느니라.

(요일 4:18)

우리는 이와 같은 성경 말씀을 어떻게 이해해야 할까? 성경의 저자들이 타락한 세상의 현실을 무시하고 태평스런 말을 하고 있다고 생각하는가? 두려움에 대한 그들의 충고는 한결같다. **"두려워하지 말라."** 정말 그렇게 간단한 일인가?

인간에게 두려움은 생존의 필수 조건이라고 할 수 있다. 다만 성경 말씀이 지적하는 대로 두려움을 해결하기 위해 우리 안에 있는 더 깊은 문제와 씨름하지 않으면 안 된다. 두려워하는지 여부가 아니라 무엇을, 누구를 두려워하는지를 생각해 보아야 한다.

07

의로운 두려움: 하나님에 대한 경외

어느 여름 날 저녁이었다. 나는(트렘퍼) 아들 앤드류를 데리고 주문한 피자를 가져오기 위해 차를 몰고 밖으로 나갔다. 하늘에는 먹구름이 잔뜩 끼어 있었지만 비가 온다는 일기예보를 듣지 못했기 때문에 날씨에 상관하지 않았다. 더욱이 필라델피아는 기상 이변이 거의 없는 지역이었다.

막 식당에 도착했을 때 번개가 치면서 전기가 나갔다. 우리는 피자를 받아들고 재빨리 자동차로 달려갔다. 10분만 운전하면 집에 도착할 수 있었다. 하지만 그 사이에 바람은 거센 태풍으로 돌변했다. 좁은 언덕길을 넘어 큰길로 돌아서려는 참나, 우리 차 바로 오른쪽에서 거대한 나무 한 그루가 태풍에 못 이겨 도로에 쓰러졌다. 그 바람에 전깃줄이 나뭇가지에 말려들어 바닥으로 끊어져 떨어졌다.

나는 조심스럽게 차를 몰아 큰길로 들어섰다. 그런데 얼마 못 가서 또 다시 거대한 나무가 바로 우리 차 앞에서 쿵 하고 쓰러지는 것이었다. 그대로 계속 가다가는 나무가 우리 차를 덮칠지도 몰랐다.

우리 차가 가고 있는 도로 앞에 커다란 나무 한 그루가 서 있는 것이 보였다. 나는 불안한 마음으로 겨우겨우 그 밑을 지나서 언덕길을 빠져나왔다. 평상시 10분이면 도착할 거리를 태풍으로 파인 구덩이와 쓰러진 나무들을 피하느라 한 시간 반이나 걸려 집에 도착했다.

살다 보면 생명에 위협을 느낄 정도로 위태로운 순간을 맞이할 때가 있다. 피자를 가지러 잠깐 다녀온다는 외출이 무려 두 시간에 걸친 생지옥이 될 줄 누가 알았겠는가? 두려움은 결코 비정상적인 감정이 아니다. 사실은 두려움이 없는 것이 비정상인 것이다.

도피의 방향

시편 55편에서 다윗은 자신의 심정을 이렇게 표현한다.

내 마음이 내 속에서 심히 아파하며
사망의 위험이 내게 이르렀도다.
두려움과 떨림이 내게 이르고
공포가 나를 덮었도다.
(시 55:4-5)

다윗은 자기 앞에 닥친 위험에만 신경이 쏠려 다른 것은 생각할 여유조차 없었다. 내적으로나("내 마음") 외적으로나("떨림") 극도의 불안감에 휩싸인 상태였다.

육신의 모든 감각이 그에게 위험에서 피하라는 신호를 보냈다. 도망가고 싶은 마음을 그는 다음과 같이 표현했다.

나는 말하기를, 만일 내게 비둘기같이 날개가 있다면
날아가서 편히 쉬리로다.
내가 멀리 날아가서 광야에 머무르리로다,
내가 나의 피난처로 속히 가서
폭풍과 광풍을 피하리라 하였도다.
(시 55:6-8)

다윗은 새, 그중에서도 특히 비둘기가 되고 싶어 했다. 인간의 시각으로 볼 때 새들은 겁 많고 소심한 동물이다. 조금이라도 낯설고 이상한 물체가 접근하면 새들(특히 도시에 사는 비둘기들)은 위험을 감지하고 재빨리 도망간다. 순식간에 창공으로 날아올라 지면의 어떤 장애물에도 구애받지 않는다.

이스라엘에서 흔히 볼 수 있는 비둘기들은 도심의 혼잡에서 벗어나 주로 절벽의 동굴 속에 둥지를 짓고 산다. 이스라엘의 황무지(성경에는 주로 '광야'로 번역되어 있다)에는 그런 절벽이 많다. 사람들이 모여 사는 도시와 모래 사막의 중간 지대에는 절벽들로 이루어진 황무지가 있다. 먹잇감이 많고 도시와 같은 위험도 없기 때문에 새들이 살기에는 아주 적합한 곳이다.

다윗은 두려움을 느꼈을 때 달아나고 싶어 했다. 대체 무엇 때문에 두려움을 느꼈을까? 다윗은 그 이유를 정확하게 밝히지 않았다. 분명 어떤 구체적인 상황이 있었겠지만 그것을 자세히 밝히지 않은 이유는 자신이 깨달은 교훈을 그와 다른 상황에서도 적용하기를 바랐기 때문이었을 것이다. 실제로 위험에 대해 언급한 첫 구절을 보면 다윗은 원수의 일반적인 횡포만을 묘사하고 있다.

> 내가 성내에서 강포와 분쟁을 보았사오니
> 주여 그들을 멸하소서. 그들의 혀를 갈라 버리소서.
> 그들이 주야로 성벽 위에 두루 다니니
> 성 중에는 죄악과 재난이 있으며 악독이 그중에 있고
> 압박과 속임수가 그 거리를 떠나지 아니하도다.
> (시 55:9-11)

하지만 바로 다음 절들을 보면 다윗에게 큰 충격을 안겨 준 한 가지 구체적인 사실이 나온다. 원수의 횡포를 뒤에서 조종한 사람이 바로 그의 친구였다는 점이다.

> 나를 책망하는 자는 원수가 아니라 원수일진대 내가 참았으리라.
> 나를 대하여 자기를 높이는 자는 나를 미워하는 자가 아니라
> 미워하는 자일진대 내가 그를 피하여 숨었으리라.
> 그는 곧 너로다. 나의 동료, 나의 친구요 나의 가까운 친우로다.
> 우리가 같이 재미있게 의논하며
> 무리와 함께하여 하나님의 집 안에서 다녔도다.
> (시 55:12-14)

이보다 더한 충격과 아픔이 어디 있겠는가? 신뢰했던 친구가 비정하게

자신을 배반하고 생명을 위협하는 원수가 되었다. 이 시편의 배경이 되는 실제 사건이 무엇인지는 알 수 없다. 하지만 여러 가지 정황을 따져 볼 때 압살롬이 다윗 왕을 대적하여 일으킨 반란인 듯하다.

당시 이스라엘 왕국은 반으로 분열되어 있었다. 친구와 자식이 자신을 대적하는 참담한 상황 속에서 다윗의 심정이 어땠을지는 짐작하기 어렵지 않다. 그렇게 다윗과 절친했던 사람 중 한 명이 아히도벨이었다. 백전노장 아히도벨은 다윗을 배신하고 압살롬에게 승리의 전략을 일러 주었다(참고 삼하 15:30-31; 16:15-17:29). 시편이나 역사서만으로 정확한 배경을 파악하기는 어렵지만 만약 압살롬 사건이 아니라면 분명 그와 비슷한 사건이었을 것이다. 말하자면 가까운 친구가 다윗의 신뢰를 배신하고 그에게 치명적인 상처를 입힌 것이다.

> 그는 손을 들어 자기와 화목한 자를 치고
> 그의 언약을 배반하였도다.
> 그의 입은 우유 기름보다 미끄러우나
> 그의 마음은 전쟁이요,
> 그의 말은 기름보다 유하나
> 실상은 뽑힌 칼이로다
>
> (시 55:20-21)

다윗은 살의에 찬 위선자를 피해 도망치고 싶었다. 이 시편의 마지막 부분에 나오는 것처럼 실제로 다윗은 도망을 쳤다. 광야로 달아난 것이 아니라 하나님께로 달아났다. 두려움을 인정한 뒤에 하나님께로 나아가 자신의 문제를 그분 앞에 올려 드렸다.

시편 55편은 바로 그런 내용이다. 하나님 앞에서 자신의 심정을 토로하며 슬픔과 탄식 속에 바치는 애가다. 그는 자신의 기나긴 호소와 기도를 하나님이 분명 듣고 계실 거라고 확신했다.

> 저녁과 아침과 정오에 내가 근심하여 탄식하리니
> 여호와께서 내 소리를 들으시리로다.
> (시 55:17)

하나님은 원수를 물리치고 자신의 백성을 구하시는 권능의 하나님이시다. 그렇기 때문에 두려운 상황에서 분명히 역사해 주실 것이라고 다윗은 확신하고 있었다. 그러면 하나님의 원수란 누구를 말하는 것인가? 원수는 곧 "하나님을 경외하지 아니하는" 자들을 의미한다(시 55:19).

마음의 변화

두려움은 죄가 아니다

그리스도인들은 두려움을 인정하고 싶어 하지 않는다. 두려워하는 것 자체가 죄라고 생각하기 때문이다.

하지만 겟세마네 동산에서 예수님이 하신 말씀을 기억하는가? 시편 43:5을 암시하듯 예수님은 제자들에게 이렇게 말씀하셨다. "내 마음이 매우 고민하여 죽게 되었으니 너희는 여기 머물러 나와 함께 깨어 있으라"(마 26:38). 다가올 죽음만이 아니라 세상의 죄를 짊어져야 한다는 엄청난 압박감 속에서 예수님은 두려움으로 떨고 계셨다.

예수님이 겪으신 두려움을 너무 영적으로만 해석하지 말기 바란다. 예수님은 하나님인 동시에 인간이셨다. 또한 이 세상을 창조하는 순간부터 언젠가는 자신이 인간이 되어 피조물의 죄를 대신해 죗값을 치러야 한다는 사실을 알고 계셨다. 그럼에도 예수님은 하나님 아버지께 징벌을 면하게 해 달라고 호소하셨고 "이 잔을 내게서 지나가게 하옵소서" 하고 간구하셨다.

예수님이 말씀하신 잔은 '진노의 잔'을 의미한다. 시편을 포함해 구약의 여러 말씀에도 같은 표현이 등장한다.

> 여호와의 손에 잔이 있어 술 거품이 일어나는도다.
> 속에 섞은 것이 가득한 그 잔을 하나님이 쏟아 내시나니
> 실로 그 찌꺼기까지도 땅의 모든 악인이 기울여 마시리로다.
>
> (시 75:8)

이 세상의 죄를 담당했던 예수님은 하나님이 주시는 진노의 잔을 마실 수밖에 없었다. 그래서 십자가에 못 박혀 돌아가신 것이다. 두려움과 공포에 잠긴 예수님은 십자가를 피하게 해 달라고 하나님께 간구하셨다. 하지만 곧바로 하나님 아버지의 뜻대로 하겠다고 기도하셨다. 겟세마네 농산에서의 깊은 고뇌가 끝나자 예수님은 십자가 앞으로 성큼 다가가셨고 두 번 다시 뒤돌아보지 않으셨다.

온전한 하나님인 동시에 온전한 인간이었던 예수님은 우리처럼 온갖 유혹에 노출되어 있었다. 하지만 죄는 짓지 않으셨다. 겟세마네 동산에서

땀이 피가 될 정도로 기도하신 예수님의 모습이야말로 두려움 자체가 죄가 아님을 증명하는 예가 아니겠는가(참고 히 2:14-18, 4:14-16).

두려움이 이끄는 곳

그렇다면 하나님의 뜻에 어긋나는 두려움은 무엇이고, 위험을 피하기 위한 정당한 두려움은 어떤 것인가? 또한 두 가지 두려움의 차이는 무엇인가?

그 해답은 우리가 **무엇을 혹은 누구를 두려워하는가**에 달려 있다. 우리가 느끼는 두려움이 우리를 어디로 이끌고 가는가? 두려움으로 인해 자신을 보호하려고 하는가 아니면 우리의 보호자 되시는 하나님 앞으로 나아가고자 하는가?

예수님은 인간을 두려워하지 않으셨다. 그렇다고 극심한 육체적 고통을 두려워하신 것도 아니었다. 그분이 두려워하신 것은 하나님 아버지의 분노와 외면과 징벌이었다. 즉, 예수님은 하나님을 두려워하셨던 것이다.

이상하게 들릴지 모르지만 우리를 하나님에게서 멀어지게 만드는 것은 세상을 두려워하는 마음이다. 하나님을 두려워하면 다른 두려움은 전혀 문제가 되지 않는다. 오로지 하나님만 의식하게 된다. 하나님이야말로 이 세상의 모든 존재보다 높고 초월적인 존재가 아니신가? 하나님을 경외하는 마음은 당면한 문제가 아닌 존재의 본질에 뿌리를 내리게 만든다.

두려움이라는 감정은 예수님을 하나님 아버지 앞으로 이끌었다. 결국 예수님은 하나님 아버지의 뜻에 순복하기로 결정하셨다. 그분 자신도 하나님이었지만 오직 하나님 아버지를 섬기는 종이 되기로 결심하신 것이다. 그리하여 십자가 죽음이라는 이해 못할 길을 걸어가셨다.

하나님을 두려워함

시편을 비롯해 성경은 전반적으로 하나님이 우리에게 한 가지 두려움을 심어 주기 원하신다고 말한다. 그것은 하나님에 대한 두려움이다. "여호와는 자기를 경외하는 자들과 그의 인자하심을 바라는 자들을 기뻐하시는도다"(시 147:11).

두려움은 우리 자신에 대한 인식을 왜곡시켜 실제보다 자신을 더 연약하게 여기도록 만든다고 앞서 말했다. 또한 우리의 문제를 더 크고 해결할 수 없는 것으로 여기게 만든다. 하지만 그보다 심각한 일은 **두려움이 하나님에 대한 그릇된 인식을 갖게 한다**는 것이다. 고난으로 괴로워할 때면 하나님이 너무도 무력하고 무심하고 냉정한 분으로 느껴질 때가 있다. 우리는 '**정말로 권능 있고 나를 사랑하시는 하나님이라면 이런 일이 일어나지 않게 하셨을 거야**' 하고 생각한다.

두려움은 사탄을 전능자로, 하나님을 무능한 분으로 보이게 만든다. 하지만 하나님은 절대로 무능한 분이 아니시다. 시편에는 하나님의 권능을 보여 주는 말씀이 가득하다. 하나님은 왕이시고(47편), 용사이시고(18:7-15), 반석이시고(31:2), 요새이시고, 피난처이시다(46:7-11). 하나님의 선하심과 긍휼과 자비를 보여 주는 구절도 무궁무진하다. 하나님은 목자이시며(23편), 사랑의 어머니이시다(131편).

하나님이 무능력한 분이 아니시듯 어떤 면에서는 우리도 무능력한 인간이 아니다. 우리가 하나님만 섬기겠다는 마음가짐으로 산다면 그렇다. 우리 자녀가 죄 짓는 것을 직접 막지는 못해도 그들을 위해 하나님께 간구하여 결국은 하나님께 돌아오도록 할 수는 있지 않은가!

두려움으로 시야가 흐려졌을 때 어떻게 하면 본래의 시력을 되찾을 수 있을까? 위험과 역경 앞에서 어떻게 하면 이성을 잃지 않고 냉철한 판단력을 유지할 수 있을까?

한마디로 **두려움을 느끼면 된다**. 두려움을 피하려고 하면 할수록 두려움은 더욱 심각하고 파괴적으로 변한다. 의미 없이 종교적 언어들을 읊조리거나 분주한 일들로 두려움에서 달아나려 하지 말고 두려움에 마음을 맡겨 보라. 두려움에 직면하면 자신의 마음 상태를 알게 된다. 두려움이 클수록 자신이 무엇을 두려워하는지 그 대상이 더욱 선명해진다.

두려움은 결국 우리가 무엇을(혹은 누구를) 섬기고 있는지를 보여 준다. 두려움의 범주는 두 가지로 나눌 수 있는데, 그것은 **세상에 대한 두려움** 아니면 **하나님에 대한 두려움**이다. 세상을 두려워한다는 것은 자신의 뜻이 좌절되는 것을 두려워한다는 뜻이다. 그래서 에덴동산 같은 세상을 만들기 위해 아낌없는 수고를 쏟아 붓는다. 사실 우리가 두려움을 느끼는 이유는 고통, 수치, 혼동, 슬픔이 만연한 세상에서 기쁨, 명예, 의미, 행복을 찾으려 하기 때문이다. 인생에서 어떤 일이 일어날지, 다른 사람이 나에게 무슨 짓을 할지 모르기 때문에 우리는 세상이 두려운 것이다.

그렇다면 하나님을 두려워한다는 것은 정확히 어떤 뜻인가?

"여호와를 경외함이 지혜의 근본이라. 그의 계명을 지키는 자는 다 훌륭한 지각을 가진 자이니"(시 111:10). 어떤 사람들은 이 구절에 나오는 경외함이 실제로 하나님을 두려워한다는 의미가 아니라 그저 '경탄한다' 혹은 '숭배한다'는 뜻이라고 그릇된 해석을 내놓기도 한다. 사실 하나님은 우리가 늘 기도와 경배를 드리는 친숙한 분이며, 예수님은 "죄인의 친구"가 되시는 분이 아닌가? 그렇게 다정한 친구 같은 분들을 굳이 두려워해야 할 이유가 있겠는가?

하나님을 경외한다는 말은 하나님이 만물의 창조주이시며, 온 우주의 통치자이시며, 생사의 주관자이시며, 천국행과 지옥행을 결정짓는 심판자이시라는 사실에 기초를 두고 있다. 하나님은 지극히 높고 초월적인 존재다. 우리로서는 감히 그분을 상상하기조차 어렵다.

더욱이 우리의 연약하고 감상적인 신앙으로는 예수님이 역설하신 권능의 실체를 제대로 경험할 수 없다. "내가 내 친구 너희에게 말하노니 몸을 죽이고 그 후에는 능히 더 못하는 자들을 두려워하지 말라. 마땅히 두려워할 자를 내가 너희에게 보이리니 곧 죽인 후에 또한 지옥에 던져 넣는 권세 있는 그를 두려워하라. 내가 참으로 너희에게 이르노니 그를 두려워하라"(눅 12:4-5).

인간이나 피조물은 우리의 육신만 죽일 수 있다. 물론 하나님도 우리의 육신을 죽이신다. 그러나 하나님은 한 걸음 더 나아가 우리를 영원히 분리시켜 멸망시키실 수 있다. 지옥이란 짙은 어둠과 혼돈으로 하나님의 영광이 영혼을 구원하거나 부활시키지 않는 곳이다. 그렇기 때문에 우리는 하나님을 완전히 상실하는 자아의 영원한 멸망을 두려워해야 한다.

다윗도 하나님께 이렇게 애원하며 매달렸다. "나를 주 앞에서 쫓아내지 마시며 주의 성령을 내게서 거두지 마소서"(시 51:11). 다윗은 하나님이 자신을 쫓아내시고 두 번 다시 임재하지 않으실까 두려워 떨고 있었다. 그것은 구약의 관점으로 하나님을 본 것이고 신약의 관점에서는 다르게 보아야 한다고 말할 사람이 있을지도 모른다. 하지만 달란트 비유에서 예수님이 하신 말씀을 보면 그렇게 말하기는 어려울 듯하다.

한 달란트 받았던 자는 와서 이르되, 주인이여 당신은 굳은 사람이라 심지 않은 데서 거두고 헤치지 않은 데서 모으는 줄을 알았으므로 두려워하여 나가서 당신의 달란트를 땅에 감추어 두었었나이다. 보소서, 당신의 것을 가지셨나이다. 그 주인이 대답하여 이르되, 악하고 게으른 종아, 나는 심지 않은 데서 거두고 헤치지 않은 데서 모으는 줄로 네가 알았느냐, 그러면 네가 마땅히 내 돈을 취리하는 자들에게나 맡겼다가 내가 돌아와서 내 원금과 이자를 받게 하였을 것이니라, 하고, 그에게서 그 한 달란트를 빼앗아 열 달란트 가진 자에게 주라, 무릇 있는 자는 받아 풍족하게 되고 없는 자는 그 있는 것까지 빼앗기리라, 이 무익한 종을 바깥 어두운 데로 내쫓으라, 거기서 슬피 울며 이를 갈리라 하니라.

(마 25:24-30)

이 비유는 우리 죄가 얼마나 큰지, 우리가 얼마나 심각한 일로 괴로워하는지, 얼마나 열심히 교회 봉사를 하고 있는지를 문제 삼는 말씀이 아니다. 우리의 준비된 마음가짐을 묻는 말씀이다. 우리는 주님의 재림을 기대와 소망으로 준비하고 있는가? 준비된 현명한 사람은 주님의 재림을 기대하며 수평선에 시선을 두고 바람소리에도 귀를 기울이며 소망에 찬 삶을 살아갈 것이다.

하나님을 두려워하는 사람은 하나님 없는 삶이 곧 지옥임을 알고 있다. 사람마다 하나님과 다양한 거리를 두고 살고 있지만 하나님과 한 걸음 멀어지는 것은 결국 어둠의 지옥에 한 걸음 다가서는 것이다. 하나님을 거역할 때 인간의 본질을 상실한다는 것을 두려워해야 한다.

하나님의 진노는 자신의 아들을 무참히 살해할 정도로 무섭다. 하나님을 두려워하는 사람은 그 사실 앞에서도 전율해야 한다. 이때 전율은 감사가 아니다. 너무도 의외의 사실 앞에 넋을 잃을 정도로 충격에 휩싸이는 것이다. 누가 자기 자녀를 해치려고 한다면 세상의 부모들은 즉시 그를 죽이려 들 것이다. 하지만 하나님은 아니었다. 그분이 지닌 영광의 깊이를 알리기 위해 자신의 독생자를 죽게 하셨다.

하나님의 전지전능과 무소부재는 인간과 구별되는 하나님만의 속성이라고 한다. 맞는 말이다. 하지만 인간과 가장 다른 점은 그분의 사랑이다. 하나님을 경외하는 것은 그분의 강렬하고도 철저하게 이타적인 사랑을 경외하는 것이다. 완전한 사랑이 두려움을 내쫓는다. 그 이유는 그런 사랑은 이 세상의 어떤 위험보다도 두렵고 무서운 것이기 때문이다. 우리는 하나님의 사랑 앞에 두려움을 느낀다. 지극히 당연한 일이다. 인간의 사랑과 달라도 너무 다르지 않은가?

하나님을 두려워한다는 것은 어떤 의미인가? 그것은 하나님을 열렬히 환영한다는 뜻이다. 예수님의 신부로서 그분이 풍기는 사랑의 향기를 만끽하며 살아간다는 뜻이다. 하나님을 두려워한다는 것은 곧 그분의 임재에 사로잡히는 것이다.

하나님을 두려워하는 사람이 어떻게 세상의 제도와 인간의 위협을 두려워할 수 있겠는가? 결국 큰 두려움이 작은 두려움을 몰아내는 것이다. 일상의 오만 가지 일로 불안과 걱정에 사로잡혀 있던 사람도 말기암에 걸려 6개월밖에 살 수 없다는 선고를 받는다면 다른 모든 것들이 한낱 무질없는 것으로 여겨질 것이다.

하나님은 우리가 가장 두려워하고 경외해야 하는 대상이다. 가치관에 혼동이 와서 하나님보다 다른 것을 더 두려워하게 되면 큰 문제가 발생한다. 하나님을 두려워하지 않게 되는 것이다. 그것이 바로 이사야 시대 이스라엘 백성들의 모습이었다. 하나님은 그런 백성들을 향해 다음과 같이 꾸짖으셨다.

> 네가 누구를 두려워하며 누구로 말미암아 놀랐기에
> 거짓을 말하며 나를 생각하지 아니하며
> 이를 마음에 두지 아니하였느냐.
> 네가 나를 경외하지 아니함은
> 내가 오랫동안 잠잠했기 때문이 아니냐.
>
> (사 57:11)

하나님 앞에 서면 다른 모든 두려움은 바람 앞의 연기처럼 사라지게 되어 있다.

C. S. 루이스는 고전 「사자, 마녀 그리고 옷장」(The Lion the Witch, and the Wardrove)에서 하나님에 대한 두려움을 아주 재치 있게 묘사했다. 비버 부부는 루시와 피터에게 나니아를 악에서 구할 방법을 설명하면서 아슬란이라는 사자를 만나야 한다고 말했다. 루시는 그토록 위험한 동물을 만날 자신이 없다며 그 사자는 안전하냐고 비버 씨에게 물었다. 질문을 받은 비버 씨는 루시를 향해 이렇게 대답했다. "안전하냐고? 내 아내가 한 얘기를 듣지 못했니? 누가 안전하다고 그래? 그 사자는 절대로 안전하지 않아. 하지만 좋은 사자지. 아슬란은 진짜 왕이라고"[1]

우리는 세상이 두려운 나머지 힘없는 자기 자신을 의존할 때가 많다. 하지만 세상에 대한 두려움은 오히려 하나님에 대한 두려움으로 발전해야 한다. 하나님에 대한 두려움은 우리를 하나님과 멀어지게 하는 것이 아니라 도리어 하나님께 가까이 나아가게 만든다. 세상에 대한 두려움을 극복하는 길은 하나님을 두려워하는 것이며, 그것만이 세상의 두려움을 효과적으로 또한 확실하게 없애는 방법이다.

두려움은 해를 입지 않도록 우리를 도망가게 만든다. 그것은 자신의 무력함과 상황의 불가항력을 인식하는 데서 나오는 반응이다. 성공과 지배를 꿈꾸면 파멸할 수밖에 없다. 타락한 세상에서는 우리의 연약함만 계속해서 드러날 것이기 때문이다. 자신의 힘으로 해결하려 하지 않고 하나님의 뜻에 순종한다면, 성공을 추구하는 대신에 하나님을 섬기려고 한다면 우리는 변화될 것이고 두려움은 사라질 것이다. 그렇다면 결국 관건은 하나님의 권능이다. 성공과 지배를 추구하는 것은 하나님의 권능을 부정하는 것이고, 하나님께 순종하며 그분을 섬기는 것은 하나님의 권능을 인정하는 것이다.

앞서 6장에서 소개한 탐 목사의 이야기를 다시 해 보겠다. 지루한 설교가 교회를 망가뜨릴 것이라는 한 교인의 경고에 탐 목사는 당혹감과 두려움을 느꼈다. 하지만 이야기는 거기서 끝나지 않는다. 그날 주일예배를 마치고 탐 목사는 또 다른 교인에게서 또 다른 경고를 들었다.

교회 문 앞에 서서 교인들에게 인사를 하고 있을 때 마지막으로 할머니 한 분이 탐 목사 앞으로 다가왔다. 할머니는 굳은 표정으로 단호하게 말했다. "목사님, 대체 왜 그러셨는지는 모르겠지만 오늘 설교는 교인 중 누군가를 기쁘게 하기 위한 설교 같더군요. 지금 당장 목사님 댁으로 가셔서 회개하시길 바랍니다. 다음 주에는 하나님을 기쁘시게 하기 위한 설교를 준비하시고 오늘처럼 사람을 기쁘게 하는 설교는 앞으로 하지 마세요!"

할머니의 따끔한 충고에 탐 목사는 할 말을 잃고 말았다. 자신을 질책했던 교인을 두려워한 나머지 하나님에 대한 두려움이 약화되었던 것이다. 탐 목사는 그 길로 할머니의 충고를 실천에 옮겼다. 교인 한 사람, 아니 교인 전체를 실망시킨다고 해도 우주의 창조자 하나님을 실망시키는 것과는 비교가 될 수 없었다. 하나님을 두려워하는 마음 앞에서 사람에 대한 두려움은 마침내 사라져 버린 것이다.

변화의 과정

하나님이 당신의 두려움을 해결해 주시기를 원한다면 먼저 **두려움의 감정을 인정해야 한다**. 전혀 두렵지 않은 것처럼 가장하거나 분주한 일로 자신의 감정을 억누르지 않아야 한다는 뜻이다. 아들을 걱정했던 테레사가 그런 경우에 해당했다. 로버트에 대한 걱정으로 마음이 불안했지만 테레사는 바쁜 일정에 파묻혀 불안감을 지워 버리려고 했다.

두 번째로는 **걱정거리를 가지고 고민해야 한다**. 이것은 "예수님만 믿으면 근심 걱정이 사라질 것이다" 하는 신앙 철학과는 정반대의 말이다. 두려움을 인정한 다음부터 진짜 싸움이 시작된다. 그런 싸움을 치르고 나야 진정한 평강을 맛보게 된다(참조 시 131편).

세 번째로는 성경을 읽고 기도하면서 **하나님의 능력과 그분이 과거에 도와주신 일들을 기억해야 한다**. 일단은 성경을 읽으면서 하나님의 성품을 묵상해 보라. 성경에는 하나님이 이스라엘 백성을 구하신 이야기가 자세히 기록되어 있다. 주변 사람들이나 교인들에게 들었던 간증도 떠올려 보라. 하지만 무엇보다 중요한 일은 하나님이 당신의 지나온 삶에서 어떻게 역사하셨는지를 기억하는 것이다. 과거에 역사하신 하나님이 현재에도 역사하시지 않겠는가?

　마지막으로 당신이 얻은 확신을 지니고 세상으로 나아가야 한다. 처음에는 그런 과정이 마냥 더디고 힘들게 느껴질 것이다. 아픔이 없는 안전지대로 돌아가고 싶은 충동도 일어날 것이다. 하지만 아픔이 없는 안전지대에는 기쁨 또한 없다는 사실을 명심하라.

　하나님에 대한 두려움은 세상에 대한 두려움을 압도한다.

08

불의한 시기와 질투: 부정적인 욕구

로버트는 침대 위에 엎드려 천천히 숨을 고르고 있었다. 몸을 움직이기가 겁이 났다. 아내 낸시는 남편의 주의를 끌기 위해 일부러 몸을 뒤척이는 것 같았다. 그냥 자는 척을 할 수도 있지만 아무래도 아내와 이야기를 하는 편이 좋겠다는 생각이 들었다. 그러나 시간은 한밤중이었고 몸은 피곤했다. '아침에 이야기하자' 하고 생각할 때 아내가 먼저 말을 걸어 왔다.

"당신, 안 자요?"

이제는 어쩔 도리가 없었다. "응, 안 자. 왜 그래요?"

"사라 때문에 심난해서 그래요."

"아침에 이야기하면 안 돼요? 지금 새벽 세 시라고요."

"하지만 너무 걱정이 돼서 잠이 안 와요."

전에도 그들은 자주 같은 이야기를 했다. 그것도 주로 새벽에. 대화의 주제는 이듬해 대학에 들어가는 딸 사라였다.

"사라가 조금만 더 현명한 결정을 내렸더라면 좋았을 텐데 말이에요."

그랬으면 웨이크포레스트 대학에 일찌감치 입학이 돼서 지금처럼 걱정하지 않아도 될 거 아니에요."

"사라는 공부에 신경 쓰느라 그랬던 거잖아, 여보. 우리 부부에 비하면 그 애는 월등한 성적을 받았는데 뭘 그래요. 분명히 자기가 좋아하는 대학에 들어갈 수 있을 거요." 로버트는 아내를 안심시키려고 애썼다.

"그렇게 될지 어떨지는 두고 봐야죠. 성적이 그렇게 좋은 편이 아니에요. 아마 옥덴 대학 정도나 갈 수 있을 거예요."

로버트는 얼굴을 찌푸렸다. 그 말을 여러 번 들었지만 들을 때마다 속이 상했다. 물론 옥덴 대학은 그리 유명한 대학은 아니었지만 로버트는 거기서 낸시를 만났고 대학 졸업 후에 자신이 좋아하는 직장도 얻을 수 있었다. 로버트는 낸시의 말에 아무 대꾸도 하지 않았다.

낸시가 다시 볼멘소리를 했다. "사라 친구 케이티는 그 대학에 입학이 되었다니 너무 하잖아요. 그 애는 사라만큼 공부를 잘하는 애도 아닌데 말이에요. 케이티는 방과후 활동을 열심히 해서 붙은 거라고요. 사라도 운동을 좀 했거나 체스 동아리에 가입했더라면 좋았을 텐데."

"여보, 그런 말 말아요. 나는 지금 졸려서 눈도 뜨기 힘들어요. 그리고 그런 얘기는 수백 번도 더 했잖아. 사라는 축구공도 제대로 못 차는 아이고 수학 공부를 따라가기도 바쁜데 어떻게 시간을 내서 체스를 할 수 있었겠어요? 조금이라도 시간 나면 교회 고등부에서 봉사하라고 말한 게 누군데. 케이티야 그런 점에서 문제가 없었겠지. 일요일 아침에 부족한 공부를 하면 되니까. 제발, 여보 이제 좀 잡시다. 난 내일 아침 8시까지 공항에 나가 봐야 해요."

소유하려는 욕구

인간이 생존하기 위해서는 물, 음식, 추위를 막아 줄 집이 필요하다. 그 정도로도 인간은 얼마든지 생존할 수 있다.

하지만 이 지구 상에 살아가는 인간들은 생존에 필요한 것들로 만족하지 않고 더 많은 것들을 가지려고 한다. 편하게 살려 하고 재물을 쌓아 놓으려 한다. 갈증을 해소하는 데도 레몬에이드, 콜라, 이온 음료 등 다양한 맛을 원한다. 음식을 먹을 때도 배가 부르도록, 아니 위가 팽창할 정도로 먹는다. 집도 추위를 막아 주고 쉴 수 있는 곳 정도가 아니라 더 크고 더 좋은 집을 원한다.

우리가 원한다고 해서 모두 우리에게 필요한 것은 아니다. 우리는 온갖 종류의 것들을 누리고 싶어 한다. 자동차, 옷, 책, 보석, 거품 목욕, 스키장 휴가 등. 다시 한 번 말하지만 인간은 결코 기본적인 필수품만으로 만족하지 않는다. 타이맥스 시계가 생기면 그 다음에는 롤렉스 시계를 갖고 싶어 하고, 현대 자동차를 몰고 다니면 벤츠 자동차에 눈독을 들인다. 남녀노소를 막론하고 갖고 싶은 것을 살 수 있는 돈을 좋아한다.

하지만 우리가 원하는 것은 그런 물질적인 것만이 아니다. 독거노인이 아니더라도 의식주 외에 사람과의 교류가 필요하다는 것은 누구나 실감한다. 사람들과 가까이 지내며 친밀감과 민족감을 읽고 싶어 한다.

인간의 욕심은 한도 끝도 없다. 하지만 자원에 한계가 있고 세상은 공평하지 못하므로 우리 모두의 욕구를 만족시켜 주지는 못한다. 우리 중에는 다른 사람들보다 더 많은 쾌락과 부와 권력과 대인 관계를 누리는 사람들이 있다. 인생은 짧고 인간이 갖고 있는 자원도 유한하다. 인간의 소유욕은 간단하게 **시기**과 **질투**라는 두 가지 감정으로 요약할 수 있다.

분노에 찬 욕구, 시기

시기란 자신이 갖고 있지 않은 것을 다른 사람이 갖고 있을 때 느끼는 감정, 분하고 원통한 감정이다. 소비 지향적인 사회에서 사람들은 다른 사람의 소유와 지위를 부러워한다. 시기를 아주 교묘한 형태로 감추기도 한다. 사이가 좋은 부부나 모녀를 보면 시기하면서도 겉으로는 칭찬을 한다.

타인을 위해 무언가를 바랄 때는 부러움을 정당하게 생각한다. 딸이 유명 대학에 들어가기를 바라는 낸시의 경우와 같다. 물론 어머니로서 딸의 미래가 진심으로 걱정되겠지만 마음 한편에는 자신이 이루지 못한 꿈을 딸을 통해 이뤄 보겠다는 욕심도 숨어 있다. 그 두 가지 때문에 낸시는 불면증과 걱정에 시달린 것이다.

낸시의 부러움에는 신체적 증상까지 뒤따랐다. '사촌이 땅을 사면 배가 아프다'는 말이 있는 것처럼 시기가 지나치면 구토나 메스꺼움 같은 증상을 유발한다. 질투도 마찬가지다.

보호하려는 욕구, 질투

남이 가진 것을 부러워하는 시기와는 반대로 자신이 가진 것, 혹은 가졌다고 생각하는 것을 다른 사람에게 빼앗기지 않으려고 보호하는 욕구를 질투라고 한다. 이런 욕구는 경계심이나 물질 축적 심리를 유발한다.

보통 질투는 남녀 관계에서 많이 발생한다고 생각한다. 영화나 드라마의 단골 주제이기도 하다. 하지만 실제로는 우리가 맺는 모든 관계에서 질투가 발생할 수 있다.

내가 아는 어떤 남성은 아내가 직장에서 다른 남성들과 많은 시간을 보내는 것이 속상하다고 했다. 그 부부는 같은 사무실에서 근무하는데 직업 특성상 고객들과 저녁 식사를 같이 하는 경우가 많았다. 가끔 다른 도시로 출장을 갈 때도 있었다. 그가 보기에 아내는 그런 일들을 지나칠 정도로 좋아하는 것 같았다. 그는 아내를 사랑했고 신뢰했으며 고린도전서 13:7 말씀대로 사랑은 모든 것을 믿어야 한다는 가르침을 기억하려고 노력했다. 질투심을 느끼는 데 죄책감이 생겨 자제해 보려고 애썼지만 그런 노력이 무색하리만큼 불쑥불쑥 질투심이 솟구쳐 올랐다.

질투는 남녀 관계에만 국한된 문제가 아니다. 어떤 아버지는 아들이 다른 어른들과 친하게 지내는 것을 못마땅해했다. 아들과 많은 시간을 함께 보내는 다정하고 좋은 아버지였지만, 다른 사람이 아들과 친해지는 것을 시샘했다. 가족들이 그 시간 외에는 바쁘다는 핑계로 아들이 교회 중고등부에서 활동하는 것을 반대했고, 특히 중고등부 전도사와 가까워지는 것을 싫어했다. 그 전도사가 아들에게 관심을 보이며 친해지고 싶다는 말을 한 것이 화근이었다. 또한 남자아이들에 대한 성폭력 기사를 빌미로 아들이 다른 남성과 둘이서 다니는 것을 허락하지 않았다. 코치든, 전도사든, 보이스카우트 리더든, 목사든, 어느 누구든 마찬가지였다.

사실 가까운 인간관계라면 어느 관계에서든 질투심이 발동할 수 있다. 특히 세 사람이 친하게 지내는 경우가 가장 질투에 취약하다.

새로운 성경 번역에 관한 작업을 하기 위해 나와(트렘퍼) 번역위원 두 명이 사흘간 모임을 가진 적이 있었다. 둘 중 한 사람은 나와 오랫동안 알고 지낸 친한 동료였는데, 하루는 매우 불쾌한 경험을 했다. 그가 한 시간 내내 나의 의견은 무시하고 다른 사람의 의견만 들어주는 것이었다. 그들이 내 번역을 계속 수정하는 바람에 나는 화가 머리끝까지 치밀어 올랐다(그들은 그저 문장가이고 나는 히브리어 전문가라는 이유로).

그때 불현듯 내가 기분이 상한 이유는 번역 문제 때문이 아니라는 생각이 들었다. 나만 따돌리고 두 사람이 가까워진 데 질투가 난 것이었다.

질투는 주로 사람들 간의 관계에서 일어나는 감정이지만 사물에 대해서도 일어날 수 있다. 시기와 질투가 다른 점은 그 대상이 사물인지 사람인지가 아니다. 시기는 남이 가진 것을 차지하고 싶은 것이고, 질투는 자신이 가진 것에 집착하는 것이다.

마이클이라는 교수는 상당히 큰 서재를 가진 신학자다. 그는 자신이 수집한 방대한 서적들을 세심하게 관리했다. 소장하고 있는 책의 숫자가 자기 학식의 깊이라도 되는 양 책들을 보물처럼 애지중지했다. 하지만 책이 워낙 많아서 읽지 않은 책들도 부지기수였다.

학생들과 동료 교수들은 학교 도서관에 찾는 책이 없어도 마이클 교수에게 책을 빌릴 엄두를 내지 못했다. 몇 번 요청을 했지만 잃어버릴지도 모른다는 이유로 매번 거절당했기 때문이다. 하지만 그를 아는 사람들은 그가 책을 보호하려는 것이 아니라 자기 학식에 대한 명성을 보호하려는 것임을 익히 알아채고 있었다.

시편 73편: 오만한 자를 질투함

시편에 기록된 시들은 인간의 영혼을 비추는 거울과도 같다. 시편 기자의 글에는 부정적인 감정들을 포함해서 우리가 느끼는 온갖 종류의 감정들이 생생하게 살아 꿈틀거린다.

그중에서도 시편 73편 아삽의 시에는 매우 격한 감정이 묘사되어 있다. 이 시편에서 아삽은 다른 사람이 가진 것이 몹시도 부럽다는 감정을 숨김없이 드러낸다. "이는 내가 악인의 형통함을 보고 오만한 자를 질투하였음이로다"(시 73:3). 오만한 자들의 평탄하고 성공적인 삶을 그는 다음과 같이 묘사했다.

> 그들은 죽을 때에도 고통이 없고
> 그 힘이 강건하며
> 사람들이 당하는 고난이 그들에게는 없고
> 사람들이 당하는 재앙도 그들에게는 없나니…
> 볼지어다 이들은 악인들이라도
> 항상 평안하고 재물은 더욱 불어나도다.
>
> (시 73:4-5, 12)

시편 기자의 시기심은 진실을 직시하는 눈을 마비시켰다. 그가 부러워하는 대상, 즉 부유한 악인들이 초인적인 능력이라도 지닌 것처럼 보였다. 앞서 6장에서 한 말을 기억하는가? 두려움은 다른 사람을 더욱 강해 보이게 만들고 자신을 더욱 약해 보이게 만든다고 했는데, 시기심 역시 진실을 왜곡한다. 부럽고 시기하는 마음이 있으면 다른 사람은 자기보다 더 잘살고 더 부유하고 더 행복한 것처럼 보인다. 그리고 자신은 더 못살고 더 가난하고 더 불행한 것처럼 여겨진다.

물론 최상위 부유층이야 보통 사람들과는 확연히 다르게 살아갈 것이다. 돈이 많으면 운동도 할 수 있고 휴가도 갈 수 있다. 어느 잡지에서 한 부유층 여성에게 한 달 만에 엄청난 체중 감량에 성공한 비결이 뭐냐고 물었다. 그랬더니 이런 대답이 돌아왔다. "간단해요. 누구든 할 수 있어요. 날마다 세 시간씩 운동하면 이렇게 빠진답니다." 그 뒤 잡지사에는 독자들의 항의가 날아들었다. 직장 생활하고 아이들 키우고 집안일 하면서 하루 10분도 운동하기 힘든 처지에 어떻게 세 시간씩이나 운동을 하느냐는 것이었다. 부유한 사람들이야 도우미를 비롯해 정원사, 요리사, 심지어 집사까지 고용해 집안일은 전부 그들에게 맡기지 않는가?

당신이 그런 부유층이 아니라면 분명 생계를 이어 가기 바쁜 생활을 하고 있을 것이다. 하루 종일 직장에서 일하고, 집에 와서는 전자레인지에 음식을 데워 먹고 밀린 빨래를 한 다음, 지친 몸으로 잠자리에 들 것이다. 잠시 숨이라도 돌릴 겸 텔레비전을 켜면 "부자와 유명인들의 라이프 스타일"이라는 프로그램이 나온다. 남미의 해변을 거니는 로빈 리치의 거만한 말투에 속이 뒤집히거나 아시아 최고급 휴양지에서 벌이는 파티 장면에 침을 흘릴 것이다. 솔직히 아삽처럼 "오만한 자를 질투하였다"고 말하고 싶은 심정 아닌가?

경계에서 집착으로

다른 감정들도 그렇지만 시기와 질투의 감정도 그 정도에 차이가 있다. 이웃 사람이 최고급 벤츠 차량을 몰고 차고로 들어갈 때 주행계가 24만 킬로미터에 육박하는 자신의 낡은 차를 생각하면서 공연히 마음이 심란해지는 것은 당신 혼자만은 아닐 것이다. 하지만 증오에 압도당할 때 우리 마음은 부정적인 감정들에 사로잡히게 된다.

사울 왕과 다윗의 이야기야말로 그런 과정을 보여 주는 대표적인 사례다(참고 삼상 16-19장). 사울이 처음으로 다윗을 만났을 때는 다윗을 무척이나 마음에 들어했다. 다윗은 음악으로 사울의 심령을 진정시켜 주었고, 블레셋 거인 골리앗을 넘어뜨려 이스라엘의 가장 위협적인 요소를 제거해 주었다(참고 삼상 17장).

그러나 사울은 평범한 일반인이 아니었다. 그는 이스라엘 초대 왕이었다. 사울은 다윗의 능력을 자신과 비교하면서 점차 다윗을 시기하기 시작했다. 하지만 그가 다윗의 능력보다 더 두려워한 것은 하나님의 명령을 거역한 후 하나님의 임재가 자신을 떠났다는 사실이었다.

사울의 시기와 질투는 날이 갈수록 심각해졌다. 거리에서 사람들이 부르는 "사울이 죽인 자는 천천이요 다윗은 만만이로다"라는 노래를 듣는 순간 그의 불안감은 최고조에 달했다. "그날 후로 사울이 다윗을 주목하였더라"(삼상 18:9).

사울은 다윗이 지닌 능력과 용기를 인정하지 않을 수 없었다. 다윗과 비교하면 자신은 무능한 실패자에 불과했다. 하지만 그런 능력과 신앙의 격차를 도저히 인정하고 싶지 않았다. 결국 왕위를 보존하려는 욕심으로 사울은 한때 애정을 쏟아 붓던 다윗을 향해 적개심과 살의를 불태우게 된다. 사울은 맹목적인 야망에 눈이 먼 사람이었다.

맹목적인 야망

야망이란 어떤 것을 소유하려는 강한 욕구를 말한다. 그 대상은 돈과 같은 유형물일 수도 있고 인기나 권세 같은 무형물일 수도 있다.

돈이나 명성이나 권력에 대한 야망은 자기 과시욕에 지나지 않으므로 되도록 멀리하는 편이 좋다고 생각하는 사람들이 있다. "인기? 인기는 연예인들에게나 해당하는 것이지 나와는 상관없어. 권력? 정치인이나 기업 총수들에게는 매력적일지 모르지만 나는 평범하게 살 거야."

그러나 이런 사고방식은 마음속 어두운 면을 무작정 외면하는 부작용을 낳는다. 국제적인 명성까지는 아니더라도 자기 분야에서 인정받고 싶은 욕심은 누구나 갖고 있기 마련이다. 도시나 국가의 권력을 쥐고 싶은 야망은 없을지언정 자신이 다니는 대학이나 집안 식구들, 혹은 친구들 사이에서 영향력 있는 사람은 되고 싶을 것이다. 야망은 그 자체로 나쁜 것이 아니라 시기와 질투를 동반해서 무자비한 방식으로 이루고자 할 때 죄가 되는 것이다. 이러한 야망을 보통 '맹목적'이라고 표현한다. 그 이유는 자신의 목적을 이루기 위해 물불을 가리지 않고 방해가 되는 사람들을 서슴없이 짓밟기 때문이다.

전도서 기자는 질투 어린 야망이 사람들을 멍들게 한다고 지적했다. "내가 또 본즉 사람이 모든 수고와 모든 재주로 말미암아 이웃에게 시기를 받으니 이것도 헛되어 바람을 잡는 것이로다"(전 4:4). 시기와 질투로 얼룩진 사회에 환멸을 느낀 그는 다시 한 번 이 세상이 헛되다고 결론지었다.

현대 사회에서 무자비한 야망은 성역이라고 여겨지는 곳에까지 침투해 있다. 내가(트렘퍼) 가르치는 신학대학원은 전국에서 손꼽히는 유서 깊은 학교 중 하나다. 그런 까닭에 전 세계 30여 개국에서 똑똑하고 믿음 좋은 젊은이들이 우리 학교로 몰려든다. 그들은 학교에서 요구하는 높은 학업 성취도를 만족시켜야 할 뿐 아니라 가정이 있는 경우 가족을 부양해야 하고 지역교회에서 섬기고 도시 환경에 적응하는 일도 병행해야 한다.

작년에 스가랴서 강좌에서 충격적인 사건이 일어났다. 당시 학생들은 스가랴서에 나오는 히브리어 시험 준비에 열을 올리고 있었다. 그런데 시험을 일주일 앞두고 시험 공부에 필요한 중요한 참고 서적이 파손되었다. 누가 시험 범위에 해당하는 책장들을 날카로운 칼로 오려내 버린 것이다.

비용을 줄이기 위해 그 책을 복사해서 공부하려던 학생들은 당황하지 않을 수 없었다. 그것은 단지 학생들에게 불편을 초래했다는 선에서 끝날 문제가 아니었다. 다른 학생들이 공부하는 것을 방해해서 자기만 좋은 성적을 얻겠다는 악의적인 의도가 들어 있는 소행이었다.

범인은 끝내 잡히지 않았다. 기독교 지도자를 양성하는 학교에서 그런 일이 벌어졌다는 사실에 모두가 우려를 감추지 못했다.

소유욕에 의한 분노

시기, 질투, 맹목적인 야망은 모두 분노에 찬 소유욕에서 비롯된다. 인간은 자신의 행복에 필수적이라고 생각하는 대상을 무슨 수를 써서라도 지키려고 한다. 자신의 욕구를 좌절시키는 것은 삶의 질을 떨어뜨리고 심지어 생명 자체를 위협하는 요소로 인식한다.

질투는 자신이 아끼는 소유물을 경쟁자에게서 보호하려는 욕구다. 시기와 부러움은 탐나는 물건을 획득하거나 혹은 나시금 소유하려는 욕구다. 그러한 욕구가 맹렬한 분노로 발전하면 어마어마한 파괴력을 발휘하게 된다.

그런데 그런 부정적인 욕구에는 역설적인 면이 있다. 우리가 원하는 것이 실상은 우리를 파괴한다는 것이다. 1980년대를 떠들썩하게 한 보에스키, 헴슬리, 밀리킨 사건은 야망의 극단적인 모습을 보여 주는 대표적인 사례들이다. 그들은 돈과 권력과 명성을 원했고 법이든 사람이든 자신들의 성공을 가로막는 것이라면 가차 없이 제거했다. 인간적으로 볼 때 그들은 최고의 자리에 올라가 있었다. 어마어마한 대저택을 소유했고 최고급 차량을 몰았으며 어디를 가든 유명인사 대우를 받았다. 그런 그들은 지금 어디에 있는가? 감옥에 있다. 무자비한 야망이 결국 그들의 신세를 망쳐 놓은 것이다.

아삽은 세상 이치를 깨달았다. 악인의 성공이 오래가지 못한다는 것과 자신의 질투가 결국 자신을 망친다는 사실을 깨친 것이다. "주께서 참으로 그들을 미끄러운 곳에 두시며 파멸에 던지시니"(시 73:2). 질투로 괴로워하던 그는 악인들이 인간적인 관점에서만 잘 사는 것처럼 보인다는 결론에 도달했다. 하나님은 언제든 그들을 멸망시키실 수 있었다.

> 주께서 참으로 그들을 미끄러운 곳에 두시며 파멸에 던지시니
> 그들이 어찌하여 그리 갑자기 황폐되었는가.
> 놀랄 정도로 그들은 전멸하였나이다.
> 주여, 사람이 깬 후에는 꿈을 무시함같이
> 주께서 깨신 후에는 그들의 형상을 멸시하시리이다.
>
> (시 73:18-20)

물론 야망에 불타 비열하게 부를 획득한 사람들이 다 가난하게 죽는 것은 아니다. 그러나 아삽은 하나님의 정의가 어떻게 실현될지를 거시적인 안목으로 바라보았다.

내가 항상 주와 함께하니 주께서 내 오른손을 붙드셨나이다.

주의 교훈으로 나를 인도하시고

후에는 영광으로 나를 영접하시리니

하늘에서는 주 외에 누가 내게 있으리요

땅에서는 주밖에 내가 사모할 이 없나이다.

내 육체와 마음은 쇠약하나

하나님은 내 마음의 반석이시요 영원한 분깃이시라.

무릇 주를 멀리하는 자는 망하리니

음녀같이 주를 떠난 자를 주께서 다 멸하셨나이다.

하나님께 가까이함이 내게 복이라.

내가 주 여호와를 나의 피난처로 삼아

주의 모든 행적을 전파하리이다.

(시 73:23-29)

하나님의 정의가 실현되는 비전을 보고 아삽은 삶의 방향을 바꾸었다. 하나님을 아는 지식에 비교할 때 다른 욕심들은 너무도 하찮고 무의미하게 여겨졌다.

그렇다면 아삽의 심경 변화는 무엇을 의미하는가? 세상사나 사람들에 대한 희망과 의욕을 모두 접었다는 뜻인가? 일반적으로 인격과 신앙이 성숙할수록 욕구가 적어져야 한다고 생각한다. 그러나 믿음이 성장할수록 하늘이 주는 참된 것에 더 목말라지는 법이다. 더욱이 이 세상에서 경험하는 풍미와 감각과 열정은 궁극적으로 이루어질 구원받은 세상을 반영하고 있다. 천국을 갈망한다고 해서 세상을 덜 갈망하게 되는 것이 아니라 오히려 세상을 깊이 갈망함으로써 하나님의 빛 안에 거하는 기쁨을 절실히 고대하게 되는 것이다.

시기와 질투를 극복하려고 모든 욕구를 죄악시하는 것은 잘못된 해결책이다. 살다 보면 강한 욕구가 필요할 때가 있다. 세상 모든 욕망을 단념하라는 것은 불교에서 나온 사상이지 절대로 기독교의 가르침이 아니다.

기독교는 이 세상을 신기루라고 말하지 않는다. 하나님이 '선하게' 창조하신 실재라고 말한다. 탁월해지고자 하는 야망은 지극히 당연한 것이다. 시편 기자 또한 자신의 열정을 자랑스럽게 생각했다(시 69:9). 우리가 강한 소유욕을 갖는 것도 어찌 보면 선하고 당연한 일이다. 하나님께 부름받은 분야에서 열심히 일하고 업적을 남길 수 있는 것은 그런 욕망 때문이 아니겠는가! 욕망이 없는 세상은 단조롭고 지지부진한 세상이 되고 될 것이다. 원한이 없는 욕구, 타인을 존중하는 야망은 우리로 하여금 성실히 일하여 하나님께 영광을 돌리게 한다.

그러나 초기 기독교 시대부터 성경적이지 않은 사상이 교회에 흘러들어 왔다. 그 사상으로 인해 교회에는 야망과 욕구를 죄악시하는 풍조가 조성되었다. 그리스 철학에 영향을 받은 교회들은 몸과 영혼을 분리하여 빈곤과 정절을 신앙의 미덕으로 삼았다. 특히 수도원 운동은 그런 사상에 편승하여 신앙에 대한 열정을 제외한 인간의 모든 욕구를 악이며 죄라고 단정 지었다. 오늘날에도 신앙의 중요성을 지나치게 강조한 나머지 세상 직업에 재능과 힘을 쏟아 붓는 그리스도인들을 부귀영화나 좇는 속물인 양 설교하는 목사들이 있다.

그렇다면 거룩한 야망과 그렇지 못한 야망은 어떤 차이가 있는가? 한마디로 그것은 **무엇을 소유하려고 하며 누구를 섬기려고 하는가**의 차이라고 할 수 있다.

세상적인 야망을 가진 사람은 빈곤과 불확실성과 불의에 대비해서 무조건 소유하고 지키려고 한다. 마치 하나님이 계시지 않는 것처럼, 아니 적어도 자신이 경배해야 할 하나님이 계시지 않는 것처럼 살아간다.

반면에 거룩한 야망을 지닌 사람은 소유하는 것이 아니라 창조하려고 한다. 아름답고 열정적으로 일하면서 창조주의 영광을 반영한다. 움켜쥐는 것이 아니라 주려 하고 자기 지위를 방어하는 것이 아니라 타인에게 덕을 끼치려 한다.

그렇다면 이 세상의 경제계, 정치계, 학계, 예술계, 종교계에서 거룩한 야망을 가진 사람을 보기가 이토록 어려운 이유는 무엇인가? 왜 부정적인 질투와 시기가 보편적인 현상이 되어 버렸을까? 그 이유는 전 인류가 갖고 있는 보편적 인간 조건에서 찾아야 한다. 소중한 것을 잃을까 하는 두려움과 소중한 이들에게(특히 하나님께) 버림받을까 하는 두려움이 질투와 시기를 일으키는 요인으로 작용한다.

하나님은 어디 계신가

사람은 누구나 시기와 질투를 느끼며 살아간다. 하지만 사람들과의 수평적 관계에서 비롯된 시기와 질투를 하나님과의 수직적 관계로 연관 지어 '**하나님은 어디 계신가?**' 하고 묻는 사람들은 극히 드물다. 하나님은 전능하신 분이고 무엇이든 하실 수 있는 분이 아니신가? 그뿐 아니라 하나님은 우리를 사랑하는 분이 아니신가? 그런 하나님이 왜 우리를 외로움과 좌절 속에 방치하실까?

오랜 세월 자식을 낳게 해 달라고 기도하고 많은 돈을 들여 임신에 좋은 약들을 복용해 온 부부가 결국 뜻을 이루지 못하는 이유는 무엇일까? 기독교와 관련된 것이라면 무조건 싫어하는 옆집 부부는 어떻게 예쁜 딸을 낳은 것일까? 현실에서 오는 좌절감이 질투를 유발하고 하나님의 성품을 오해하게 만든다. 시편 기자는 이런 감정을 다음과 같이 묘사했다.

> 악인은 그의 교만한 얼굴로 말하기를
> 여호와께서 이를 감찰하지 아니하신다 하며
> 그의 모든 사상에 하나님이 없다 하나이다.
> 그의 길은 언제든지 견고하고
> 주의 심판은 높아서 그에게 미치지 못하오니.
> (시 10:4-5)

한때 아삽은 모든 것을 포기하고 하나님을 저버릴 생각까지 했다. 선하게 살려고 노력해도 자신에게 도움이 되는 것은 아무것도 없어 보였다. "내가 내 마음을 깨끗하게 하며 내 손을 씻어 무죄하다 한 것이 실로 헛되도다"(시 73:13).

하나님이 온 우주의 창조자이시고 만물을 통치하는 분이라면 왜 교만한 자들이 형통하고 선한 자들이 고통을 당하는가? 왜 악인들은 부유하고 아삽은 가난하게 살아야 하는가? 왜 하나님은 자신을 경멸하는 자들에게는 좋은 것을 주시고, 경외하며 사랑하는 자들은 끼니만 때우며 살게 하시는가?

모두가 대답하기 어려운 질문들이다. 시기와 질투에 사로잡힌 사람은 남이 가진 것을 탐낼 뿐 아니라 자신의 쾌락을 위해 남을 희생시키는 일도 마다하지 않는다. 가려는 사람을 부여잡고 자신을 떠나면 해를 끼치겠다고 위협한다. 시기와 질투의 중심에는 잃는 것을 최소화하고 자기 만족을 극대화하려는 심각한 욕구가 숨어 있다.

그렇다면 불의한 욕망이 뿌리내린 마음을 어떻게 해야 할까? 불의한 시기와 질투를 녹이는 것은 오직 하나님의 질투의 열정밖에 없다.

09

의로운 질투: 하나님의 욕구

이혼한 지 4년이 지났지만 낸시는 아직도 그 아픔을 떨치지 못한 듯했다. 나는(트렘퍼) 교회 정문에 서서 주일 예배를 마치고 돌아가는 교인들에게 인사를 하고 있었다. 그날 나는 나훔 1장을 설교했다. "여호와는 질투하시며 보복하시는 하나님이시니라. 여호와는 보복하시며 진노하시되 자기를 거스르는 자에게 여호와는 보복하시며 자기를 대적하는 자에게 진노를 품으시며"(나 1:2). 교인들이 나가고 마지막으로 남은 낸시가 나를 따로 부르더니 나지막한 음성으로 이렇게 말했다. "목사님, 저는 제 감정이 아주 잘못되었다고 생각했어요. 그런데 이제 보니 질투심을 그렇게 억누르지만 않았어도 우리 가정이 이 지경이 되지는 않았을 거라는 생각이 들어요." 나는 낸시를 바라보며 물었다.

"그게 무슨 말인가요?"

"저는 어릴 적부터 질투는 무조건 나쁜 것이라고 배웠어요. 남을 의심하는 것도 비열한 짓이라고 생각했지요. 그때도 남편이 제시카와 가까워지는 게 수상했지만 별일 아닐 거라고 그냥 눈감아 버렸어요. 질투라는 감정 자체를 쓰레기처럼 버리려고 했던 거지요."

낸시는 남편 마이크가 자신의 가장 가까운 친구 제시카와 2년간이나 바람을 피웠다는 사실을 알고는 4년 전에 이혼했다. 테니스를 즐기지 않았던 낸시는 테니스광 마이크가 컨트리 클럽에서 제시카와 함께 혼합 복식 경기를 한다고 했을 때 아무런 의심도 하지 않았다. 그러나 그들은 운동만 한 것이 아니었다.

"성경을 읽어 보니 질투란 그 자체로 나쁜 것이 아니더군요. 나쁠 수도 있지만 안 그럴 수도 있다는 걸 새삼 깨달았어요. 하나님이 이스라엘 백성 때문에 질투하셨다고 하는데 그건 이스라엘 백성이 우상을 섬기면서 하나님의 마음을 아프게 해서 그런 거였잖아요. 당연한 질투죠. 하나님은 이스라엘 백성이 해를 당하지 않도록 보호하고 싶으셨으니까요. 저도 남편 때문에 질투가 일어났지만 명백한 증거에도 불구하고 감정을 억누르려고만 했어요. 그때는 그런 문제로 다투는 게 두렵고 싫었는데 이제 와 생각해 보면 부부 싸움을 해서라도 가정을 지켜야 했어요. 남편의 외도를 눈치 챘을 때 애정을 기울여 그 문제를 따지지 않은 것이 후회스러워요."

우리는 야망, 시기, 질투와 같은 감정들 자체를 부인하고 싶어 한다. 그런 감정이 자신을 절망시킬지 모른다는 두려움 때문이다. 게다가 자신은 좋은 것을 누릴 가치가 없다고 여기는 사람들이 있다. 특히 그리스도인들은 자신이 무가치하다는 느낌에 죄책감까지 짊어지는 경우가 많다. 살아 있다는 것 그리고 영생의 약속을 받았다는 것으로 족할 뿐 자신이 갖고 있는 작은 것들조차 누릴 가치가 없다고 여기는 경우가 흔하다.

그리스도인들은 오직 예수님만을 소망해야 한다고 말한다. 질투에 불타던 아삽도 결국은 "땅에서는 주밖에 내가 사모할 이 없나이다"(시 73:25)라고 고백했다. 하지만 아무리 부인하고 외면하려고 해도 그런 감정들이 일어나는 것을 어쩌겠는가! 애써 감정을 떨쳐 버리려고 자신을 채찍질하며 이런 위로도 해 본다. "중요한 것은 어떻게 느끼는지가 아니라 어떻게 행하는지다."

하지만 명심해야 할 것이 있다. 야망, 시기, 질투와 같은 감정에서 도피하면 그런 감정들 속에 있는 구속적 측면을 놓치게 된다는 것이다.

하나님과 인간의 질투

우리 하나님은 질투하시는 하나님

출애굽기 34:14 말씀은 언뜻 보기에 상당히 파격적이다. "너는 다른 신에게 절하지 말라. 여호와는 질투라 이름하는 질투의 하나님임이니라."

구약에는 하나님의 다양한 이름이 나온다. 여호와, 엘샤다이, 고아들의 하나님, 만군의 주 등. 그 이름들은 모두 하나님의 성품을 묘사하고 있다. 사실 각 이름의 명확한 의미는 학자들 간에도 의견이 분분하다. 그러나 출애굽기 34:14에 나오는 하나님의 이름은 논란의 여지가 없다. 하나님이 질투하신다는 것이다. 모세 역시 질투가 하나님의 속성 가운데 하나라고 밀했다.

그렇다면 하나님은 누구를 질투하시는가? 구약을 자세히 읽어 보면 하나님이 질투하신 대상들은 이스라엘을 현혹했던 우상들이었음을 알 수 있다. 하나님은 이스라엘 백성들을 우상숭배에서 보호해 주려고 하셨다. 그들이 하나님 앞으로 가까이 나아오기를 원하셨기 때문에 그 사이를 가로

막는 것들을 용납하지 않으셨다. 특히 우상숭배와 같이 강력하고 파괴적인 영향력에 휩쓸리는 것을 두고 보지 않으셨다.

모세는 하나님을 질투하시는 분이라고 일컬었다. 두 번째 돌판을 이스라엘 백성들에게 전해 주는 상황에서 언급한 말이다. 그는 이스라엘 백성이 금송아지를 섬기는 모습에 격분하여 십계명이 새겨진 첫 번째 돌판을 시내산에서 내려오는 길에 산산조각 내 버렸다. 하나님도 격분하셨고 질투와 분노에 못 이겨 레위인들에게 이스라엘 배역자들을 죽이라고 명령하셨다.

성경은 말을 돌리지 않는다. 자신의 아내인 이스라엘이 다른 신과 잠자리를 같이하는 모습을 발견하면 하나님은 그 둘을 다 죽이셨다. 그런 사실이 가장 극명하게 나타난 말씀이 에스겔 16장이다. 에스겔 16장은 남녀의 성적 관계가 매우 적나라하게 묘사되어 있는 부분 중 하나다. 하나님은 남녀 관계를 빗대어 이스라엘 백성과 자신의 관계가 과거로부터 어떻게 이어졌는지를 말씀하셨다. 이스라엘의 (비유적) 부모는 자식이 태어나자마자 쓰레기 버리듯 밖에 내버렸다. 오늘날로 말하자면 낙태에 해당하는 고대 풍습이었다. 고대인들은 어머니 뱃속에 있는 아기를 죽이지 않고 태어난 아기를 곧바로 밖에 버려 죽도록 방치했다.

하나님은 광야에 버려진 여자 아기를 보시고 데려다가 돌보며 키우셨다. 아이는 점차 성장하여 아름다운 처녀가 되었고, 하나님은 "내 옷으로 너를 덮어 벌거벗은 것을 가리겠다"고 말씀하셨다(겔 16:8). 이 말씀은 결혼을 상징한다. 즉, 하나님은 이스라엘과 결혼하신 것이다.

하나님은 자신과 결혼한 이스라엘을 더욱 아름답게 하셔서 온 세상에 그 아름다움이 돋보이게 하셨다. 하지만 이스라엘은 뻔뻔하게도 다른 신들을 유혹하여 행음했을 뿐 아니라 하나님께 받은 선물까지 우상 애인들에게 주어 버렸다.

당연히 하나님은 자신의 아내인 이스라엘로 인해 질투를 느끼셨다. 이스라엘이 사랑했던 우상 애인들 앞에서 이스라엘을 벌거벗기고 애인들이 이스라엘을 짓밟게 하여 그녀의 배신에 앙갚음하셨다. 그것은 하나님의 "질투와 진노"가 빚어 낸 결과였다(겔 16:38). 이렇듯 강력한 표현은 다른 말씀에서도 찾아볼 수 있다(참고. 겔 23장; 호 1-3장). 우리가 명심해야 할 것은 하나님이 지극히 합당한 이유로 질투하신다는 사실이다. 하나님의 질투를 이상히 여기고 은폐하거나 모르는 척해서는 안 된다. 구약에서 보듯이 하나님의 질투는 분노에 찬 질투이며 그 대상은 죽음을 면치 못했다. 하나님은 자신이 소유할 권리가 있는 것을 소유하고자 하신다. 그런 면에서 사랑과 긍휼과 자비처럼 질투는 하나님이 지니신 성품 가운데 하나다.

하나님의 질투가 어떤 의미를 담고 있는지 알려면 먼저 질투의 이유부터 짚고 넘어가야 한다. 하나님의 질투는 인간의 어떤 합당한 질투보다 더 심오한 면이 있다. 때로 인간의 질투가 하나님의 질투를 반영하기도 하지만 그것은 단지 비슷할 뿐 같다고 볼 수 없다. 하나님은 자신의 것을 지키고 보호하신다. 하나님은 우리를 만드셨고 부양하시는 분이시기에 우리 자신을 포함해 만물과 만인이 모두 하나님의 것이다. .

결혼은 하나님과 인간의 친밀한 관계를 상징적으로 보여 주는 비유다. 정확한 의미를 전달하기는 여전히 미흡하지만 가장 적절한 비유라고 할 수 있다. 인간은 다른 사람을 지키고 보호할 수 있지만 소유하지는 못한다. 인간은 다른 사람을 자신의 것으로 소유할 수 없다. 따라서 부부가 상대를 지키고 보호하는 이유는 공동의 결혼 서약에 근거한 것이다.

우리가 무엇을, 어떤 수단으로 보호하려고 하는가에 따라서 질투는 정당한 감정이 될 수도 있고 아닐 수도 있다. 누군가 하나님과의 관계, 혹은 배우자와의 관계를 갈라놓으려고 한다면 그에 대한 분노는 정당한 정도가 아니라 고귀한 것이다. 하나님은 배우자와의 관계가 위태로울 때 어떻게 해야 할지를 몸소 보여 주셨다. 그때는 연적에 대한 분노는 물론이고 연적을 제거하겠다는 정당한 욕구를 가져야 한다.

하지만 시기심은 다르다. 무엇을, 혹은 누구를 소유하려는 욕구에 대해 성경은 결코 칭찬하거나 묵인하지 않는다. 오히려 시기하지 말라고 경고하며 시기심은 추악한 인간 감정의 하나라고 가르친다. 유대 지도자들이 예수님을 로마인에게 넘겨 처형시킨 것도 사실 시기심 때문이었다![1]

시기는 근본적으로 나쁜 것이다. 시편 73편에서 아삽이 말했듯이 궁극적인 평강, 안정, 행복, 자긍심은 오직 하나님 안에서만 찾아야 한다. 하나님은 자신을 질투하는 자라고 하셨지 절대로 시기하는 자라고 하지 않으셨다.

예수님이 질투의 신성(神性)을 보이신 것도 당연한 일이라 할 수 있다. 예수님은 하나님의 거룩함을 위해 질투하셨다. 하나님의 거룩함이 짓밟혔을 때 예수님은 과격할 정도로 강하게 반응하셨다. 성전의 거룩한 영역이 상인들의 장사 수단으로 이용당하는 것을 보시고 채찍으로 그들을 내쫓으셨다. 요한은 예수님이 시편 69:9에 나오는 다윗의 질투심을 보여 주셨다고 해석했다. "주의 집을 위하는 열심('질투'로 번역하는 것이 더 적절함)이 나를 삼키리라"(참고. 요 2:17).

인간의 질투

질투는 하나님의 성품 중 하나다. 인간이 느껴야 할 정당한 감정 중 하나이기도 하다. 성경은 질투에 대해 모호하게 말하지 않는다. 질투하지 말아야 할 상황도 분명하게 말한다. 질투는 오직 부부 관계가 위협당하는 상황에서만 정당하다.

낸시는 나중에야 그런 사실을 깨달았다. 남편이 제시카와 함께하는 데 질투가 날 때마다 낸시는 죄책감을 느꼈다. 하지만 낸시의 남편과 제시카는 그것을 바라고 있었다. 낸시의 죄책감을 이용하면 그들이 함께 있는 시간을 만들기가 수월했기 때문이었다. 하나님이 우상숭배를 질투하시듯 결혼 관계가 위협받을 때 질투가 나는 것은 하나님이 주신 자연스러운 반응임을 낸시는 뒤늦게 깨달은 것이다.

우상숭배나 결혼 관계에 있어서는 질투가 정당한 반응인 반면 다른 관계에서는 질투가 적절하지 못한 이유는 무엇일까? 대답은 간단하다. 하나님과 인간의 관계, 그리고 부부 간의 관계만이 이 세상에서 전적으로 배타적인 관계이기 때문이다. 그 외의 관계들에서는 제삼자를 그처럼 배타적으로 취급할 수 없다.

배타적 관계의 보호 본능

하나님은 자신의 백성이 자신이 아닌 다른 신을 섬기는 것을 절대로 용납하시 않으신다. 마찬가지로 아내와 남편 또한 배우자가 제삼자와 연애를 하거나 성적 관계를 맺는 것을 결코 용납해서는 안 된다. 아울러 자신의 배우자가 돈이나 권력이나 지위 등 우상들을 숭배하도록 허락해서도 안 된다. 술, 음식, 섹스, 일, 완벽주의를 포함한 모든 종류의 중독은 헛된 신을 숭배하는 우상숭배에 해당한다. 그런 면에서 질투는 우상이 아닌 생

9. 의로운 질투: 하나님의 욕구   151

명의 길로 향하는 위대한 사랑이 존재한다는 사실을 알려 주는 경고등이다. 남편과 아내는 하나님과 서로에게 충성해야 한다. 만약 자신의 배우자가 다른 사람, 혹은 다른 무엇에 마음을 빼앗기고 있다면 질투를 느끼는 것이 지극히 당연한 일이다.

그렇기 때문에 성경은 하나님과의 관계를 결혼 관계에 빗대어 우리에게 교훈을 주고 있는 것이다. 구약은 물론이고 신약도 마찬가지다. 남편들은 그리스도가 교회를 사랑하듯 자기 아내를 사랑하라고 에베소서 5:22-33은 말한다.

질투는 결혼 관계를 보호하고 가정을 지키도록 하나님이 부여하신 정당한 감정이다. 부부 간의 사랑이 다른 사랑과 질적으로 다른 이유는 그 배타성 때문이다. 이 세상에 결혼 관계 만큼 서로에 대해 전적인 사랑과 헌신을 요구하는 관계는 없다.

우리는 이 사실을 제대로 이해해야 한다. 자녀에 대한 모성애와 부성애도 강하지만 자식 사랑은 어느 한 자녀에게 국한되지 않는다. 나는(트렘퍼) 우리 세 아들 모두를 사랑하고 당연히 그래야 한다. 아이들 각자 성격도 다르고 필요한 부분도 다르기 때문에 나는 그에 맞추어 아이들을 양육하려고 노력한다. 현명한 부모는 어떤 아이와 더 많은 시간을 보내야 하는지, 어떤 아이에게 성숙할 시간을 주어야 하는지를 안다. 그런데 만일 내가 세 아이 중에서 유독 한 아이만 사랑한다면 그것은 명백히 잘못된 일이다. 또한 내 아이들이 다른 형제가 부모에게 사랑받는 것을 시기한다면 그 역시 옳지 못한 일이다.

결혼 관계에는 그 나름의 독특한 윤리 원칙이 적용된다. 남편은 아내를 다른 남자와 나눠 가질 수 없으며 다른 사람과의 이성 교제를 허용해서도 안 된다. 물론 "사랑은 모든 것을 믿는다"는 대전제 아래 배우자를 의심하는 것이 이롭지 못한 경우도 분명히 있다. 그러나 뻔히 보이는 외도의 증거들을 눈감아 버리는 것은 결혼의 신성한 의무를 무시하는 일이다.

그렇다고 결혼을 소유 개념으로 보는 것은 아니다. 어느 누구도 다른 사람을 자신의 것으로 소유할 수 없다. 결혼은 남녀 두 사람이 친밀함 가운데 한평생 같이한다는 서로의 굳은 언약이다. 세 명도 아니고 네 명도 아니고 그 이상도 아닌 오직 두 사람만 그런 관계를 맺어야 한다. 결혼은 상대를 독점하려는 배타성의 욕구에서 출발하고 유지되어야 한다. 이 세상 어느 누구도 나처럼 내 아내의 영혼과 하나가 되어서는 안 된다. 내 아내를 깊이 알고, 삶을 함께하고, 기쁨을 나누는 평생 반려자의 특권은 이 세상에서 오직 남편인 나만이 누릴 수 있어야 한다. 혹시 내가 아내에게 잘못을 저질러도 나의 회개만큼 아내의 상처를 아물게 할 수 있는 특효약은 없다.

그렇다고 해서 다른 사람들은 내 아내와 친해지거나 도움을 줄 수 없다는 의미는 아니다. 나는 아내를 사랑하기 때문에 아내가 다른 사람들과 좋은 관계 안에서 사는 것이 기쁘다. 그런 관계가 나와의 육체적이고 인격적인 친밀감을 더 북돋아 주기도 한다. 그러나 아내는 이 세상에서 오직 나와의 결혼 관계에서만 그런 친밀감을 누릴 수 있다.

질투는 그 관계를 지켜 내려는 보호 본능에서 비롯된다. 하나님과의 긴 계처럼 결혼 관계도 개인의 자유로운 결정으로 시작된다. 오직 하나님께만 충성하겠다는 결심이 우상숭배를 막고 하나님을 떠나 멸망의 길로 들어서지 않도록 지켜 준다. 다만 하나님의 질투와 인간의 질투에는 근본적으로 다른 점이 한 가지 있다. 우리는 결코 그것을 잊어버리면 안 된다. 하나님은 우리를 소유하고 보호하실 권리가 있지만, 우리는 배우자를 소유할 수 없고 보호할 권리만 있다는 사실이다.

결혼 관계가 위험에 처하면 당연히 질투가 일어나야 한다. 그때 일어나는 질투는 추한 의심이 아니다. 두 사람의 관계를 유지하려는 숭고한 목적의 미덕이다. 또한 그런 질투심으로 말미암은 행위는 위험에 직면하는 용기 있는 행위이며 하나님의 성품이 투영된 사랑의 행위다.

합당한 질투, 부당한 질투

그의 사랑하는 자를 의지하고 거친 들에서 올라오는 여자가 누구인가.
너로 말미암아 네 어머니가 고생한 곳
너를 낳은 자가 애쓴 그곳 사과나무 아래에서 내가 너를 깨웠노라.
너는 나를 도장같이 마음에 품고 도장같이 팔에 두라.
사랑은 죽음같이 강하고 질투는 스올같이 잔인하며
불길같이 일어나니 그 기세가 여호와의 불과 같으니라.

(아 8:5-6)

질투는 매우 강렬한 감정이다. 아가서에서는 질투의 힘이 불 같다고 했다. 불은 깨끗하게 정화하기도 하고 태워 없애기도 한다. 질투는 결혼을 보호하라는 하나님의 신호다. 이 신호는 결혼 관계를 유지하는 데 사용될 수도 있지만 아름다운 관계를 파괴할 수도 있다. 그 차이를 구별해 내는 정해진 공식은 없다. 다만 지혜와 용기와 민감함으로 어떤 질투가 합당하고 어떤 질투가 부당한지를 구별해야 한다.

합당한 질투와 부당한 질투를 가려내기 위해서는 먼저 자신의 내력과 현재 상황을 알아야 한다. 자신의 과거사를 알고 어떤 상황이 질투를 유발했는지를 알아야 한다는 뜻이다.

예전부터 가까운 관계에서 질투를 많이 느꼈던 사람은 불안과 복수심이 그늘을 형성하고 있을 가능성이 높다. 그런 문제를 뿌리 뽑아야만 질투가 상대를 보호하려는 욕구에서 상대를 소유하려는 욕구로 변질되는 것을 막을 수 있다.

현재 상황도 세심하게 파악해야 한다. 배우자에게 거리감을 느끼고 있는가? 반복적으로 배우자에게 속고 있는가? 외도(혹은 잠재적인 외도)의 신호를 포착했을 때 그 사실을 솔직하고 겸허하게 직면할 용기가 있는가? 배우자가 방어적인 자세로 나올 때는 결혼 관계를 모독했다는 의미이므로 그때 질투는 바람직한 것이다. 하지만 배우자가 나의 관점을 들어주고 소통하고 이해하려는 노력을 한다면 그때 질투는 적절하지 않다.

불의한 질투는 보통 자기 방어와 소심함에서 비롯된다. 그런 질투로 부정적인 감정에 휩싸이는 사람들이 적지 않다. 그러나 성경적인 질투는 결코 그렇지 않다. 상대를 질책하더라도 그것이 결코 상대를 해치거나 괴롭히려는 의도가 아니다.

배타적인 사랑

우리는 누구나 배타적인 사랑을 꿈꾼다. 이 세상 누구와도 다른 특별하고 유일한 관계를 원한다. 질투는 그런 관계를 지키려는 욕구만이 아니라 그런 관계를 갈망하는 욕구도 반영한다. 누가 나를 감싸 줄 것인가? 누가 나를 다른 사람으로부터 지켜 줄 것인가? 누가 이 세상에서 오직 나만을 사랑해 줄 것인가?

우리는 보호받기는커녕 오해받으며 외롭게 살고 있다. 아주 가까운 사이지만 여전히 상대가 내 세계를 이해하지 못하고 내 문제를 고민해 주지 않는 데 실망감을 느낀다. 우리가 진정으로 원하는 상대는 따뜻하게 우리를 포용해 주고 우리와 결코 끊어지지 않는 하나가 되어 주는 사람이다.

물론 그것은 불가능한 일이다. 이기심을 버리고 오로지 나만을 위해 주고 모든 위험에서 지켜 줄 사람은 이 세상에 아무도 없다. 우리는 친밀함을 알지 못하고 서로에게 충실하지도 못하다. 한 사람만 사랑해서 다른 사람은 전혀 눈에 들어오지 않고 누구도 가까이하기 싫다는 사람은 아무도 없다. 혹시 그런 사람이 있다고 해도 죽으면 그 위대한 사랑도 끝나기 마련이다. 완전한 사랑에 대한 욕구는 어리석은 욕심에 지나지 않아 보인다.

이 세상에는 질투 때문에 신뢰와 사랑을 잃거나 질투가 결여되어 깊이와 애정이 없는 부부들이 많이 있다. 사람은 누구나 자신을 보호해 주고 사랑해 주는 사람을 갈구한다. 합당한 질투는 바로 그 두 가지를 제공해 준다. 비록 죄에 물들기는 했어도 인간의 질투는 여전히 하나님의 질투를 반영하고 있다. 바로 그런 질투 때문에 우리는 부끄러움 없이 배타적인 사랑을 갈구하는 것이다.

질투에 찬 구애자

하나님은 사랑하는 사에게 옷을 덮어 주시는 구애자시다. 그런 후에 사랑을 위해 자신의 신부를 광야로 이끄시는 분이다. 예수님은 자신을 가리켜 우리의 신랑이라고 하셨다. 훗날 그분은 천국 혼인 잔치에서 우리를 맞아 주실 것이다.[2] 하나님은 우리의 배필이시고 우리는 그분의 배필이다. 우리는 하나님과 정혼했으므로 누군가 우리를 그분에게서 멀어지도록 유혹하면 하나님은 질투심을 발동해 우리를 지켜 주실 것이다.

하나님이 신실하게 우리를 지키고 열렬하게 사랑하신다는 증거는 우리를 부르실 때의 이름을 보면 알 수 있다. 하나님이 우리를 부르시는 특별한 이름은 그분의 애정을 분명하게 보여 준다.

애칭을 유치하게 생각하는 사람도 있지만, 애칭은 상대에 대한 애정과 특별함을 나타내기 때문에 주로 가족이나 가까운 친구, 연인들 사이에서 많이 부른다. 만일 다른 사람이 그런 애칭으로 부르면 불쾌한 기분이 들 수 있다. 다른 사람에게는 허용하지 않은, 가까운 사람들 간의 특별한 친밀감이 침해받는 느낌을 주기 때문이다.

그렇다면 하나님이 우리를 부르실 때의 애칭은 무엇일까? 암시는 주셨지만 정확히 이르지는 않으셨다.

> 귀 있는 자는 성령이 교회들에게 하시는 말씀을 들을지어다. 이기는 그에게는 내가 감추었던 만나를 주고 또 흰 돌을 줄 터인데 그 돌 위에 새 이름을 기록한 것이 있나니 받는 자밖에는 그 이름을 알 사람이 없느니라.
>
> (계 2:17)

천국에 가면 우리는 하나님과 일대일 면담 시간을 갖게 될 것이다. 어떤 면에서 그것은 말로 형용할 수 없는 기쁨이다. 또한 우리는 깨끗하고 완벽한 돌 하나를 받게 될 것인데 그 돌 위에는 우리 자신의 이름이 새겨져 있을 것이다. 무슨 이름인지는 아무도 모른다. 사람도, 천사도, 어떤 존재도 모르고 오직 하나님만이 아신다.

그 이름을 듣는 순간 우리는 하나님이 자신을 부르는 소리임을 즉시 알아차릴 것이다. 그 이름에는 이 땅에서 누렸던 어떤 친밀감과도 비교할 수 없는 최고의 친밀감과 애정이 담겨 있을 것이다. 하나님의 마음은 우리의 것이 되고 우리는 그분과 결혼한 사이가 될 것이다. 하나님이 나만의 특별한 애칭을 불러 주실 때 나와 하나님 사이에는 어느 누구와도 공유할 수 없는 둘만의 친밀감이 형성되는 것이다. 하나님은 질투하시는 사랑으로 영원히 우리를 소유하고 보호하며 사랑하실 것이다. 우리는 그분의 사랑에 굴복하여 경배를 올려드릴 것이다. 그리하여 하나님과 우리는 결코 떨어지지 않고 숭고한 연합을 이루게 될 것이다.

그렇기 때문에 하나님은 우리가 그분께 등을 돌리고 다른 애인의 팔에 안겨 있을 때 깊은 상처를 받으신다. 그런 간음이 얼마나 끔찍한 죄악인지, 하나님이 느끼는 슬픔의 깊이가 어떠한지는 말로 표현이 불가능하다. 하나님과의 친밀감을 업신여기고 우상이 주는 쾌락이나 찾아다니다 보니 우리는 그 슬픔을 상상하는 능력마저 상실해 버렸다. 여섯 가지 코스 요리를 제쳐 놓고 차에 치어 죽은 짐승의 고기를 먹겠다고 덤벼들 사람이 누가 있겠는가? 하나님과의 친밀감을 거부하고 우상과 간음하는 것은 하나님의 진노를 사며 하나님의 극심한 질투를 불러일으키는 일이다. 더 나아가 하나님께 깊은 고뇌를 안겨 드리는 일이다. 우리의 애정을 하나님이 아닌 다른 대상에게 쏟을 때 하나님의 마음은 질투로 불타오른다. 거역하는 자녀를 향한 하나님의 말씀이 그 심정을 대변하지 않는가!

에브라임은 나의 사랑하는 아들 기뻐하는 자식이 아니냐.

내가 그를 책망하여 말할 때마다 깊이 생각하노라.

그러므로 그를 위하여 내 창자가 들끓으니

내가 반드시 그를 불쌍히 여기리라.

여호와의 말씀이니라.

(렘 31:20)

하나님의 마음에는 고통과 슬픔이 가득 차 있다. 자신의 사랑이 짓밟히는 모습을 볼 때마다 분노하시며 질투하시며 괴로워하신다. 예수님의 탄식에서 그런 고통이 느껴지지 않는가? "예루살렘아 예루살렘아, 선지자들을 죽이고 네게 파송된 자들을 돌로 치는 자여, 암탉이 제 새끼를 날개 아래에 모음같이 내가 너희의 자녀를 모으려 한 일이 몇 번이냐. 그러나 너희가 원하지 아니하였도다"(눅 13:34).

우리를 무기력하게 하고 하나님 앞으로 다가서게 만드는 것은 바로 그런 질투에 찬 사랑이다. 하나님의 끈질긴 구애, 모든 연적을 향한 맹렬한 증오, 우리를 위해 고난을 자처하시는 이해할 수 없는 모습에 우리는 그분의 사랑에 마음을 빼앗긴다. 하나님의 질투는 우리의 방패인 동시에 영원한 보호와 독점적인 사랑에 대한 약속이다. 우리의 신랑 예수님은 자신의 신부를 반드시 독차지하실 것이다.

10

불의한 절망: 희망의 상실

오늘은 추수감사절이다. 그런데 무엇을 감사해야 한단 말인가? 침대에서 몸을 일으키지 못한 지가 벌써 4년째다. 누군가 밥을 침대까지 가져다주어야 겨우 먹을 수 있다.

'아흔네 번째 추수감사절이라.' 멜바 할머니는 속으로 중얼거렸다. '이 망할 요양원에서 8년이나 있었구먼. 그중에 4년은 일어나서 밥도 못 먹는 신세로 지냈고….'

멜바 할머니 곁에는 아무도 남아 있지 않았다. 남편은 이미 35년 전에 세상을 떠났다. 죽도록 일만 하고 먹고살 걱정만 하다가 눈을 감았다. 남편이 죽은 뒤에는 재혼할 마음이 전혀 없었다. 자신이 너무 나이 들었다는 생각이 들었고 그때는 딸과 손자 손녀들도 있었으니 그다지 적적하지도 않았다. 멜바 할머니의 딸은 작년에 일흔세 살 나이로 세상을 떠났다. 딸도 과부였다.

왜 이렇게 오래 살아서 자녀가 죽는 모습까지 지켜보아야 하는 걸까?

다른 친구들처럼 오래전에 죽었다면 얼마나 좋았을까? 멜바 할머니는 이런 생각을 수도 없이 했다. 세상을 떠난 이들의 얼굴이 떠오르자 할머니는 얼굴을 찌푸렸다. 그들이 한 사람씩 세상을 떠날 때마다 생의 의미와 우정을 상실했던 기억들이 떠올라 가슴이 아릿했다. 멜바 할머니는 더 이상 살고 싶은 마음이 없었다. 모든 것을 내려놓고 고달픈 인생을 하직하고 싶었다. '**내가 죽든 살든 누가 상관이나 하겠어?**' 하는 생각이 들자 할머니의 주름진 눈가에 주르륵 눈물이 흘렀다.

질투의 사촌, 절망

절망은 질투의 사촌이다. 둘 다 상대에게 외면당했을 때 일어나는 감정이며 희망을 잃고 외로움에 빠지게 만든다. 다만 질투는 불행에 맞서 싸우는 반면 절망은 몸을 돌려 도망가게 한다는 점이 다르다. 절망은 더 이상 고민하지 않으려 하고, 구원받고 다시 행복해질 수 있다는 희망을 소멸시킨다.

다른 감정들처럼 절망의 표출에도 강도의 스펙트럼이 있다. 후회…슬픔…우울…절망. 관계상에서 겪는 상실감은 애탄 또는 애도라고 말한다.

후회는 상실에 대한 가벼운 아쉬움이다. 나는(트렘퍼) 어렸을 때 피아노 교습을 무척이나 싫어했다. 피아노곡은 지루했고 피아노 교사는 너무 구식이었다. 밖에 나가서 아이들과 야구를 하며 노는 것이 훨씬 좋았다. 결국은 나 때문에 골치를 앓던 어머니를 설득해서 피아노 교습을 중단하는 데 성공했다. 그때의 기쁨과 해방감은 이루 말할 수 없었다. 몇 년이 지나서 이번에는 기타 교습에서 똑같은 문제가 발생했다. 성인이 된 지금은 브람스의 피아노 협주곡, 지미 헨드릭스(Jimi Hendrix)나 슬래쉬(Slash)의 기타 연주에 매료될 때마다 음악적 소질을 개발하지 못한 데 아쉬움을 느끼곤 한다. 가벼운 아쉬움이긴 하지만 인생에 공짜는 없으므로 앞으로 남은 여가 시간은 다른 취미 생활에 바치려고 한다.

슬픔이라는 감정은 우리의 영혼 깊숙이 파고든다. 그러나 상실로 인한 허무감은 우리를 울게 만든다. 그 순간에 우리는 이 세상이 제대로 된 세상이 아니고 창조의 본래 모습은 이런 모습이 아니었음을 떠올리게 된다. 못 견딜 정도의 슬픔도 상실의 아픔에 비하면 맛보기에 불과하다. 슬픔은 왔다가도 사라지고, 대부분 특정한 요인으로 인해 생겨난다.

우리(트렘퍼) 큰아들은 얼마 있으면 대학을 졸업하게 된다. 앞으로도 좋은 관계를 유지하기를 바라지만 일단 대학을 졸업하고 나면 우리 부부가 그 아이를 볼 수 있는 날은 점점 줄어들 것이다. 더 이상 집에서 큰아들을 보기 어려울 거라는 생각을 할 때마다 가슴속에 슬픔이 밀려든다. 어쨌든 부자의 정은 변치 않을 거라고 위안을 해 보지만 슬픔은 어쩔 수가 없다.

증오와 원망을 품고 헤어지거나 사별하게 되는 경우에는 극복하기 힘들 만큼 깊은 슬픔을 겪게 된다. 그렇다 하더라도 슬픔이 생명을 갉아먹는 상태까지 악화되는 경우는 매우 드물다. 그런 상태로 악화되는 경우를 우리는 우울증이라고 부른다.

살다 보면 별 생각 없이 '우울하다'는 말을 하게 되는데 대개는 슬픈 감정을 그렇게 표현할 때가 많다. 우울은 슬픔보다 훨씬 더 심각한 감정 상태를 말한다. 그것은 사람을 완전히 무기력하게 만들며, 일시적인 무기력이 아니라 지속적인 정신 상태다.

흔히 우울증에는 불면증이나 집중력 장애 같은 증상이 동반된다. 아무 것도 자신의 상태를 호전시키거나 의미를 주지 못하기 때문에 우울증에 걸린 사람에게는 노력하는 것조차 헛된 일로 여겨진다. 후회에서 슬픔으로, 슬픔에서 우울로 발전하는 동안 상실감은 갈수록 커지고 희망은 갈수록 줄어든다. 활력이 사라지고 살고 싶은 마음이 없어지며 삶의 기쁨을 느끼지 못한다.

그 과정의 맨 밑바닥을 차지하고 있는 것이 절망이다. 절망은 아무런 희망도 없고 철저히 무력한 상태를 말한다. 절망은 체념으로 이어지고 심하면 자살로 몰고 갈 수도 있다. 1960년대나 1970년대에 대학을 다닌 사람이라면 당시 인기를 끌었던 프랑스의 실존주의를 기억할 것이다. 실존주의 철학을 옹호하던 사람들은 절망에 대한 가장 논리적인 대응이 자살이라고까지 주장했다.

절망은 세상살이의 공허함을 응시하게 만든다. 사람 사이에 진정한 사랑이 결여된 모습, 죽음이라는 완전한 암흑을 응시하게 하여 결국 인생은 살아갈 가치가 없다는 결론에 도달하게 만든다. 모든 절망의 중심에는 의욕 상실, 자포자기, 그로 인한 희망의 상실이 자리 잡고 있다.

상실과 절망 앞에서

우리는 크고 작은 해를 입으며 살아간다. 어떤 것은 쉽게 극복이 가능하다. 작은 핀에 찔린다든지 종이에 베인다든지 부딪치고 멍든 상처들은 통증을 일으키지만 곧 없어진다. 그러나 사랑하는 사람을 잃는다든지 꿈을 상실한다든지 신뢰가 깨지는 것은 어떤 수술이나 치료로도 회복될 수 없는 깊은 정신적 후유증을 남긴다. 죽음이나 이혼으로 인한 이별, 배반당하거나 버림받은 아픔은 안정감과 삶의 의미를 앗아가 버린다.

친한 친구 한 명이 그런 아픔을 아주 실감나게 이야기해 준 적이 있다. 어느 날, 음악을 들으면서 차고를 청소하고 있는데 전화벨이 울렸다고 한다. 받기가 귀찮았지만 일손을 멈추고 전화를 받으러 안으로 들어갔다.

그는 상대가 빨리 전화를 끊기 바라며 "여보세요" 하고 응답했다.

"여기는 시외 경찰서입니다. 사만다 리처드 양의 아버님 되십니까?"

그 말을 듣는 순간 그는 가슴이 철렁 내려앉았다. "예, 그렇습니다. 무슨 일 때문에 그러시죠?"

"이런 말씀 드려서 안타깝습니다만, 사만다 양이 친구들과 가게에서 물건을 훔치다가 붙잡혔습니다. 경찰서에 오셔서 조사에 응해 주시고 아이를 데려가시기 바랍니다."

그는 떨리는 가슴을 가라앉히며 후들거리는 손으로 옷을 갈아입고 자동차 열쇠를 챙겼다. 그 사이 머릿속에서는 수많은 생각이 스쳐 지나갔다. '그 애는 지금까지 한 번도 말썽을 부린 적이 없었어. 지극히 정상적인 아이인데. 학교에서도 그렇고, 교회에서도 그렇고 친구도 많고⋯. 분명히 뭔가 착오가 있었을 거야. 이제 우리 사만다는 어떻게 되는 거지?'

그는 서둘러 경찰서로 달려갔다. 먼저 온 다른 아이의 부모들이 조사를 받고 있었기에 로비에 앉아서 한 시간을 기다려야 했다. 슬픈 감정은 이내 우울감으로 바뀌었다. 마침내 경찰관의 호출을 받고 안으로 들어간 그는 경찰관이 던진 첫 마디에 사색이 되었다. "실제로 가게 물건을 훔친 아이는 바로 댁의 따님입니다."

얼마 후에 사만다를 데리고 집으로 돌아갔다. 하지만 악몽은 그것으로 끝이 아니었다. 사만다는 청소년 법정에 서서 재판을 받아야 했다. 내 친구가 느낀 우울감은 이제 절망감으로 바뀌었다. '법정에서 어떤 일이 벌어

지는 걸까? 내 딸은 어떻게 되는 거지?'

그는 아무 말 없이 차를 몰면서 딸이 태어나던 순간을 회상해 보았다. 출산 과정이 순탄치 않았기에 의사는 아이가 살 수 없을지도 모른다고 했다. 그는 갓 태어난 딸아이를 품에 안고서 아이의 또랑또랑한 눈망울을 바라보았다. 세 살 무렵, 애교 띤 얼굴로 조숙한 이야기를 하던 모습도 떠올랐다. 이어서 자신이 딸아이에게 기대했던 것들이 생각났다. 그런데 지금은 딸아이의 인생과 함께 그의 인생마저 무너져 내리는 느낌이 들었다.

딸이 아버지를 배신한 것이다. 어리석은 행동으로 아버지의 기대와 꿈과 희망을 한순간에 무너뜨려 버렸다. 전화 한 통화가 그에게 인생 최대의 배신감과 허탈감을 안겨 주었다.

절망까지는 아니더라도 누구나 이별이나 배신감을 맛보며 산다. 어떤 사람들은 "그래도 주님을 찬양합니다"라는 상투적인 말로 자신의 감정을 숨기려고 한다. 아니면 정신없이 분주한 삶으로 슬픔을 잊어버리려고 한다. 하지만 언젠가는 진실에 직면하지 않을 수 없는 순간이 찾아온다. 그때 밀려드는 슬픔은 그 무엇으로도 달랠 길이 없다.

그리스도인들 중에는 그런 감정에 빠지는 것이 온당치 못하다고 생각하는 사람들이 있다. 적어도 겉으로 내색을 하면 안 된다는 것이다. 다시 한 번 말하지만 성경 말씀은 그런 생각을 완전히 뒤엎어 놓는다. 시편 기자는 무심해 보이는 하나님께 원망스런 마음을 숨기지 않았다. 자기 영혼의 울부짖음을 고스란히 시편에 옮겨 담았다.

시편을 읽어 보면 곳곳에서 절망감이 가득 묻어 나온다. 그러다가 결국에는 기쁨과 확신에 차서 하나님께로 다시 돌아온다. 어찌 보면 그들의 울부짖음은 해피엔딩을 위한 짧은 비극에 지나지 않아 보인다. 하지만 그런 생각은 대단한 오해이며 착각이다. 울부짖음에서 기쁨으로의 전환이 우리가 보기에는 간단해 보여도 그들이 오랜 기간 괴로워하고 씨름했던 과정이 압축되었을 뿐이다.

사람들이 시편에 대해 갖는 또 한 가지 오해가 있다. 절망에서 헤어난 사람의 시만이 합격점을 받아서 시편에 수록되었다는 것이다. 시편 88편은 그런 오해를 과감히 뒤집어 놓는다. 제목이 말해 주듯 이 시는 에스라인 헤만이 비탄에 잠겨 쓴 애가다.

여호와 내 구원의 하나님이여,
내가 주야로 주 앞에서 부르짖었사오니
나의 기도가 주 앞에 이르게 하시며
나의 부르짖음에 주의 귀를 기울여 주소서.
무릇 나의 영혼에는 재난이 가득하며
나의 생명은 스올에 가까웠사오니
나는 무덤에 내려가는 자같이 인정되고
힘없는 용사와 같으며
죽은 자 중에 던져진 바 되었으며
죽임을 당하여 무덤에 누운 자 같으니이다.
주께서 그들을 다시 기억하지 아니하시니
그들은 주의 손에서 끊어진 자니이다.
주께서 나를 깊은 웅덩이와 어둡고 음침한 곳에 두셨사오며
주의 노가 나를 심히 누르시고
주의 모든 파도가 나를 괴롭게 하셨나이다. (셀라)

10. 불의한 절망: 희망의 상실   167

주께서 내가 아는 자를 내게서 멀리 떠나게 하시고

나를 그들에게 가증한 것이 되게 하셨사오니

나는 갇혀서 나갈 수 없게 되었나이다.

곤란으로 말미암아 내 눈이 쇠하였나이다.

여호와여 내가 매일 주를 부르며

주를 향하여 나의 두 손을 들었나이다.

주께서 죽은 자에게 기이한 일을 보이시겠나이까.

유령들이 일어나 주를 찬송하리이까. (셀라)

주의 인자하심을 무덤에서

주의 성실하심을 멸망 중에서 선포할 수 있으리이까.

흑암 중에서 주의 기적과

잊음의 땅에서 주의 공의를 알 수 있으리이까.

여호와여 오직 내가 주께 부르짖었사오니

아침에 나의 기도가 주의 앞에 이르리이다.

여호와여 어찌하여 나의 영혼을 버리시며

어찌하여 주의 얼굴을 내게서 숨기시나이까.

내가 어릴 적부터 고난을 당하여 죽게 되었사오며

주께서 두렵게 하실 때에 당황하였나이다.

주의 진노가 내게 넘치고 주의 두려움이 나를 끊었나이다.

이런 일이 물같이 종일 나를 에우며 함께 나를 둘러쌌나이다.

주는 내게서 사랑하는 자와 친구를 멀리 떠나게 하시며

내가 아는 자를 흑암에 누셨나이다.

(시 88:1-18)

이 시는 시편에 나오는 애가들 중에서 가장 슬프고 우울하다. 시편 기자의 처량한 울부짖음이 첫 구절부터 마지막 구절까지 애절하게 메아리친다. 그의 고통은 어린 시절부터 시작된 것이었다. 시 전체를 통틀어 그나마 희망적인 부분은 시편 기자가 기도에 의지하며 하나님을 "내 구원의 하나님이여" 하고 부르는 단락이다.

하지만 마지막 문장은 시편 기자가 거의 감정 상실의 단계까지 이르렀음을 암시한다. 친구들은 그를 버렸고 그 일로 인해 시편 기자는 하나님을 원망했다. 설상가상으로 하나님은 그가 고통당하는 것을 보고도 가까이 다가오시지 않고 무심하게 멀리 떨어져 계셨다. 시편 기자에게 가장 가까운 친구는 망각이라는 어둠이었다. 잠이라는 그늘과 생각을 억압하는 것만이 유일한 위안거리였다. 그에게는 죽음, 곧 궁극적인 어둠만이 최선의 해결책으로 보였다.

시편 기자는 사면초가의 궁지에 몰려 있었다. 철저히 혼자였으며(5절) 너무도 힘겨운 고난에 숨도 제대로 못 쉬고 물 속에서 허우적대는 사람마냥 느껴졌다(7절). 그가 외톨이가 된 데는 이유가 있었다. 사람들, 특히 그와 절친했던 사람들이 그를 무시했다(8절). 하지만 무엇보다 고통스러운 것은 하나님마저 그를 완전히 외면하신다는 느낌이었다(14절). 하나님은 자신을 그저 모른 척하시는 정도가 아니라 완전히 버리셨다는 생각이 들 있다.

시편 88편에는 처절한 절망 속에서 휘청거리는 사람의 심정이 실감나게 그려져 있다. 스치는 한 줄기 미풍도 그를 죽음의 나락으로 밀어뜨릴 것만 같다. 사실 그것은 그가 두려워하면서도 은근히 바라는 것이기도 했다. 그에게 가장 큰 위안은 소망 가운데 위로를 받는 것이 아니라 어둠 속으로 더 깊이 파고드는 것이었다.

희망을 거부하다

굴곡 많은 인생을 살아갈 때, 상처 준 사람을 향한 분노와 두려움에 가득 차 있을 때 삶을 지속하게 만드는 힘은 희망이다. 희망이 있는 사람은 차차 좋아질 거라고 생각하며 살아간다. 삶이 나아질 거라고, 자신을 에워싼 문제들도 어떤 식으로든 해결이 될 거라고, 고통의 시간이 끝나면 그때부터는 행복한 인생을 살 수 있을 것이라고 믿는다.

희망은 가까운 장래에 현재의 욕구가 충족되기를 기대하는 마음이다. 가브리엘 마르셀(Gabrel Marcel)은 희망을 가리켜 "미래의 추억"이라고 했다. 지금 현재는 사람들로 인해 마음이 상할지라도 앞으로는 새롭고 좋은 관계가 형성되리라는 약속을 계속해서 붙잡을 수 있게 하는 것이 희망이다.

사실 희망은 눈에 보이는 것이 아니라 하나의 개념 혹은 느낌이라고 할 수 있다. 그러나 현실적인 측면에서 희망은 눈으로 볼 수 있다. 희망은 관계의 산물이므로 희망은 인간의 형태로 우리에게 다가온다. 반면에 외로움은 절망의 산실이 된다.

우리는 너무도 순진한 희망을 품을 때가 많다. 막연히 자신이 원하는 대로 일이 곧 이루어질 것이라고 믿는다. 사실 그것은 마법이지 희망이 아니다. 사람에게 희망을 거는 사람은 자신의 미래를 타인의 손에 맡기고 스스로 할 수 없는 일을 그가 성취해 줄 거라고 믿는다. 이렇듯 순진하고 인간 중심적인 희망은 결과적으로 착각과 환상에 빠지게 만든다. 그러다 희망이 깨지고 나면 다시 희망을 품기가 매우 어렵다.

"소망이 더디 이루어지면 그것이 마음을 상하게 하거니와 소원이 이루어지는 것은 곧 생명 나무니라" 하고 잠언 기자는 말했다(잠 13:12). 사람은 누구나 자신의 소원이 이루어지기를 바란다. 이루어지지 않았을 때의 실망은 안정감을 잃고 절망의 늪에 떨어지게 한다. 욕구가 생기고 욕구가 좌절되고 좌절로 인해 마음이 상하는 악순환이 반복되다 보면 나중에는 욕구 자체를 혐오하게 되기 마련이다.

좌절을 경험한 사람들이 그런 악순환을 거치는 경우가 많다. 특히 충격적인 배신을 당한 사람들에게서 그런 현상이 가장 두드러지게 나타난다.

나는(댄) 오빠에게 8년간이나 성폭행을 당했던 마리아라는 여성을 상담한 적이 있다. 마리아의 오빠는 여동생을 성폭행하는 데 그치지 않고 이웃에 사는 소년들까지 끌어들여 여동생을 성적으로 농락하게 만들었다. 마리아는 어머니가 오빠에게 집을 맡기고 외출할 때마다 자기도 데려가 달라고 애원했다. 몸도 자주 아팠으며 호흡 곤란이 생겨 졸도할 때도 있었다. 그러나 어머니는 그런 딸을 비웃으면서 연극하지 말라고 도리어 핀잔을 주었다.

교통사고로 오빠가 죽은 후 오랜 성적 학대가 끝이 났다. 오빠가 죽고 나자 마리아는 비로소 숨을 쉬며 살 것 같았다. 생전에 오빠에게 잘해 주었듯이 이제는 어머니가 자신을 잘 돌보아 줄 것이라는 희망도 품게 되었다. 마리아는 어머니가 아들 잃은 슬픔을 극복할 수 있도록 최선을 다해 옆에서 도와 드렸다. 몇 년간 가족을 위해 열심히 살았던 마리아는 어느 날 어머니에게 오빠의 성폭행 사실을 털어놓았다.

오랜 세월 고통으로 얼룩졌던 일들을 털어놓는 마리아를 향해 어머니는 매몰찬 반응을 보였다. "또 다시 오빠에 대해 그런 거짓말을 늘어놓으면 다시는 너와 말도 하지 않고 너를 내 딸로 여기지도 않을 거야!"

오빠에게 성폭행을 당할 때는 어머니가 그 사실을 몰라서 그렇지 알기만 한다면 분명히 자신을 구해 주었을 것이라고 마리아는 믿고 있었다. 그러나 딸의 말을 믿지도 않고 심지어 딸로 생각하지도 않겠다는 한마디가 어머니의 사랑을 기대하던 딸의 마지막 희망을 산산이 부수어 버리고 말았다.

그 후 10년이라는 세월 동안 마리아는 절망의 늪에서 벗어나지 못했다. 결혼을 하고 사업도 시작하고 교회생활과 사회생활도 무난히 해 나갔지만 그녀는 로봇이나 다름없었다. 살아서 움직이기는 했지만 아무런 욕구도 열정도 찾아볼 수 없었다.

욕구로 인해 좌절하는 것보다 차라리 욕구를 죽이고 살아가는 편이 훨씬 더 수월한 법이다.

욕구로부터의 도피

마리아의 이야기는 절망이 어떤 것인지를 단적으로 보여 준다. 절망의 핵심에는 욕구로부터의 도피가 있다. 무엇을 원해도 소용이 없고 희망을 품어도 돌아오는 것은 실망뿐이니 무엇을 바라거나 갈망하는 것 자체가 부질없고 어리석어 보이는 것이다. 희망을 품는 만큼 고통당할 가능성도 높아진다. 결국 최선의 방책은 모든 욕구를 완전히 차단하고 로봇처럼 되는 것이고 살면서 아무것도 기대하지 않는 것이다.

언뜻 생각하면 몹시 가혹한 일로 보일 것이다. 절망에 빠진 사람에게는 격려와 도움이 필요하다. 하지만 아무리 격려하고 도움을 주어도 절망의 늪을 헤치고 나오기란 그리 쉬운 일이 아니다. 오히려 그 사람이 아픔과 두려움에 솔직하게 직면하도록 하는 편이 더 효과적이다. 문제는 그것이 절망보다 더 고통스럽다는 것이다. 절망은 아침 해가 밝아 올 때, 혹은 알람시계가 울릴 때 일어나기 싫어서 머리에 뒤집어쓰는 이불과도 같다. 욕구가 좌절되어 죽고 싶을 정도로 괴로울 때 절망은 그 괴로움에서 도피하게 하는 구실이 된다.

관계의 단절

희망을 잃어버린 사람은 누구나 외로움을 느낀다. 외로움이란 자신이 가장 소중하게 생각하는 사람들과 단절되었다는 느낌을 말한다.

단지 육신적인 단절만을 의미하지 않는다. 맨해튼 리디머 교회에서 목회하는 팀 켈러(Tim Keller) 목사는 결혼한 사람들이 오히려 더 외로움을 느낀다고 말했다. 인간은 같은 집에 산다고 해서, 혹은 같은 잠자리에서 잠을 잔다고 해서 자동적으로 친밀해지지 않는다. 결혼이 외로움을 부추긴다는 것은 사실 아이러니가 아닐 수 없다. 하나님이 결혼 제도를 고안하신 것은 인간이 홀로 외로워하는 것을 방지하기 위해서가 아닌가!

세상살이의 고됨과 허무함을 뼈저리게 느낀 전도서 기자는 사람 사이의 관계를 강조하는 것 외에는 별로 긍정적인 이야기를 하지 않았다.

두 사람이 한 사람보다 나음은

그들이 수고함으로 좋은 상을 얻을 것임이라.

혹시 그들이 넘어지면 하나가 그 동무를 붙들어 일으키려니와

홀로 있어 넘어지고 붙들어 일으킬 자가 없는 자에게는 화가 있으리라.

또 두 사람이 함께 누우면 따뜻하거니와 한 사람이면 어찌 따뜻하랴.

한 사람이면 패하겠거니와 두 사람이면 맞설 수 있나니

세 겹 줄은 쉽게 끊어지지 아니하느니라.

(전 4:9-12)

인간관계는 위로와 희망의 원천이다. 그런 인간관계가 메말라 버리면 이 세상은 위험하고 차갑고 무익한 것, 한마디로 헛된 것에 불과하다고 전도서는 말한다. 배신을 당해 욕구로부터 도피하고 고립 속에 숨어든 사람이 이런 시각을 갖는다면 더 깊은 만성적 절망에 빠져들 것이다.

희망을 잃었을 때

오랜 세월 절망의 마비 상태에 머무는 사람은 많지 않지만 후회나 슬픔은 누구나 흔하게 경험하는 감정이다. 우리 중에는 슬픔으로 우울증까지 앓는 사람들도 있다. 부정적 감정에 대한 이야기를 마치기 전에 그런 감정들이 이 세상과 우리 자신에 대해 무엇을 말해 주는지 잠시 생각해 보자.

절망하는 사람들은 이 세상을 바라보며 "헛되고 헛되며 헛되고 헛되니 모든 것이 헛되도다" 하고 탄식한다(전 1:2). 절망하는 사람에게 세상만사는 헛될 뿐이다. 세상은 희망과 기쁨이 가득한 따뜻하고 안락한 곳이 아니라 어둡고 위험한 곳이며 우리에게는 그에 대항할 힘조차 없다.

절망하는 사람들은 세상을 바라보며 이렇게 말한다. "나는 혼자야. 아무도 나를 도와줄 수 없어. 누구도 나를 보살펴 주지 않아." 그뿐이 아니다. 사람들은 서로를 적내시하고 도와주지 않을 뿐 아니라 안 그래도 힘든 삶을 더 힘들게 만들려고 한다.

절망하는 사람들은 세상을 바라보며 이런 말도 한다. "이제 희망이 없어. 앞으로도 전혀 나아지지 않을 거야." 더 나빠지지는 않더라도 암울한 상태가 지속될 것만 같다. 그들은 나아지는 것처럼 보이는 것은 착각이라고 생각한다. 희망을 품으면 실망이 커질까 두려워 다시는 희망을 품지 않으려고 한다.

이 세상은 기대가 충족되지 않고 대인 관계가 실패하고 소망이 이루어지지 않는 타락한 세상이다. 이런 사실은 창세기 3장까지의 말씀에 그대로 증언되어 있다. 하나님은 이 세상을 아름답게 창조하셨고 인간이 서로 사랑하기를 원하셨지만 인간에게 들어온 악이 결국 모든 인간관계를 소원하게 만들어 버렸다. 창세기의 이야기는 우리가 살아가는 모습을 거울처럼 비추어 준다. 우리는 선하게 창조되었지만 지금 우리가 경험하는 것은 악과 외로움이다.

다행히 성경은 창세기 3장에서 끝나지 않는다. 그 뒤에 이어지는 수백 장의 말씀이 타락한 세상에 하나님이 어떻게 개입하셨는지를 보여 준다. 말하자면 성경의 첫 세 장에서 제기된 문제들을 뒤에 이어지는 장들에서 계속 다루고 있는 것이다. 특히 창세기 4장과 그 뒤에 나오는 말씀은 우리가 느끼는 절망이 인간의 현재 상태를 보여 주는 감정이기는 하지만 과연 그것이 궁극적인 결론인지 의문을 제기한다.

시편 88편을 비롯해 시편에 나오는 모든 애가들은 하나님과 당돌할 정도로 솔직한 대화를 나누라는 본보기다. 그 대화는 격식도 없고 엉망일 것이다. 어차피 우리 인생도 엉망이 아니던가! 하나님께 모든 악감정을 쏟아 놓은 시편 기자의 솔직함은 부정적인 감정들을 숨기려는 우리의 모습에 일침을 놓는다. 시편 88편은 하나님께 마음을 활짝 열라는 초대장이다. 당신은 모든 무거운 짐을 하나님께 맡겨 버리고 싶지 않은가? 시편이 주는 좋은 소식은 얼마든지 그럴 수 있다는 것이다!

절망은 희망의 부재다. 사람들에게 느낀 실망감으로 욕구를 상실하는 것이다. 하지만 절망에는 뜻밖의 면이 있다. 그것은 바로 인간관계를 초월하여 하나님 안에서 희망을 맛보게 한다는 것이다.

11

의로운 절망: 희망의 회복

불의한 절망은 욕구에서 도피하게 만든다. 인생의 헛됨을 인식하고 하나님께 나아가는 것이 아니라, 아무것도 꿈꾸지 않고 바라지도 않고 용기 있게 미래의 변화를 추구하지도 않게 한다. 스스로 자신을 고립시키고 안전해 보이는 도피처로 도망가서 생을 마감하고 싶은 환상에만 매달리게 만든다.

그래서 절망에 빠진 사람들은 존재하지 않기 위한 선택, 즉 자살을 희망보다 선호하게 되는 것이다. 그들이 자살을 선택하는 이유는 존재의 고통에서 달아나기 위해서다. 불의한 절망은 사망의 음침한 골짜기를 걸으려 하지 않으며, 더 이상 불확실과 상실과 구원에 대한 맹목적 욕구의 고통으로 괴로워하지 않으려 한다.

반면에 의로운 절망은 독선적인 자아를 무너뜨린다. 비록 완벽에 이를 수는 없지만 자신이 이 세상에서 한 몫을 담당하고 있다는 사실을 겸허히 받아들인다. 자살로 고통을 멈추려 하지 않고 하나님께 나아가 부르짖는다. 고통의 이유는 몰라도 자신이 원하는 것은 단순한 해결책이 아닌 더 깊은 차원의 어떤 것이라는 사실을 깨닫는다. 불의한 절망에 빠진 사람 역시 고통에 대한 해답을 얻으려고 한다. 하지만 그런 사람은 하나님이 손수 해답을 말씀해 주셔도 받아들이기를 거부한다. 반면에 의로운 절망은 해답을 찾아 부르짖으며 고통 속에서 하나님께 더 다가서게 만든다.

성경 말씀은 인간이 쓰고 있는 가식의 탈을 과감히 벗겨 내고 내면의 추악함을 적나라하게 드러낸다. 시편 기자들의 용기는 행복한 세상에 대한 환상을 깨뜨리고, 그들이 가졌던 소망은 절망에 빠진 우리를 하나님께로 인도한다. 자, 이제 시편 77편으로 그 여정을 시작해 보자.

한밤중의 번뇌

아마도 시편 77편의 첫머리만큼 불안과 두려움을 강렬하게 표현한 말씀은 성경에서 찾아보기 힘들 것이다.

> 내가 내 음성으로 하나님께 부르짖으오니
> 내 음성으로 하나님께 부르짖으면 내게 귀를 기울이시로다.
> 나의 환난 날에 내가 주를 찾았으며
> 밤에는 내 손을 들고 거두지 아니하였나니
> 내 영혼이 위로받기를 거절하였도다.
> (시 77:1-2)

무엇 때문에 괴로운지 구체적인 이유는 밝히지 않았지만 어쨌든 시편 기자는 너무도 괴로워서 밤에 잠을 이루지 못한다고 했다. 그는 괴로운 생각을 접고 잠으로 모든 것을 잊으려 하지 않았다. 오히려 밤을 새워 하나님께 기도를 드렸다. 괴로움에서 도망친 것이 아니라 괴로움과 씨름하면서 자신의 고통을 하나님 앞에 내려놓았다.

> 내가 하나님을 기억하고 불안하여 근심하니
> 내 심령이 상하도다. (셀라)
> 주께서 내가 눈을 붙이지 못하게 하시니
> 내가 괴로워 말할 수 없나이다.
> 내가 옛날 곧 지나간 세월을 생각하였사오며
> 밤에 부른 노래를 내가 기억하여
> 내 심령으로, 내가 내 마음으로 간구하기를
> 주께서 영원히 버리실까
> 다시는 은혜를 베풀지 아니하실까
> 그의 인자하심은 영원히 끝났는가
> 그의 약속하심도 영구히 폐하였는가
> 하나님이 그가 베푸실 은혜를 잊으셨는가
> 노하심으로 그가 베푸실 긍휼을 그치셨는가 하였나이다. (셀라)
>
> (시 77:3-9)

시편 기자는 주저 없이 하나님께로 나아갔다. 하지만 하나님 앞에서 힘과 위안을 얻은 것이 아니라 오히려 더 깊은 우울과 슬픔을 경험했다. 하나님을 생각할수록 입에서는 탄식이 흘러나왔다. 그를 잠 못 이루게 만든

분도 하나님이었고 그를 괴롭히는 분도 하나님이었다! 하나님이 그를 버리고 떠나셨기 때문에 그는 밤잠을 못 자고 몸부림치고 있었던 것이다!

시편 기자는 두려움과 슬픔 속에서 하나님께 자세한 해명을 요구했다. 그분이 했던 약속을 보란 듯이 하나님의 눈앞에 내놓았다.

오래전에 하나님은 이스라엘 백성과 언약의 관계를 맺으셨다. 그들을 보호하고 지켜 주시겠다는 약속이었다. 즉 이스라엘 백성에게 '은혜'와 '인자하심'과 '긍휼'을 베풀고 자신이 한 '약속'을 신실하게 지키겠다고 다짐하셨다. 시편 기자는 하나님께 그 언약을 들이대며 하나님이 거짓말쟁이가 아니신지 증명해 보이라고 따졌다. 현재 자신이 처한 상황은 하나님이 그 약속을 저버리셨다는 의미로밖에 해석되지 않았기 때문이다.

우리는 이런 내용의 구절들을 설명하는 데 무척이나 익숙하다. 누가 감히 하나님께 그런 식으로 기도할 수 있단 말인가? 그러면 우리는 보통 어떤 식으로 하는가? 부정적인 감정들이 올라올 때 우리는 그 감정들을 꾹꾹 누르고 하나님 앞에 모든 것을 '맡겨 드린다'고 말한다. 하지만 그것은 하나님께 맡겨 드리는 게 아니라 자기 속에 억눌러 두는 것이다. 문제는 그대로 있고 속에서는 두려움이 곪을 대로 곪는다. 그렇게 하다 보면 자신의 진짜 감정에도 무디어지고 하나님과도 멀어지게 되는 것이다.

기독교 신앙의 아이러니는 운명에 무조건 복종하면 안 된다는 것이다. 그리스도인은 하나님께 묻고 따지고 울부짖어야 한다. 말로만 경건한 척하는 것은 신앙이 아니다. 정직한 기도를 드리면 하나님이 불쾌해하실 것이라고 생각한다면 오산이다. 오히려 하나님께 묻고 따지는 것이 그분을 경외하는 것이다. 그것은 불의한 절망에서 돌아서서 어떻게 하든 하나님을 이해하려는 열망의 표현이기 때문이다.

하나님의 방파제

두려움과 번민 속에서 하나님과 밤새도록 씨름한 시편 기자는 아주 놀라운 변화를 체험하게 된다. 자신이 파 놓은 지옥의 구덩이에서 희열의 감격을 맛본 것이다. 그 이유를 그는 이렇게 털어놓았다.

> 또 내가 말하기를, 이는 나의 잘못이라.
> 지존자의 오른손의 해 곧 여호와의 일들을 기억하며
> 주께서 옛적에 행하신 기이한 일을 기억하리이다.
> 또 주의 모든 일을 작은 소리로 읊조리며
> 주의 행사를 낮은 소리로 되뇌이리이다.
> (시 77:10-12)

자신의 괴로움에만 고정되었던 생각이 서서히 하나님께로 옮아 갔다. 하나님이 과거에 행하셨던 구원의 역사, 그중에서도 구약에 나오는 출애굽의 위대한 구원 역사가 시편 기자의 머리에 떠올랐다.

> 하나님이여 물들이 주를 보았나이다.
> 물들이 주를 보고 두려워하며 깊음도 진동하였고
> 구름이 물을 쏟고 궁창이 소리를 내며
> 주의 화살도 날아갔나이다.
> 회오리바람 중에 주의 우렛소리가 있으며
> 번개가 세계를 비추며 땅이 흔들리고 움직였나이다.

주의 길이 바다에 있었고 주의 곧은 길이 큰 물에 있었으나

주의 발자취를 알 수 없었나이다.

주의 백성을 양 떼같이

모세와 아론의 손으로 인도하셨나이다.

(시 77:16-20)

이 시편이 쓰인 시점에서 볼 때 출애굽은 아주 오랜 과거의 이야기였다. 현대를 사는 우리처럼 시편 기자에게도 그것은 고대 역사 이야기나 다름없었다. 하지만 그 이야기를 기억하는 것이 시편 기자에게 얼마나 도움이 되었는지를 주목해 보라! 애굽을 탈출하던 당시 상황으로 볼 때 이스라엘이 직면했던 위험은 그가 직면하고 있는 문제와 비교가 되지 않았다. 뒤에서는 애굽 군사들이 따라왔고 앞에는 건널 수 없는 홍해가 가로막고 있었다. 그야말로 진퇴양난이었다! 봉변을 당한 바로가 본격적인 복수전에 착수하자 이스라엘 백성들은 속수무책일 수밖에 없었다. 그러나 하나님은 바다를 갈라 이스라엘 백성을 그 상황에서 구원해 주셨고 애굽인들이 바다로 따라 들어가자 다시 바닷물을 흘려 보내 그들을 몰살시키셨다.

출애굽에 대한 기억은 현재의 고난에 대한 방파제였다. 하나님이 그런 위험에서 구해 주실 수 있다면 현재의 고난과 역경에서 구해 주시지 못할 이유가 무엇이 있겠는가!

기억의 중요성

성경에서 기억은 중요한 역할을 한다. 신앙에서도 기억은 중요하다. 사람들은 기억을 단순히 정신적 활동이라고 생각해서 무언가를 머릿속에 떠

올리는 능력으로만 알고 있는데, 성경에서는 기억이 그보다 훨씬 더 큰 의미가 있다. 기억은 생각만이 아니라 상상도 포함하고 있기 때문이다. 즉 과거의 '역사'를 빌려서 자신의 현재 상황을 그려 볼 수 있다.

시편 기자가 하나님께 그분의 백성을 기억해 달라(시 74:2)고 한 말은 이스라엘 백성을 생각해 달라는 의미가 아니다. 그들을 구해 달라는 것이었다. 과거에 그러셨던 것처럼 지금도 구해 달라고 요청하는 것이다. 마찬가지로 시편 기자가 "여호와의 일들을 기억하며"(시 77:11)라고 말한 것은 출애굽 때 일어난 일들을 그저 머릿속에 떠올린다는 의미가 아니라 바로 그 순간 시편 기자 자신이 출애굽을 직접 경험하고 있다는 뜻이다.

기억은 단순한 회상이 아니다. 과거를 빌려서 자신이 현재 원하는 것을 창의적으로 본뜨는 것을 의미한다.

우리도 자신의 과거를 돌아보면 하나님이 고난에서 구해 주신 사건들이 기억날 것이다. 그런 면에서 우리도 출애굽을 경험했다고 할 수 있다. 우주적 관점에서는 사소한 사건일지 몰라도 우리 개인적 관점에서 볼 때 그것은 무척이나 중대한 사건이다. 예를 들면 극심한 재정 위기 시에 누군가 도움을 준다든지, 외로운 시기에 새로운 친구가 생긴다든지, 사고나 질병으로 앓고 있을 때 하나님의 치유를 경험한다든지 하는 일들이다.

과거 힘든 시기에 하나님은 당신을 도와주셨고 도울 수 있는 능력을 보여 주셨을 것이다. 그런 은혜를 기억할 때 현재 하나님에 대한 신뢰도가 높아진다. 시편 기자가 그 사실을 증언하고 있다. 불안과 근심에 휩싸여 밤새 잠자리에서 뒤척이던 그가 과거의 일들을 기억해 내면서 다음과 같이 고백했다.

하나님이여 주의 도는 극히 거룩하시오니
하나님과 같이 위대하신 신이 누구오니이까.
주는 기이한 일을 행하신 하나님이시라.
민족들 중에 주의 능력을 알리시고
주의 팔로 주의 백성
곧 야곱과 요셉의 자손을 속량하셨나이다. (셀라)

(시 77:13-15)

하나님이 어떤 분이고 어떤 일을 하셨는지를 기억하면서 시편 기자의 마음이 바뀌었다. 슬퍼하고 좌절하던 마음이 하나님을 믿는 신뢰로 바뀐 것이다.

구속적 차원의 외면

문제와 고통이 가득한 세상에 홀로 버려진다는 것, 그보다 불행한 일이 어디 있겠는가? 그러나 하나님은 지혜로운 분이시다. 그분은 어떻게 하면 우리의 주의를 끌 수 있는지 알고 계신다. 우리가 스스로 만족하며 평범한 삶에 빠져 지내는 것을 허락지 않으시고 하나님 없이 사는 삶이 어떤지를 경험하게 하신다. 우리의 착각과 환상을 깨 버리기 위해, 나아가 그분과의 더 깊은 관계로 이끄시기 위해 하나님은 우리를 내버려 두시는 것이다. 이런 방식은 성경에 반복적으로 등장한다. 개인도 그렇고 민족이나 집단을 향해서도 하나님은 같은 방식으로 일하셨다.

하나님은 이스라엘 백성들의 경멸, 심지어 모욕마저도 참고 인내하는 모습을 보여 주셨다. 그러나 이스라엘 백성은 계속해서 하나님께 등을 돌렸고 하나님께 무심한 삶을 살아갔다. 물론 그들은 하나님의 존재를 믿었다. 또한 자신들이 하나님을 경배하든 안 하든 그들을 보호하실 것이라고 믿었다. 하나님은 예루살렘에 거하는 신이 아니신가! 감히 이방 군대가 예루살렘 성전을 파괴하도록 가만히 두고 보시겠는가?

그런 사고 방식을 간파한 예레미야 선지자는 이스라엘 백성에게 죄의 길에서 돌이키고 앞날을 장담하지 말라고 경고했다. "너희는 이것이 여호와의 성전이라, 여호와의 성전이라, 여호와의 성전이라 하는 거짓말을 믿지 말고"(렘 7:4).

이스라엘 백성의 단단한 마음을 녹이기 위해 하나님은 특단의 조치를 취하셨다. 예루살렘 성전을 떠나기로 하신 것이었다. 에스겔 9-11장에는 하나님이 성전 지성소를 나와 문지방(9:3)을 지나 천천히 성전을 떠나시는 모습이 자세히 기록되어 있다. 성전을 나오신 하나님은 그룹들이 모는 하늘 전차에 오르셨다(10:18-22). 그러고는 마지막으로 예루살렘 동쪽 산에 머무시다가(11:22-23) 바벨론이 위치한 방향으로 떠나가셨다.

그 후에 하나님은 바벨론 군대의 지휘관들이 모여 있는 곳에 나타나셨다(렘 21:3-7). 그러고는 바벨론 군대를 써서 이스라엘을 심판하셨다. 그러나 그 심판을 통해 이스라엘 백성에게 구원이 임했다. 포로로 끌려가 유배 생활을 하던 중에 하나님을 섬기려는 경건하고 헌신적인 이스라엘이 탄생하게 된 것이다(에스라와 느헤미야를 보라).

하나님이 구원을 목적으로 외면하시는 일은 개인의 삶에서도 찾아볼 수 있다. 시편 30편은 죽음에서 구해 주신 하나님께 감사드리는 다윗의 시편이다. 다윗은 하나님께 감사하면서 과거에 자신이 처했던 위험을 떠올렸다.

> 내가 형통할 때에 말하기를
> 영원히 흔들리지 아니하리라 하였도다.
> 여호와여 주의 은혜로 나를 산같이 굳게 세우셨더니
> 주의 얼굴을 가리시매 내가 근심하였나이다.
>
> (시 30:6-7)

다윗은 자기 힘을 믿고 자신만만했던 때를 기억했다. 그때는 만사가 순탄했고 누구보다 강했으며 자신감이 충만해 있었다. 자신에게 무슨 일이 일어나랴 싶었다. 하지만 하나님은 다윗을 외면하시고 "얼굴을 가리시매" 그가 가졌던 환상을 무참히 깨뜨리셨다. 당연히 다윗은 소망을 잃었고 우울증에 빠졌다.

그러면 다윗의 우울증은 그를 어디로 이끌어 갔는가? 자기 연민인가? 아니다. 하나님의 품이었다.

> 여호와여 내가 주께 부르짖고 여호와께 간구하기를,
> 내가 무덤에 내려갈 때에 나의 피가 무슨 유익이 있으리요
> 진토가 어떻게 주를 찬송하며 주의 진리를 선포하리이까
> 여호와여 들으시고 내게 은혜를 베푸소서
> 여호와여 나를 돕는 자가 되소서 하였나이다.
>
> (시 30: 8-10)

여기서도 사만 이후에 하나님의 외면, 하나님의 외면 이후에 우울증, 우울증 이후에 더 큰 영광을 맛보는 양식이 나타나고 있다. 또한 하나님과

의 소원한 관계에서 외로움으로, 외로움에서 하나님과의 친밀한 관계로 나아가는 모습도 보여 준다.

> 주께서 나의 슬픔이 변하여 내게 춤이 되게 하시며
> 나의 베옷을 벗기고 기쁨으로 띠 띠우셨나이다.
> 이는 잠잠하지 아니하고 내 영광으로 주를 찬송하게 하심이니
> 여호와 나의 하나님이여, 내가 주께 영원히 감사하리이다.
> (시 30:11-12)

천국의 소망

소망에는 두 가지가 있다. 하나는 세상의 소망이고, 다른 하나는 천국의 소망이다. 하나는 악하고 다른 하나는 선하다는 의미가 아니다. 둘 다 좋지만 천국의 소망이 세상의 소망을 감싸고 있어야 세상의 소망이 가치를 지니게 된다.

세상에서의 수평적 소망은 이 세상에 사는 동안 문제가 해결되고 삶이 나아질 것이라는, 희망에 찬 확신을 말한다. '우리 결혼 생활은 좋아질 것이며, 우리 아이들은 타락한 세상에서 훌륭한 신앙인으로 성장할 것이다.' 세상의 소망은 깨지기가 쉽다. 언제나 되와 죽음이 도사리고 있기 때문이다. 일이 잘 풀리는가 싶으면 뭔가가 틀어지고, 아내와의 관계가 좋아지는가 싶으면 봉급이 깎인다. 아이들을 대학에 보내고 한시름 놓을라치면 의사가 심장 질환이 우려된다고 경고한다.

천국의 소망은 쇠퇴해 가는 중에 구원을 바라보는 것이다. 소망의 근원

을 하나님께 두고, 자신이 점점 더 하나님을 닮아 가며 영원히 주님과 함께할 것이라는 사실에 초점을 맞춘다. 천국의 소망은 죽음마저도 초월한다. 죽음은 우리를 하나님에게서 갈라놓지 못하고 우리가 하나님을 닮아가는 것을 방해하지도 못한다.

천국의 소망이 없는 세상의 소망은 단 하나의 종착역에 이르는데, 그것은 절망이다. 그러나 천국의 소망을 품은 사람은 이 세상에서의 소망도 품을 수 있다. 하나님은 우리 인생의 모든 상황 속에서 역사하신다. 어려운 일이 닥쳐도 낙담할 필요가 없는 것은, 우리가 궁극적으로 하나님께 소망을 두고 있기 때문이며 하나님은 절대로 우리를 실망시키지 않으시기 때문이다.

여기 한 가지 놀라운 사실이 있다. 하나님은 우리의 낙담과 절망을 사용해 그분께 가까이 나아가도록 이끄신다. 그렇게 하나님께 나아갈 때 더 큰 기쁨과 천국의 소망을 얻게 된다. 세상은 아름답게 창조되었지만 인간의 죄로 인해 더럽혀졌다. 그런 세상에서 무엇을 볼 것인가? 절망인가, 하나님인가?

다행히 절망이 항상 찾아오는 것은 아니다. 그것은 이따금 베푸시는 하나님의 무자비한 자비일 뿐 사는 동안 내내 지속되지는 않는다. 절망할 때가 있으면 기뻐할 때도 있다고 성경은 말한다. 천국의 소망은 절망이 배제된 소망이 아니다. 눈물 흘리는 밤이 지나면 기뻐 웃는 아침이 온다.

그 사실을 생생히 증명한 분이 바로 하나님의 아들 예수님이다.

예수님의 절망

예수님은 타락한 세상에 살면서 슬픔을 맛보고 고통을 당하셨다. 우리

처럼 모든 면에서 유혹을 받으셨다.[1]

나사로의 무덤 앞에서 예수님이 보여 주신 반응은 상당히 아이러니하다(요 11:17-43). 예수님이 도착하셨을 때는 예수님과 절친한 사이였던 나사로가 이미 숨을 거둔 후였다. 사람들에게 안내받아 나사로의 무덤에 이른 하나님의 아들은 그 앞에서 흐느껴 우셨다.

아이러니한 것은 바로 그 다음 행동이다. 예수님은 죽은 나사로를 다시 살려 주셨다. 그렇다면 죽은 자를 살려 내는 권능이 있으면서도 예수님은 왜 우셨을까?

죄로 타락한 세상에서 죽음은 인간이 피할 수 없는 운명이다. 나사로가 살아 나더라도 다시 죽을 것임을 예수님은 인식하고 계셨다. 성경에는 나사로의 두 번째 죽음에 대한 기록이 없지만 그는 분명히 죽었을 것이다. 아마도 예수님은 죽음이 인간의 운명이기에, 죽음으로 모든 관계가 끊어지고 소망이 산산조각 나는 것을 아시기에 우셨을 것이다.

하지만 그것은 예수님께 다가올 고통에 비하면 맛보기에 불과했다. 얼마 후 예수님은 생의 절정이자 마지막 순간에 처절한 절망의 고통을 당하셨다. 예수님 생애의 마지막은 당당한 예루살렘 입성으로 시작되었다. 사람들은 나귀 새끼를 타고 들어오시는 예수님을 왕으로 맞이했다. 예루살렘 입성은 겸손이 아니라 스가랴 9:9의 예언을 성취하시는 예수님의 왕권을 상징힌다.

그러나 사람들의 환대와 애정은 오래가지 않았다. 종교와 정치 지도자들은 예수님을 적대했고 군중은 그분을 저버렸다. 시간이 지나면서 예수님과 절친했던 제자들마저 태도를 바꾸었다. 예수님과 가장 가까웠던 베드로, 야고보, 요한의 행동을 보면 그 사실을 알 수 있다.

예수님은 다가올 사태를 아시고 겟세마네 동산에서 홀로 번민하셨다. 제자들 세 사람에게 깨어 있으라고 말씀하실 때 예수님은 그런 심정을 숨기지 않으셨다. "내 마음이 매우 고민하여 죽게 되었으니 너희는 여기 머물러 나와 함께 깨어 있으라"(마 26:38). 누가는 예수님이 "힘쓰고 애써 더욱 간절히 기도하시니 땀이 땅에 떨어지는 핏방울같이 되더라"고 기록했다 (눅 22:44).

예수님은 무거운 저주의 짐을 짊어지고 피땀을 흘릴 정도로 간절하게 기도에 매달리셨다. 제자들에게 함께해 달라고 부탁했지만 그들은 잠들어 버렸다. 어쩌면 그들은 슬픔에 겨워 녹초가 되었는지도 모른다. 도움이 절실한 순간에 제자들은 외면했고 예수님은 충격을 받으셨다. 그것은 본질적으로 가장 높은 명령에 대한 배신이었고, 다시, 또 다시 세 번이나 거듭되었다. 하지만 예수님은 절망하지 않고 제자들에게 자신을 도와 달라고 거듭 부탁하셨다. 반복되는 슬픔에도 예수님은 포기하지 않으셨고, 자신보다 제자들을 더 염려하셨다.

하지만 제자들의 배신은 갈수록 더했다. 급기야 열두 제자 중 가룟 유다가 예수님을 유대 지도자들에게 넘겨 주었고, 아꼈던 제자 베드로는 예수님을 모른다고 부인했다.

이 세상에서 예수님은 완전히 혼자였다. 누구도 예수님을 위로하거나 세상의 악에 맞선 그분을 도우려 하지 않았다. 그러나 십자가 위에서 벌어진 일에 비하면 그마저도 빙산의 일각에 불과했다.

십자가에 못 박힌 예수님은 극심한 고통에 온몸을 뒤트셨다. 숨쉬기조차 힘들었고 손과 발은 못에 갈가리 찢겨 나갔다. 그때 예수님은 울부짖으셨다. 그 소리가 허공을 가르고 울려 퍼졌다. "나의 하나님, 나의 하나님,

어찌하여 나를 버리셨나이까"(마 27:46).

사람들만 예수님을 외면한 것이 아니었다. 그분은 아버지 하나님께도 버림당하셨다. 십자가 위에서 예수님은 이 세상 어느 누구도 경험해 보지 못한 최악의 절망을 경험하셨다. 그 순간의 절망은 우리가 느끼는 절망과는 그 성격이 완전히 달랐다. 하나님 아버지가 독생자의 고통을 매몰차게 외면하셨다면 이 세상 어느 누가 희망을 가질 수 있겠는가? 자신의 아들을 구원하지 않고 거부한 신이 다른 인간들, 원수와 반역자들에게는 어떻게 하시겠는가? 죽음밖에 무엇을 기대하겠는가!

예수님이 십자가 위에서 부르짖으신 말씀은 시편에서 인용한 것이라는 점에 주목하기 바란다. 예수님은 시편 기자의 부르짖음으로 자신의 감정을 표현하셨다. 시편 22편이었다. "이것은 예수님의 고통이 얼마나 극심했는지를 보여 주는 증거다. 구약의 예언적 애가들은 오래전부터 예수님의 고통을 예시했고 그 고통의 본보기로 기록된 것이다. 예수님의 고통은 모든 애가들의 고통과 탄식의 총합이었다"고 리더보스(Ridderbos)는 설명했다.[2] 시편 22편은 예수님의 고통을 대변했으며 예수님의 고난으로 그 내용이 그대로 성취되었다. 예수님의 모든 뼈는 어그러졌고(14절), 예수님을 둘러싼 무리가 그분의 수족을 찔렀으며(16절), 예수님의 옷은 제비 뽑아 나누어 가졌다(18절).

하지만 예수님이 고통스러워하신 것은 육신의 아픔만이 아니었다. 가장 견딜 수 없는 고통은 하나님 아버지께 완전히 버림받은 일이었다. 우리는 예수님의 고통을 가식이나 연극으로 생각해서는 안 된다. 그분이 당한 고통과 슬픔은 인간이 이해할 수 없는 것이다. 하나님의 외면, 그리고 극심한 외로움과 절망은 예수님이 체험하신 생생한 현실이었다.

고통이 주는 변화

예수님이 인류의 죄와 고통을 짊어지신 데는 죄사함만이 아니라 또 다른 목적이 있었다. 십자가 위에서 절망을 겪으신 모습은 우리가 어떻게 고통에 직면해야 하는지를 보여 주는 본보기다. 또한 절망 앞에 선 사람이 나 혼자가 아니라는 사실도 깨닫게 해준다. 그러나 무엇보다 중요한 것은 예수님의 절망이 인간의 모든 고통을 승화시켜 준다는 사실이다.

사실 고통을 겪는 것은 아무런 목적도 의미도 없는 것처럼 보인다. 고통당하는 사람들 중에 "하나님이 내게 왜 이런 고난을 주시는지 알 것 같다"고 말하는 사람은 그다지 많지 않다. 말은 그렇게 하더라도 실제로 그렇게 생각하는 사람은 별로 없다. 사람들은 주로 이해할 수 없다는 반응을 보인다. 그렇기에 고통이 두 배로 슬프고 아린 것이다. 절망스러운데다 그 절망에 아무런 의미도 없는 것 같기 때문이다.

예수님이 십자가 상에서 외치셨던 "나의 하나님, 나의 하나님"이라는 부르짖음은 인간이 당하는 모든 고통과 절망의 핵심을 관통한 것이었다. 주님의 부르짖음은 인간의 모든 고통을 수평적 고통이 아니라 하나님이 어떤 분인지를 묻는 수직적 번민으로 승화시켰다. 참으로 역설적인 변화였다. 결국 인간이 당하는 고통은 우연이나 사고가 아니라 하나님과 연관되어 있는 것이다.

더 나아가 예수님의 절망에 찬 부르짖음은 인간의 모든 고통을 하나의 약속으로 변모시켰다. 말하자면 희망의 시작이었다. 예수님이 고통받으셨듯이 우리도 고통받을 것이다. 그러나 예수님은 우리보다 앞서 고통을 당하셨고 우리가 당하는 고통의 끝자락에서 우리를 기다리고 계신다. 예수님은 고난을 거쳐 완전해지셨고 부활하셨다. 우리도 그렇게 될 것이다.

더할 나위 없이 순전하고 죄 없었던 예수님이 고난을 통해 완전해지고 성숙하셨다는 것보다 더 놀라운 일은 없을 것이다.

> 오직 우리가 천사들보다 잠시 동안 못하게 하심을 입은 자, 곧 죽음의 고난 받으심으로 말미암아 영광과 존귀로 관을 쓰신 예수를 보니 이를 행하심은 하나님의 은혜로 말미암아 모든 사람을 위하여 죽음을 맛보려 하심이라. 그러므로 만물이 그를 위하고 또한 그로 말미암은 이가 많은 아들들을 이끌어 영광에 들어가게 하시는 일에 그들의 구원의 창시자를 고난을 통하여 온전하게 하심이 합당하도다.
>
> (히 2:9-10)

예수님의 고뇌에 찬 부르짖음은 인간의 모든 눈물을 하나님을 향한 기도로 바꾸어 준다. 또한 예수님의 십자가는 인간의 모든 고통을 의미 없는 소진에서 영광의 조건으로 변모시킨다. 예수님은 우리의 선구자가 되기로 결심하시고 언젠가 영화롭게 될 우리의 첫 열매가 되어 주셨다.

이제 우리는 인생의 고난과 배반의 아픔을 구원의 새벽을 기다리는 마음으로 직면해야 한다. 우리가 흘리는 눈물이 예수님의 상처로 흘러들어가 그분의 슬픔과 뒤섞여 그분의 영광에 부어지는 값진 향유가 될 것을 믿어야 한다.

우리는 결코 홀로 고립되어 슬픔과 절망을 삭여서는 안 된다. 절망의 울부짖음을 알고 있는 사람들, 부활의 소망을 알고 있는 사람들과 함께 슬퍼하고 절망해야 한다.

영광으로 인도하는 절망

나와(대) 절친한 한 부부가 얼마 전에 열두 살짜리 아들을 잃었다. 그 아들의 장례식에서 설교하기로 한 나는 그들 부부가 장례식에 온 조문객들과 어떻게 인사를 나누는지를 유심히 지켜보았다. 어떤 조문객들과는 포옹을 하면서 하염없이 울었고, 어떤 조문객들에게는 빙그레 미소를 짓기도 했다. 그것은 천국의 소망에서 우러나온 이상하리만치 마음이 끌리는 웃음이었다. 나는 그 모습에 마음을 빼앗겨 그들에게서 시선을 거둘 수가 없었다. 그들은 울었고 또 웃었다. 내가 그토록 알고 싶어 하는 무언가를 그들은 알고 있는 것 같았다. 그것을 알게 된 경로는 밟고 싶지 않았지만 그들이 알고 있는 그것을 나도 간절히 알고 싶었다. 무엇이 그들에게 슬픔과 웃음을 동시에 안겨 주었을까?

슬픔과 절망을 느끼면 자연스레 가까운 사람들을 찾게 된다. 지인들과 절망을 함께 나누는 동안 우리는 천국의 웃음소리를 들으려고 노력한다. 귀에 들리지는 않아도 분명히 존재하는 그 소리, 그것은 절망을 소망으로 바꾸고 하나님의 임재를 맛보게 해준다.

절망이 서서히 변화되어 갈 때 우리는 말할 수 없는 희열의 순간을 맞기도 하고 슬픔에 압도당하는 죽음 같은 순간을 맞기도 한다. 절망 속에 숨지만 않는다면, 자신을 외면한 듯한 하나님께 나아간다면 하나님의 부재 속에서 그분의 임재를 발견하는 역설적인 일이 일어날 것이다. 더 정확히 말하면, 하나님을 우리가 가진 이미지에 맞추려는 노력을 포기할 때 우리는 그분을 만날 수 있다. 절망은 우리의 무력함을 드러내고 우상숭배의 헛됨을 폭로한다. 우리 마음이 진정으로 하나님을 갈망한다면 절망은 우리의 지원군과 친구와 인도자가 되어서 그분의 얼굴을 보려는 밝은 소망 가운데로 이끌 것이다.

지금까지 절망의 허상을 하나씩 짚어 가면서 예수님이 왜 자신을 비우고 인간을 위해 고난당하셨는지를 더 깊이 이해하게 되었으리라고 생각한다. 슬픔과 고통을 겪으면서 우리는 주님의 마음을 배우게 된다. 그러므로 절망은 우리를 어둠의 나락으로 떨어뜨리는 것이 아니라 찬란한 하나님의 존전으로 인도해 주는 것이다.

12
불의한 경멸: 악의 조롱

조롱과 모욕처럼 우리 마음에 깊은 상처를 남기는 것도 드물다. 어린 시절에 친구들끼리 장난 삼아 놀리던 말들, 바지에 실수를 했을 때 운동장을 울리던 아이들의 킥킥대는 소리, 신체 발달이 조숙하거나 미숙하다는 이유로 체육관 앞에서 비웃던 친구들 모습은 오래도록 잊히지 않는다.

한 프로 운동선수는 초등학교 4학년 때 창피당한 일을 잊지 못했다. 학교에서 소프트볼 경기에 나갈 선수를 뽑았는데 자신의 이름이 맨 마지막으로 불렸다고 한다. 당시에 그는 뚱뚱하고 행동이 둔했다. 먼저 뽑힌 아이들은 업신여기는 눈초리로 그를 쳐다보았고 마지막으로 그의 이름이 불리자 아이들의 얼굴에 불만과 조롱의 빛이 떠올랐다. 그때부터 그는 굳은 결심을 하고 날마다 열심히 운동을 해서 행동도 민첩해지고 적극성도 계발했다. 훗날 고등학교 야구부에 발탁된 그는 당당히 프로 야구 선수로 이름을 날리게 되었다. 그는 자신이 성공할 수 있었던 것은 다시는 조롱당하지 않겠다는 각오 때문이라고 말했다.

사춘기 시절 남자 아이들에게 성희롱을 당한 한 여성은 현재 미국을 대표하는 피해자 인권 분야 전문가로 활동하고 있다.

어느 저명한 과학자는 청년 시절에 좋아하는 여성에게 거듭 퇴짜를 받은 뒤 과학 실험과 복잡한 과학 공식들에 매달리게 되었다고 한다.

사람들이 어떤 일에 각오와 맹세를 다지게 만드는 가장 큰 계기는 아마도 경멸과 조롱일 것이다. 어린 시절 흔히 부르던 "회초리와 돌은 내 뼈를 부러뜨릴 수 있어도, 말은 나를 해칠 수 없어"라는 동요 가사는 사실이 아니다. 독기 어린 경멸의 말, 조롱, 비웃음은 사람의 영혼을 찌르고 하나님에 대한 믿음을 죽일 수 있다.

경멸은 하나님이 그 자녀들에게 허락하신 영광을 모독하는 일이다. 사람을 망가뜨리고 황폐하게 하는 악한 조롱이다. 사탄이 복음을 공격할 때 가장 요긴하게 사용하는 감정적 도구가 경멸이다.

그렇다면 경멸이 왜 그토록 위력적인가? 무례한 자가 약자를 조종하는 가장 강력한 수단으로 경멸을 사용하는 이유는 무엇일까?

경멸의 위력

얼마 전, 한 남자가 나를(때) 찾아왔다. 내가 자기 아내에게 해준 상담 내용 때문에 잔뜩 화가 난 상태였다. 그의 아내 자네트는 착하다 못해 바보 같은 여자였다. 남편이 열여섯 시간씩 일만 하고 지내도, 일상적으로 언어 폭력을 일삼아도, 포르노 잡지를 사다 읽어도 모른 척 자기 감정을 억누른 채 살고 있었다.

상담을 하는 동안 자네트 안에 숨어 있던 분노가 드러났다. 그녀는 자신이 얼마나 자주 남편과의 성적 관계를 무너뜨렸는지, 남편과 아이들의 관계를 손상시켰는지를 깨닫게 되었다. 하지만 진지한 상담 과정을 거치면서 가슴 속에 응어리진 아픔과 앙심이 차츰 사라지고 남편을 향한 애정도 회복되었다. 문제는 그 과정에서 자네트의 남편이 더 이상 예전처럼 살 수 없었다는 점이다. 22년간 멋대로 결혼 생활을 하던 중 처음으로 힘들어진 남편이 나를 찾아와 면담을 요구했다.

그와 나 사이에는 팽팽한 긴장감이 감돌았다. 곧이어 그의 입에서 가시 돋친 말들이 쏟아져 나왔다. "나는 아내의 바뀐 모습이 매우 못마땅합니다. 당신이 해준 상담 때문에 우리 부부 관계가 파탄 날 지경이란 말이오."

나는 그의 비난에 아무런 대꾸도 하지 않았다. 변명이나 사과도 하지 않았다. 그저 서글픈 마음이 들어 넌지시 물어 보았다. "선생님, 지금 저에게 무슨 말씀을 하시려는 겁니까?"

성을 내고 따져도 내가 회피하거나 맞받아 싸우려고 하지 않자 그가 태도를 차갑게 바꾸었다. 고개를 삐딱하게 돌리고 실눈을 뜨더니 나를 향해 협박조로 몰아붙였다. "이봐요, 젊은 양반. 나는 당신이 양의 탈을 쓴 거만하고 흉측한 이리라는 사실을 폭로하러 온 거야. 당신이 내 결혼 생활을 파탄 내도록 가만히 두고 볼 줄 알았어?"

그때부터 내 상담 인생 최악의 시간이 시작되었다. 그는 한 시간 넘게 나에게 멸시와 모욕을 퍼부었다.

그를 만나기 전까지는 자네트가 남편을 사랑한다고 생각하고 있었다. 하지만 그의 송곳 같은 말투와 멸시 어린 비난을 듣고 난 후에는 그런 생각에 회의가 들었다. 남의 가정 문제로 내가 엉뚱하게 당한다는 분노를 삭이느라 온 몸이 녹초가 될 지경이었다. 그것은 단순한 분노가 아니라 물건을 부수거나 사람을 해치고 싶을 정도로 극단적인 분노였다.

나는 회의와 피곤과 분노에 지친 나머지 그가 나에게 쏟아붙인 말들을 사실로 인정하고 평소 갖고 있던 소신마저 내팽개치고 싶은 충동을 느꼈다. 그런 치욕과 조롱과 독설을 견디느니 차라리 굴종하는 편이 낫겠다는 생각이 들었다. 그의 경멸은 나 자신을 한없이 나약하고 보잘것없는 존재로 만들었다.

경멸은 분노의 한 형태다. 분노는 상대를 위협하고 조종해서 싸우거나 도망치게 하고, 경멸은 분노의 수위를 높여서 싸움과 도피의 충동을 한층 더 강화시킨다. 그리하여 상대에게 똑같은 경멸로 복수하거나 죽이고 싶은 욕구를 부추겨 폭행과 파멸을 몰고 온다.

경멸을 받으면 자신이 추한 존재로 느껴져서 스스로 고립되며 사랑을 기대하는 마음마저 사그라진다. 경멸이 대단한 위력을 발휘하는 이유 중 하나는 바로 이것이다.

소망을 앗아 가는 독

내가 모든 대적들 때문에 욕을 당하고
내 이웃에게서는 심히 당하니 내 친구가 놀라고
길에서 보는 자가 나를 피하였나이다.
내가 잊어버린 바 됨이 죽은 자를 마음에 두지 아니함 같고
깨진 그릇과 같으니이다.
내가 무리의 비방을 들었으므로
사방이 두려움으로 감싸였나이다.

그들이 나를 치려고 함께 의논할 때에

내 생명을 빼앗기로 꾀하였나이다.

(시 31:11-13)

나는 광야의 올빼미 같고 황폐한 곳의 부엉이같이 되었사오며

내가 밤을 새우니 지붕 위의 외로운 참새 같으니이다.

내 원수들이 종일 나를 비방하며

내게 대항하여 미칠 듯이 날뛰는 자들이

나를 가리켜 맹세하나이다.

나는 재를 양식같이 먹으며

나는 눈물 섞인 물을 마셨나이다.

주의 분노와 진노로 말미암음이라.

주께서 나를 들어서 던지셨나이다.

내 날이 기울어지는 그림자 같고

내가 풀의 시들어짐 같으니이다.

(시 102:6-11)

 경멸은 사랑과 의미에 대한 우리의 가장 깊은 욕구를 멍들게 하고 소망을 앗아 가는 독이다. 경멸은 우리의 가치를 조롱하기 때문이다. "아무도 너를 원하지 않아. 아무도 너를 좋아하지 않아. 너는 우리 편에 낄 수 없어. 그러니까 그냥 가버리든지 아니면 고개를 숙이고 우리 시중이나 들어!"

 경멸받는 사람은 사랑받지 못할 자로 낙인 찍혀 집단에서 소외당한다. 조롱당하고 손가락질을 받는 사람과 누가 어울리려고 하겠는가? 마치 땅

위에 선을 그어서 조롱의 대상을 다른 사람들과 분리하는 것과 같다. 선 한쪽에는 조롱하는 자들이 서 있고, 선 근처에는 과감히 선을 넘어 조롱당하는 사람을 감싸주지 못하는 침묵하는 자들이 서 있다.

선을 긋고 소외시킨 다음에는 희생자가 스스로 바보 같다고 느끼도록 경멸하여 소망을 시들게 하고 욕구를 소멸시킨다.

한 아가씨가 새로 산 정장을 입고 가족들이 모이는 자리에 나갔다. 그녀를 본 언니는 "너 패션 잡지에 나온 한심할 정도로 비싼 옷을 입고 나왔구나" 하고 빈정거렸다. 그 말을 들은 순간 그녀는 너무 두드러진 차림을 한 것 같아 어색한 기분이 들었다. 가족 중에 그녀처럼 옷을 차려입은 사람은 없었다. 그녀는 속으로 '아무래도 내가 옷에 너무 많은 돈을 썼나 봐. 왜 나는 옷 하나도 제대로 입지 못할까?' 하고 자신을 책망했다. 예쁘게 보이고 싶고 옷을 잘 입고 싶었던 그녀는 언니의 한마디에 자신을 날카롭게 몰아세웠다.

경멸이 지닌 힘 중 하나는 이후에도 오래도록 그 경멸의 말이 마음속에 파장을 일으킨다는 점이다. 게다가 '나는 왜 그 생각을 떨쳐 버리지 못할까?' 하는 자기 경멸까지 가세해서 사태는 더욱 악화된다.

그날 일은 작고 사소한 것에 불과했지만 그 위력은 대단해서 그녀를 자기 불신과 고립으로 이끌었다. '별 생각 없이 던진 한마디에 왜 이리 신경을 쓰는 거야? 하는 의문이 자주 생겼다.

이것이 바로 경멸의 영향력이다. 우리의 욕구를 어리석어 보이게 하고 혼란스럽게 해서 다른 사람에게 조종받기 쉽게 만든다. 경멸은 두 가지 중 하나를 선택하게 한다. "우리 편이 될래, 아니면 죽을래? 우리처럼 되지 않으면 더 심한 조롱을 받게 될 거야." 지치고 약해지고 소외당한 사람은 경멸의 힘에 굴복해 거만한 자들에게 가담하는 편이 낫겠다는 생각에 시달린다.

수치와 파멸을 부르는 경멸

나는 벌레요 사람이 아니라.
사람의 비방거리요 백성의 조롱거리니이다.
나를 보는 자는 다 나를 비웃으며
입술을 비쭉거리고 머리를 흔들며 말하되,
그가 여호와께 의탁하니 구원하실걸
그를 기뻐하시니 건지실걸 하나이다.

(시 22:6-8)

주께서 우리로 하여금 이웃에게 욕을 당하게 하시니
그들이 우리를 둘러싸고 조소하고 조롱하나이다.
주께서 우리를 뭇 백성 중에 이야깃거리가 되게 하시며
민족 중에서 머리 흔듦을 당하게 하셨나이다.
나의 능욕이 종일 내 앞에 있으며
수치가 내 얼굴을 덮었으니
나를 비방하고 욕하는 소리 때문이요
나의 원수와 나의 복수자 때문이니이다.

(시 44:13-16)

비방과 조롱을 견뎌야 했던 시편 기자는 심지어 자신이 인간이 아닌 벌레처럼 느껴졌다. 사람들은 그의 이름만 들어도 입을 삐쭉이며 고개를 흔들었다. 오나가나 그는 사람들의 조롱거리에 지나지 않았다. 시편 기자는 수치심에 못 이겨 얼굴을 가렸다.

"네 하나님이 어디 있느냐? **그분이** 너를 구원하신다며?" 사람들의 경멸 어린 비웃음에 시편 기자는 '**하나님을 믿는 내가 바보인가?**' 하는 생각마저 들었다. 하나님은 그를 모욕당하게 한 장본인이었고 모욕의 원인 제공자이기도 했다. 자신이 믿는 신이 자신을 구해 줄 의사가 없거나 구할 능력이 없는 것처럼 보이면 수치심을 느끼게 된다.

사람들은 하나님의 선하심을 조롱했다. 하나님은 아무것도 보지 못한다는 식으로 그들은 방자하고 오만하게 굴었다. 하나님이 볼 수 있다면 그렇게 조롱하는 자들을 응징하지 않고 내버려 둘 리가 있겠느냐는 것이었다. 경멸하는 자들의 입을 막을 의지가 없는 하나님께 무슨 소망을 갖는다는 말인가? "하나님이여 대적이 언제까지 비방하겠으며 원수가 주의 이름을 영원히 능욕하리이까?"(시 74:10). 거만한 자들이 하나님을 능욕하고도 무사할 수 있다면 인생에서 하나님께 바랄 것이 무엇이 있겠는가?

거만한 자들은 하나님의 보좌를 빼앗고 믿는 자들을 경멸함으로써 자신들이 섬김을 받으려고 했다. 그러나 그들이 원한 것은 권력만이 아니었다. 약자들이 자기들 앞에서 벌벌 기는 것을 즐겼다. 언젠가 나를 찾아온 내담자가 이런 말을 한 적이 있다. "저는 사람들을 놀리는 게 재미있어요. 대꾸를 못하고 쩔쩔매는 모습이 그렇게 우스울 수가 없거든요. 선생님께도 장난을 걸어서 한번 이겨 봐야겠는데요. 그러면 홀가분하게 여기를 나갈 수 있을 것 같아요."

경멸이나 조롱까지는 아니더라도 무관심이나 냉담한 분위기도 우리의 마음을 아프게 찌른다.

한 여성은 이렇게 말했다. "가끔은 무슨 짓을 해서라도 남편에게 싸움을 걸고 싶은데 남편이 대꾸를 안 하거나 무시하면 정말 미칠 것 같아요." 그녀가 한 말은 "나를 사랑하거나 미워해 주세요. 업신여기듯 무시하지 말고요" 하는 울부짖음으로 들렸다. 남을 무시하거나 얕잡아 보는 태도는 맹렬한 분노를 일으킨다. 하지만 분노하며 항의해도 경멸하는 자는 상대의 분노와 수치를 악독한 마음으로 흐뭇해한다.

남을 괴롭히는 데는 다음과 같은 사악한 마음과 착각이 도사리고 있다. "하나님이 볼 리가 없어. 그러니까 내가 신이야. 누구든 나를 섬기게 만들고 내 고통도 대신 당하게 할 수 있어." 경멸하는 자는 희생자에게 굴욕감을 주기 전에는 만족하지 못한다.

그렇다면 경멸의 중심에 인간의 존엄성을 해치려는 욕구가 있는 이유는 무엇일까?

인간의 존엄성은 하나님의 영광이 반영된 것이다. 아울러 하나님께 경배와 섬김을 바치려는 인간의 초자연적인 성향과 선한 본능이 반영되어 있다. 반면에 사탄과 사탄을 따르는(의식적이든 무의식적이든) 자들은 그 영광을 혐오한다. 즉 하나님의 성품이 찬란하고 아름답게 반영되는 것을 싫어한다. 사탄의 무리들은 하나님의 영광에 감히 맞설 수 없을 뿐더러 흠집을 내거나 파괴할 수도 없다. 하지만 하나님의 영광에서 파생된 인간의 존엄성은 얼마든지 침범하고 짓밟을 수 있다.

경멸은 인간의 아름다움을 흠집 내고 영광을 더럽히는 힘이 있다. 경멸하는 자는 당장 하나님을 대면하는 것이 아니므로 자신에게 하나님과 동일한 능력이 있는 양 우쭐거린다.

언뜻 비판이 너무 심한 것이 아니냐고 생각할지도 모른다. 아내가 산책을 나가자고 했을 때 콧방귀를 뀌면서 "아니, 이 일은 언제 끝내라고 산책을 가자는 거요?" 하고 빈정거렸다면 내가 악의 편에 서서 영광을 파괴하는 자가 된 것인가? 내 딸이 외식을 하자고 했을 때 "그렇게 조른다고 들어 줄 줄 아니?" 하며 핀잔을 주었다면 내가 딸아이의 존엄성을 해치려 한 것인가? 그렇다. 물론 내 평생소원이 그렇다는 뜻이 아니라 그 순간만큼은 내가 악의 편에 선 것이 맞다는 뜻이다. 사탄이라는 이름의 뜻 자체가 '비방자'다. 즉 그는 인간을 경멸조로 비난하는 자다.

우리는 의식하지 못한 채 날마다 남을 경멸하고 있다. 일상생활 속에서 우리는 어떻게 경멸의 독을 퍼뜨리고 있는가?

일상생활 속의 경멸

경멸은 우리가 일상생활에서 하는 모든 험담, 자랑, 비난에서 그 모습을 드러낸다.

험담 속에 든 경멸

"스미스 씨가 바람을 피우다 들켰다는 얘기 들으셨어요?" 이런 말을 들으면 으레 우리는 더 자세한 이야기가 궁금해서 안달이 난다. 남의 사생활, 골칫거리, 수치에 얽힌 이야기는 언제든지 듣고 싶고 알고 싶다. 듣는 데서만 그치는 것이 아니라 수군대며 옮기는 것도 좋아한다. 험담의 그물에 걸린 희생자의 실수와 약점을 경멸하며 낱낱이 파헤치려고 든다. 그러고는 우리가 그와 같지 않다는 데에 만족감을 느낀다. 결론적으로 우리는 재판관과 배심원이 되어 그에게 처벌을 내리는 것이다. 올림포스 산에서 토론을 이끄는 신들처럼 말이다.

험담은 비방이다. 항변할 여지도 없이 고소하는 것이며 합당한 절차도 없이 형벌을 집행하는 것이다. 험담은 영혼을 살해한다. 사도 바울이 험담을 가장 악질적인 죄의 목록에 넣은 것도 그런 이유 때문이다. 하나님과 사람에게 저지르는 가장 악질적인 죄 가운데 하나가 바로 뒤에서 비방하는 것이다.[1]

다른 사람에 대해 부정적으로 이야기하는 것 자체가 험담이라고 볼 수 있다. 험담은 뒤에서 헐뜯는 것이다. 당사자가 없을 때 하는 말들을 당사자 앞에서도 할 수 있겠는가? "나는 이 말을 그 사람에게 직접 이야기했는가? 다시 이야기할 수 있는가?"라는 질문에 대답해 보면 자신이 하는 말이 적절한 것인지 아니면 헐뜯는 험담인지를 쉽게 구별할 수 있다.

험담은 부추기는 분위기에서 힘을 받는다. 험담하는 사람들과 한통속이 될 절호의 기회가 오면 더욱 그렇다. 말하자면 험담은 한통속이 된 사람들의 비뚤어진 친밀감을 지키는 매개이며 그들의 그늘 밑에 들어가 신망과 호의를 얻을 수 있는 유용한 도구인 셈이다. 사람들이 하는 험담은 기분 좋은 요기거리다. "남의 말 하기를 좋아하는 자의 말은 별식과 같아서 뱃속 깊은 데로 내려가느니라"(잠 18:8). 그러나 험담이 지닌 파괴력은 사람들 사이를 이간하는 것이다. "패역한 자는 다툼을 일으키고 말쟁이는 친한 벗을 이간하느니라"(잠 16:28).

남에 대한 이야기를 하는 의도가 진정으로 그 사람의 기쁨과 슬픔을 알고 싶어서인가, 아니면 이야기하는 사람들과 친해지려고 그들의 이야기에 동참하는 것인가? 이것이 험담을 가려 내는 또 하나의 기준이다. 남 이야기를 해서 그 사람을 위해 기도하게 되고 그를 도와주게 된다면 그것은 험 담이 아니라고 보면 된다.

자랑 속에 들어 있는 경멸

"우리 아빠는 너희 아빠보다 부자야!"

"그래? 우리 아빠는 너희 아빠보다 힘이 세!"

어린 시절의 철없는 자랑은 성인이 되고 나면 은근한 자랑으로 이어진다. 셔츠 앞에 새겨진 상표 장식은 어떤 것인지, 자동차는 어느 회사 것인지, 누구와 점심 식사를 했는지, 최근 전도대회에서 몇 명을 전도했는지 등 모든 것이 자랑거리가 된다.

자리 욕심, 이기적인 야망, 주목받는 것은 모두 거만한 자들의 경멸 어린 자랑이다. "나를 봐! 내가 얼마나 박식한지, 내가 누구를 알고 있는지, 내가 무엇을 할 수 있는지, 남이 나에게 어떻게 하는지를 보라고!" 어른이 되면 자랑 방식이 어릴 때보다 교묘해질 뿐 결코 없어지지는 않는다.

성경은 거만한 자들(우리 모두)은 자신의 능력, 부, 지식, 미래, 재능을 자랑한다고 말한다.[2] 불의한 자랑의 핵심은 '나에게 영광!'이다. 그들은 다른 사람에게 조명이 비추이는 것을 참지 못한다. 자기 영광 속에는 남을 얕보고 우습게 여기는 경멸이 숨어 있다. 교묘한 자랑을 가만히 들어 보면 다음과 같은 메시지가 들어 있다. "너는 무식해. 너는 우리 축에 못 끼어. 너는 되는 게 없는 인간이야."

다른 사람에 대한 이야기, 그리고 인생살이에 대한 우리의 대화에는 대부분 경멸이 뿌리내리고 있다. 특히 남을 비난하는 말에는 항상 경멸이 들어 있다.

비난 속에 들어 있는 경멸

"왜 세탁물을 찾아오지 않았어? 그 근처에 갔었잖아?" 비난하는 말 중에 경멸이 담기지 않은 말은 거의 없다고 봐야 한다. 우리는 자신의 고통과 분노와 욕구를 주로 경멸의 형태로 표현한다. 이미 우리를 괴롭히고 있는 문제에 더 시달리고 싶지 않기 때문이다.

이미 상대가 내 마음을 상하게 했는데 더 마음 상할 이유가 무엇이 있겠는가? 그래서 우리는 더 마음 상하지 않으려고 경멸 섞인 말로 자신을 방어한다.

남이 저지른 잘못은 물론이고 자신이 저지른 잘못에도 가차 없다. 잘못이 탄로 나면 우리는 주로 자기 경멸로 자세를 낮추거나 아니면 남을 탓하며 경멸한다. 보통 첫 번째 반응을 자책이라 부르고, 두 번째 반응을 원망이라고 부른다. 하지만 사실은 두 가지 모두 처벌을 피하려는 수단에 불과하다.

자기 경멸은 다른 사람에게 해를 끼친 자신을 비난하는 것이다. 이런 자책은 상처를 받지 않고 처벌을 피해 보려는 이기적인 노력이라고 볼 수 있다. 나 자신을 충분히 질책했는데 감히 네가 나를 벌 주거나 내가 나 자신에게 한 것보다 심한 것을 요구할 수 있느냐는 것이다.

반면에 잘못을 저지른 사람이 오히려 상대에게 책임을 전가하는 경우도 있다. 대표적인 예가 아담이 하나님을 경멸하듯 비난한 사건이다. 하나님의 명령을 어긴 사실이 발각되었을 때 아담은 "하나님이 주셔서 나와 함께 있게 하신 여자 그가 그 나무 열매를 내게 주므로 내가 먹었나이다"라고 말했다(창 3:12). 여기서 비난의 순서를 주목하기 바란다. (1) 하나님이 실수하셨다. 이 여자를 창조하셨으니 그것은 **하나님의** 실수다. (2) 여자가 열매를 나에게 주었다. 내가 먹으려고 한 것이 아니다. 그러므로 **여자의 잘못**이다. (3) (재고한 결과) 그래서 **내가** 한 입 먹었다.

자신의 잘못을 반성하지 않고 경멸조로 남을 탓하는 것은 하나님과 다른 사람을 모독하는 일이다. 그 상황에서 얻는 것은 무엇인가? 원활한 관계를 깨뜨리고 우리를 사랑하려는 상대의 감정을 죽일 뿐이다. 경멸하는 말을 들으면 대다수 사람들은 회피하거나 강렬한 분노로 자신을 방어하려고 한다. 상대가 회피하든 분노하든 경멸한 사람은 일단 사랑하고 사랑받아야 할 의무에서 안전하게 도망치게 된다. 즉 경멸은 진심에 다가서려는 어떤 움직임도 차단해 버리는 막강한 방패인 셈이다.

아담의 경멸은 어떤 역할을 했을까? 그 순간만큼은 죄를 지적하시는 하나님께 변명을 늘어놓을 수 있었다. 하지만 하나님의 자비를 놓쳐 버리고 말았다.

자비와 경멸

자비를 견디기는 참 곤혹스럽다. 실제로 경멸을 받는 것도 힘들지만 자비를 받는 것은 더 힘들다. 경멸과 자비는 모두 가식을 폭로하고 진심을 드러내기 때문이다. 그러나 자비는 소망을 붙잡을 수 있는 기회를 준다. 우리는 소망하는 것 자체를 과도한 욕심으로 생각할 때가 많다. 내(댄) 친구 데브도 그랬다.

데브는 사탄 숭배 학대 행위(SRA)의 피해자였다. 그녀는 과거에 당한 끔찍한 일로 오랫동안 정상적인 생활을 하지 못하고 술과 마약과 폭식으로 폐인이 되어 버렸다. 병원에 들어가 치료를 받았지만 의료진은 편견을 갖고 데브를 냉대했다. 그들의 태도는 그녀가 사교 집단에서 받은 경멸이나 증오와 크게 다르지 않았다.

우여곡절 끝에 마침내 데브는 예수님을 만났고 은혜와 사랑 속에서 믿음과 인격이 성장했다. 자신의 과거와 하나님께 받은 사명으로 데브는 자연스럽게 교회에 나오는 SRA 피해자들과 가까워졌다. 그들을 돕고 가르치면서 어느덧 데브는 전문가들도 외면한 SRA 문제의 권위자가 되었다.

그러던 어느 날, 데브가 입원 치료를 받았던 지역의 정신과 의사들이 강연을 해 달라고 요청해 왔다. 그녀는 흔쾌히 청을 받아들였다. 그 참에 사교 집단에서 받은 고통을 또 다시 안겨 준 그 의사를 공개적으로 비난할 작정이었다. 데브는 치밀하게 복수할 계획을 세웠다.

복수혈전을 펼치기 며칠 전에 하나님이 그것은 죄라고 지적하셨다. 그래도 데브는 물러서지 않았다. 그 의사가 누구인지는 밝히지 않더라도 증오심은 숨기고 싶지 않았다.

마침내 강연이 끝났고 참석했던 사람들은 크게 감동했다. 많은 사람들이 그녀의 신앙에 대해 질문했다. 데브는 예수님을 알기 원하는 정신과 의사들에게 복음을 전할 수 있었다. 기적 같은 일이었다.

데브를 겸허하게 만든 일은 따로 있었다. 복수하려 했던 그 정신과 의사가 데브에게 용서를 구했던 것이다. 그는 데브의 삶에서 놀라운 변화를 보았다고 이야기했다.

데브는 엄청난 혼란과 자기 경멸 속에서 허우적거렸다. 하나님은 왜 고약한 일을 도모했던 강연을 성공으로 이끄셨을까? 강퍅한 마음으로 복수심을 불태울 때 왜 그 의사가 회개하도록 은혜를 베푸셨을까? 며칠간 고민하던 데브는 마침내 한 가지 결론에 이르렀다. "하나님의 자비는 나의 경멸보다 크고 위대하시다. 하나님은 나를 사랑하시고 기뻐하시며 나를 향해 미소 지으신다."

우리를 향한 하나님의 사랑은 그분의 외면이나 분노보다 더 견디기가 힘들다. 하나님의 사랑은 우리로 하여금 방어 자세를 풀고 그 사랑을 받아들이도록 요구하기 때문이다. 우리는 우리가 내민 손에 하나님이 뱀 한 마리를 올려 놓으실 거라고 잔뜩 방어 태세를 취하지만 정작 받은 것은 그분의 호의였다. 사도 바울은 다음과 같이 질문했다. "혹 네가 하나님의 인자하심이 너를 인도하여 회개하게 하심을 알지 못하여 그의 인자하심과 용납하심과 길이 참으심이 풍성함을 멸시하느냐"(롬 2:4).

하나님의 거룩한 능력은 어떤 경멸로도 방해할 수 없다. 하나님은 자신을 조롱하는 자들을 조롱하신다. 인간에게 경멸당했을 때 하나님은 그 불가사의한 자비로 인간 대신 자신의 아들을 저주하셨다. 아들을 저주하는 하나님 아버지의 심정과 거만한 자를 향한 하나님의 경멸을 알 때 우리의 불의한 경멸은 산산이 부서질 것이다. 바로 그 순간, 하나님의 역전 드라마가 펼쳐진다. 즉 악의 조롱이 악에 대한 조롱으로 바뀐다.

13

의로운 경멸: 악에 대한 조롱

한 유명 코미디언이 어이없다는 표정을 짓더니 한심하다는 듯 어깨를 으쓱거리며 말했다. "너나 잘하세요!" 청중석에서는 폭소가 터져 나왔다.

오, 저 멋있고 세련된 경멸! 요즘의 농담은 조롱과 냉소와 야유가 대세다. 그런 농담이 웃음을 자아내고 장난스런 말싸움을 하게 만든다. 조롱으로 양념한 농담은 분위기를 띄워 주기도 한다.

우리 마음에 죄가 있어서 경멸과 야유에 이끌리는 것일까? 그렇다. 하지만 더 큰 이유는 따로 있다. 경멸은 우리가 지나치기 쉬운 하나님의 어떤 면모를 반영하기 때문이다.

하나님은 기민한 자의 어리석음을 비웃고 조롱하신다. 멸시와 치주로 수치를 당하게 하신다. 경멸은 하나님의 영광을 훼손하려는 악의 수단이 되기도 하지만, 반대로 하나님께 대항하는 자들을 멸망시키는 하나님의 도구가 되기도 한다.

다른 사람을 향한, 그리고 우리 자신을 향한 경멸도 그런 하나님의 경멸을 닮아 가야 한다. 거만한 자를 조롱하시고 독생자에게 경멸의 참상으로 분노를 터뜨리신 하나님을 경외할 때 우리도 하나님의 경멸을 본받을 수 있다.

비웃으시는 하나님

분노와 마찬가지로 경멸도 그 의도가 뒤틀리고 겨냥이 빗나갈 때 문제가 된다. 우리는 하나님의 관점으로 조롱하는 법을 알아야 한다. 자신의 연약함을 자랑하고 확신에 찬 웃음으로 죽음과 고난을 비웃는 법도 배워야 한다. 먼저 하나님이 어떻게 악을 조롱하시는지 주시해 보자.

하나님이 비웃으시다

하나님이 비웃으시다니, 섬뜩한 말 아닌가! 비웃는 하나님은 상상하기가 힘들다. 하나님은 언제나 인자하고 자비롭고 오래 참으시고 오래 참다가 가끔 화를 내시는 분이 아니신가!

우리를 훈육하시는 하나님이 화를 내시는 모습도 상상하기 어려운데 하물며 조롱하시는 하나님이라니! 원수에게 승리하는 것만이 아니라 굴욕을 안겨 주는 데도 관여하시는 하나님의 모습은 우리가 이해하기 쉽지 않다.

하나님은 거만한 자를 향해 진노하실 뿐 아니라 모욕을 주려고 계획하신다. 그리고 다음과 같이 악을 비웃으신다.

하늘에 계신 이가 웃으심이여.

주께서 그들을 비웃으시리로다.

(시 2:4)

악인이 의인 치기를 꾀하고

그를 향하여 그의 이를 가는도다.

그러나 주께서 그를 비웃으시리니

그의 날이 다가옴을 보심이로다.

(시 37:12-13)

하나님은 악인의 교활함과 성내는 모습을 지켜보며 웃으신다. 그 웃음은 결코 점잖거나 유쾌한 웃음이 아니다. 아이가 어른 신발을 신고 뒤뚱거리는 모습을 보는 부모의 웃음 같은 것일까? 아니다. 하나님의 웃음은 조롱 섞인 비웃음이다.

하나님이 조롱하시다

하나님의 웃음은 매몰차다. 하나님은 술 취한 모압(오랫동안 이스라엘과 분쟁했던 사해 인근의 국가)을 자신이 토한 자리에서 뒹굴게 하신다.

모압의 뿔이 잘렸고

그 팔이 부러졌도다.

여호와의 말씀이니라.

모압으로 취하게 할지어다.

이는 그가 여호와에 대하여 교만함이라.

그가 그 토한 것에서 뒹굴므로 조롱거리가 되리로다.

(렘 48:25-26)

교만한 자에 대한 응징의 본보기로서 하나님이 모압에게 어떤 일을 계획하시는지 주목해 보라. 죄로 인해 생긴 고약한 부산물(토한 것)이 조롱거리가 되게 하실 것이다. 악인을 술 취하게 해서 그 교만함을 입증한 다음 바보처럼 토한 자리에서 뒹굴게 하실 것이다. 한때 강대국임을 자랑했던 모압이 조롱과 멸시의 대상으로 전락하고 말 것이다.

사도 바울도 예리하게 이 주제를 다루었다. "스스로 속이지 말라. 하나님은 업신여김을 받지 아니하시나니 사람이 무엇으로 심든지 그대로 거두리라"(갈 6:7). 하나님은 인간의 조롱을 참고 견디지 않으신다. 광야에서 하나님을 거역한 이스라엘 백성을 향해 그분은 이렇게 말씀하셨다. "내가 그들의 조상들에게 맹세한 땅을 결단코 보지 못할 것이요 또 나를 멸시하는 사람은 한 사람도 그것을 보지 못하리라"(민 14:23).

하나님은 자신을 멸시하는 자를 가만히 두고 보시는 분이 아니다. 그분을 조롱하는 자를 반드시 조롱거리로 만드신다. 비웃음과 조롱만이 아니라 창피를 톡톡히 당하게 하신다.

하나님이 창피를 주시다

비웃음은 아프고 조롱은 괴롭지만 창피는 오만함을 무너뜨린다. 옷에 커피를 쏟는 것이야 큰 문제가 아니지만 지나가는 사람들이 그것을 보고 킥킥거린다면 창피할 것이다. 게다가 노골적으로 당신을 손가락질하며 놀리기라도 한다면 그것은 더 자존심 상하는 일이다. 그런데 만일 어떤 사람이 남은 커피를 당신 옷에 마저 쏟아 부으며 찻집에서 나가라고 호통을 친다면 그것은 견디기 힘든 모욕이 될 것이다.

성경에서 가장 충격적인 말씀 중 하나는, 하나님이 음란한 니느웨를 성적으로 모욕하시고 그 벌거벗은 몸에 똥을 던지시고 우상숭배의 죄를 폭로해 온 천하의 구경거리로 삼겠다는 말씀이다.

> 보라 내가 네게 말하노니 만군의 여호와의 말씀에
> 네 치마를 걷어 올려 네 얼굴에 이르게 하고
> 네 벌거벗은 것을 나라들에게 보이며
> 네 부끄러운 곳을 뭇 민족에게 보일 것이요
> 내가 또 가증하고 더러운 것들을 네 위에 던져 능욕하고
> 너를 구경거리가 되게 하리니,
> 그때에 너를 보는 자가 다 네게서 도망하여 이르기를
> 니느웨가 황폐하였도다, 누가 그것을 위하여 애곡하며
> 내가 어디서 너를 위로할 자를 구하리요 하리라.
>
> (나 3:5-7)

하나님의 보복은 우리를 섬뜩하게 만든다. 그분은 타락한 인간의 존엄성은 귀하게 여기지 않으시는가? 하나님은 예의를 모르는 분이신가? 성적 능욕을 엄청난 수치로 여기는 문화권에서는 이 말씀은 무척이나 잔혹하고 무자비하게 들릴 것이다.

이 말씀의 진정한 의미를 파악하기 위해서는 다음의 세 가지를 고려해야 한다.

첫째, **창피를 줌으로써 죄를 드러내셨다.** 하나님은 니느웨의 치마를 얼굴까지 걷어 올려 그 벌거벗은 몸이 드러나게 하겠다고 하셨다. 니느웨는 오랫동안 우상 앞에서 자신의 치마를 걷어 올리고 모든 언덕에서 우상숭배를 했던 나라였다. 오히려 니느웨는 벌거벗은 몸을 자랑했다. 니느웨의 치마를 걷어 올린다는 것은 하나님이 처음으로 벗은 몸을 드러나게 한다는 의미가 아니라 처음으로 니느웨의 죄를 폭로하신다는 의미다.

하나님은 교만한 자가 오만방자하게 행하던 바로 그 장소에서 창피와 굴욕을 당하게 하신다. 인간은 교만이 들어온 뒤에 죄를 짓고 타락했다. 하나님은 경멸을 통해 인간의 사악한 교만으로 얼룩진 부분을 수치스럽게 여기게 하신다.

둘째, **창피를 줌으로써 정의가 실현되게 하셨다.** 하나님은 가증하고 더러운 것("똥"으로 번역하는 것이 더 정확함)을 니느웨에 던지겠다고 하셨다. 니느웨는 이방 국가였지만 창조주의 형상을 지닌 아름다운 나라였고 하나님은 그 나라를 사랑하셨다(요나서를 참고하라). 하지만 니느웨는 하나님이 주신 아름다움을 악용했으며 다른 나라의 아름다움을 강탈했다. 하나님의 영광을 더럽혔기에 하나님은 니느웨의 남은 아름다움을 똥 속에 묻겠다고 말씀하셨다. 니느웨는 더러운 국가이므로 오물에 묻힐 것이다. 시의 형태로 쓰인 하나님의 앙갚음은 죄의 운율과 치욕의 리듬에 맞추어져 있다.

셋째, **창피를 줌으로써 공포심을 자아내셨다.** 창피를 주는 것은 마지막 경고에 해당하는 것이다. 회개하든지, 하나님의 진노의 불길에 소멸되든지 둘 중 하나를 선택하라는 것이다. 또한 다른 사람들을 향한 경고이기도 했다. 도망가든지 아니면 수치를 각오를 하라는 것이다. 니느웨 옆을 지나면서 오물로 뒤덮인 나체를 본 사람들은 관능적이고 눈부셨던 니느웨의 한창 때를 기억할 것이다. 그러나 이제는 "누가 니느웨를 위로해 줄까?" 하는 두려움 섞인 탄식밖에 해줄 것이 없었다. 위로하려고 하는 것은 오히려 수치심만 더해 준다. 결국 그런 식으로 창피를 당하면 위로받을 길도 없다.

하나님은 절대 업신여김을 당하는 분이 아니시다. 인간은 회개해야 하고 그러지 않으면 그분의 무자비한 조롱을 감수해야 한다. 하나님은 우리의 은밀한 우상숭배와 파렴치한 오만을 가차 없이 폭로하실 것이다. 우리가 진심으로 하나님을 알고자 하면 하나님은 꾸준히 자신을 계시해 주신다. 하지만 그분께 등을 돌리고 하늘과 땅 앞에서 오만한 죄성을 드러낸다면 하나님은 주저없이 가혹한 응징을 내리실 것이다.

우리는 하나님의 조롱 앞에서 두려워 떨어야 한다. 자기 경멸로 자신의 영광을 더럽히고 남을 경멸하여 타인의 영광을 더럽히는 오만불손을 경계하며, 더 나아가 하나님의 영광을 더럽히는 것을 두려워해야 한다.

두려워한다는 것은 은혜의 전주곡과 같다. 두려워하는 마음이 생기면 우리 안에 있는 균열된 틈을 통해 불가사의한 일을 볼 수 있다. 즉 우리가 마땅히 받아야 할 모든 경멸을 하나님이 영광스런 아들에게 쏟아 부으시는 것을 경험할 것이다. 그 사실을 깨닫는 순간, 우리의 두려움은 놀라움으로 바뀌고 놀라움은 경배로 이어진다.

하나님이 하나님을 조롱하다

한 목사가 고등학생 수백 명 앞에서 복음을 전했다. 설교를 잘하기로 정평이 난 목사였지만 어쩐지 그날은 전달력이 신통치 않았고 예수님을 믿겠다고 나서는 학생들도 별로 없었다. 열심히 설명할수록 반응은 냉담했다. 이마에서는 진땀이 흘렀고 해야 할 말조차 생각이 나지 않았다. 마침내 고문 같은 설교 시간이 끝나자 그는 자리에 가서 앉았다.

목사를 초대한 교사가 난해한 설교를 듣게 해서 미안하다고 학생들에게 사과했다. 목사는 너무도 수치스러웠다.

몇 주 후에 그 목사는 백화점에서 우연히 그 학교 학생들을 만났다. 한 학생이 자신을 부르는 소리에 고개를 돌려 보니 머리를 길게 기르고 귀에 귀걸이를 한 학생들이 휴게실에서 담배를 피우고 있었다. 그 순간 목사는 그 학교에서 진땀 뺐던 일이 떠올라 당혹스러웠다.

그 여섯 명 중 한 학생이 목사에게 말을 걸었다. "목사님, 지난번에 완전 허접했어요."(통역: 목사님, 설교가 그다지 좋지는 못했어요.) "사람들이 씹었는데 그래도 목사님 포스가 장난 아니던데요"(통역: 사람들이 설교에 트집을 잡았지만 개의치 않고 열심히 전하셨지요.) "그 교회 얘기 쩔던데 한 번 더 해주세요. 그때 목사님은 완전 안습이었지만 전 좋았어요."(통역: 목사님이 믿는 것에 대해 듣고 싶어요. 그때 창피해하셨던 모습이 오히려 감동적이었거든요.)

창피를 당한 목사가 그 수치를 묵묵히 견디어 내던 모습이 여섯 아이들에게는 복음을 다시 생각하게 만드는 계기가 되었다. 우리의 눈을 휘둥그레지게 만든 것도 예수님이 수치와 모욕을 견뎌 내신 모습이다.

피조물이 하나님의 아들을 조롱하다

나를 보는 자는 다 나를 비웃으며
입술을 비쭉거리고 머리를 흔들며 말하되,

> 그가 여호와께 의탁하니 구원하실걸
>
> 그를 기뻐하시니 건지실걸 하나이다.
>
> (시 22:7-8)

> 이에 총독의 군병들이 예수를 데리고 관정 안으로 들어가서 온 군대를 그에게로 모으고 그의 옷을 벗기고 홍포를 입히며 가시관을 엮어 그 머리에 씌우고 갈대를 그 오른손에 들리고 그 앞에서 무릎을 꿇고 희롱하여 이르되 유대인의 왕이여 평안할지어다 하며 그에게 침 뱉고 갈대를 빼앗아 그의 머리를 치더라. 희롱을 다 한 후 홍포를 벗기고 도로 그의 옷을 입혀 십자가에 못 박으려고 끌고 나가니라.…지나가는 자들은 자기 머리를 흔들며 예수를 모욕하여 이르되 성전을 헐고 사흘에 짓는 자여 네가 만일 하나님의 아들이어든 자기를 구원하고 십자가에서 내려오라 하며, 그와 같이 대제사장들도 서기관들과 장로들과 함께 희롱하여 이르되 그가 남은 구원하였으되 자기는 구원할 수 없도다 그가 이스라엘의 왕이로다 지금 십자가에서 내려올지어다 그리하면 우리가 믿겠노라 그가 하나님을 신뢰하니 하나님이 원하시면 이제 그를 구원하실지라 그의 말이 나는 하나님의 아들이라 하였도다 하며, 함께 십자가에 못 박힌 강도들도 이와 같이 욕하더라.
>
> (마 27:27-31, 39-44)

예수님 주위에 몰려 있던 사람들, 즉 로마 군병들과 유대인들과 종교 지도자들과 강도들은 예수님을 조롱하고 비웃었다. 그러나 예수님은 고개를 돌리지도 않으셨고 조롱에 반박하지도 않으셨다(참고. 벧전 2:23). 아무런 대꾸도 없이 그저 하나님만 올려보는 눈길이 오히려 그들의 화를 부채질

했다. "왜 아무 말도 안 하는 거야? 왜 당장 십자가에서 내려오지 않는 거지? 자기가 말한 대로 하나님의 아들이라면 왜 아무것도 하지 않고 가만히 당하고 있겠어?"

예수님은 피조물인 인간들의 조소와 비웃음을 묵묵히 참고 견디셨다. 어쩌면 자신을 변호하거나 하나님께 받은 사명을 입증하려 하시지 않은 것이 사람들의 조롱을 부추겼는지도 모른다. 예수님은 인간의 교만을 무력하게 하는 시선으로 바라보셨고 그분의 응시를 묵살하려는 노력을 부끄럽게 하셨다.

경멸은 사람을 어리석게 만든다. 최근에 자신이나 남에게 경멸 어린 비난을 했던 때를 생각해 보라. 그 순간에는 그런 말이 필요하다고 믿었고 기분도 후련했을지 모른다. 하지만 나중에는 후회했을 것이다. 화가 나서 경멸하는 말을 퍼부어 봐야 상처받은 자존심이 회복되지도 않고 수치심을 벗지도 못한다. 오히려 수치심이 더 깊어질 뿐이다.

경멸한 자신이 어리석게 느껴지면 우리는 체면을 잃지 않기 위해 더 심한 경멸과 조롱을 퍼붓는다. 그러나 아무리 상대를 심하게 조소하고 경멸해도 원하는 것을 얻을 수 없다. 겸손하게 회개하는 사람만이 은혜를 얻는다. 경멸하는 것으로는 절대로 상대에게 사과를 받지 못한다. 시간이 지날수록 마음이 얼음장처럼 차가워지거나 경멸하는 자신에게 진저리가 날 뿐이다.

예수님이 인간의 경멸과 증오를 참으신 이유는 인간의 경멸을 부추겨서 그 마음속에 들어 있는 자기중심적인 추악함을 드러내시기 위해서였다. 예수님이 하나님 아버지의 경멸을 참으신 이유는 하나님의 마음속에 들어 있는 측량할 수 없는 사랑을 알리시기 위해서였다.

성부가 성자를 조롱하다

토기가 토기장이를 저주한다는 것도 믿을 수 없는 일인데, 성부 하나님이 성자 하나님을 저주하여 십자가에 못 박은 일 역시 상상할 수 없는 일이다. 사도 바울은 그 충격적인 사건을 이렇게 설명했다. "그리스도께서 우리를 위하여 저주를 받은 바 되사 율법의 저주에서 우리를 속량하셨으니 기록된 바 나무에 달린 자마다 저주 아래에 있는 자라 하였음이라"(갈 3:13). 율법서에 있는 말씀을 인용한 것이다. "나무에 달린 자는 하나님께 저주를 받았음이니라"(신 21:23). 하나님의 저주는 분노에서 터져 나온 조롱의 목소리였다.

하나님은 인간을 대신해 자신의 아들을 저주하기로 결심하셨다. 성자 하나님은 하나님 아버지의 조롱 어린 눈길을 보았고, 성난 비웃음 소리를 들었고, 냉정하게 자신을 떠나시는 것을 감지하셨다. 나훔 3장에서 니느웨를 향했던 하나님의 끔찍한 심판이 이번에는 예수님을 향한 것이다.

우리는 이런 의문을 떨쳐 버릴 수가 없다. "그럴 수는 없어! 어떻게 하나님 아버지가 자신의 아들을 저주하실 수 있을까? 완전하고 순결하고 선한 아들에게 어떻게 인간 영혼의 사악한 죄를 뒤집어씌우실 수 있을까? 어떻게 우리를 대신해서 우리 죄를 지게 하실 수 있을까?"

그것은 진정 불가사의한 일이다. 영원 전부터 사랑하시던 아들에게 분노하며 등을 돌리시다니! 성자가 성부의 눈엣가시가 된 것인가? 세상이 시작된 이래 그처럼 상상하기 어려운 일은 없었다. 그러나 예수님이 그 뜻에 순순히 따랐던 이유는 하나님 아버지의 영광을 위해 그분의 백성을 구원하시기 위해서였다. "친히 나무에 달려 그 몸으로 우리 죄를 담당하셨으니 이는 우리로 죄에 대하여 죽고 의에 대하여 살게 하려 하심이라. 그가 채찍에 맞음으로 너희는 나음을 얻었나니"(벧전 2:24).

우리는 조롱의 채찍을 견딘 예수님을 보면서 하나님의 경멸이 완전하고 흠 없는 성자에게 향했음을 비로소 깨닫는다. 이제 하나님의 눈에서는 우리를 향한 어떠한 경멸이나 조롱의 빛도 찾아볼 수 없다. 우리의 마음이 아무리 강퍅해져도, 우리가 아무리 멀리 도망가도 회개하고 돌이키기만 하면 하나님은 차갑고 비정한 눈길로 바라보시는 것이 아니라 두 팔을 활짝 벌려 기쁨으로 맞이해 주실 것이다.

이 복된 소식에 조금이라도 마음이 복받쳐 오른다면, 하나님의 경멸에서 사면받은 우리는 어떻게 살아야 할까?

한 가지 대답은 악을 조롱하는 법을 배우는 것이다. 하나님처럼 조롱하기 위해 우리는 연약함을 자랑하고 확신에 찬 웃음으로 사망과 고난을 비웃으며 악을 이기는 법을 배워야 한다.

사망과 고난을 비웃다

"애통하는 자는 복이 있나니 그들이 위로를 받을 것임이요"(마 5:4). "사망아 너의 승리가 어디 있느냐. 사망아 네가 쏘는 것이 어디 있느냐"(고전 15:55).

사망은 협잡꾼이고 소망 없는 슬픔은 사기꾼이다. 사망과 슬픔은 믿음보다 강한 척을 한다. 사탄은 사망을 이용해 다음과 같이 질문한다. "너와 네가 사랑하는 사람을 고통스럽게 하고 죽게 하는 하나님을 신뢰할 수 있느냐?" 그러고는 우리 얼굴에 슬픔을 들이밀면서 이렇게 주장한다. "니는 혼자야. 하나님은 존재하지 않아. 만약에 하나님이 존재한다면 그분은 인정사정없고 잔인한 분일 거야. 네 눈에 보이는 것만 믿어. 고통을 줄이고 죽음을 피하는 데에 인생을 바쳐!" 사탄의 주장에 일말의 진실이 없지는 않다. 십자가의 눈으로 인생의 희로애락을 바라보지 않는 한 이 세상 자료들은 하나님의 선하심을 증명해 주지 않는다.

하지만 좌절의 아픔이 반드시 하나님께 등을 돌리는 계기가 되는 것은 아니다. 오히려 소망을 향해 하나님께로 나아가는 계기가 될 수 있다. 로마서 5장에서 사도 바울은 고난 중에 즐거워하라고 말했다. 그 이유는 고난이 인내를, 인내가 연단을, 연단이 소망을 이루기 때문이며, 이 소망은 결코 우리를 실망시키지 않을 것인데 끝까지 달리기를 마친 사람은 하나님의 사랑의 미소를 볼 것이기 때문이다.

진정으로 하나님을 신뢰하는 사람은 악을 조롱하며 비웃는다. 웃을 수 있다는 것은 소망이 부활했음을 보여 주는 증거다. 우리는 십자가의 승리에 찬 웃음을 기대하면서 현실의 눈물 속에서 악을 조롱해야 한다.

이 책을 집필하는 동안 우리와 절친했던 지인 한 명이 세상을 떠났다. 우리 두 사람에게 정신적 지주였으며 트렘퍼의 직장 동료이자 여행 동반자이기도 한 레이먼드 딜러드(Raymond B. Dillard) 박사가 별세한 것이다. 그의 죽음은 우리 두 사람을 충격에 빠뜨렸다. 그 누구보다 우리에게 힘이 되었고 우리의 성공을 기뻐해 준 분이었다. 우리는 아버지를 잃은 심정이었다.

하지만 딜러드 박사의 죽음은 그보다 더 우리를 사랑해 주시는 분이 있다는 사실을 깨닫게 해주었다. 우리를 더 깊이 사랑하시는 분이 언젠가 우리를 칭찬해 주실 것이다. 비록 지금은 그의 죽음을 슬퍼하며 눈물 흘리지만 우리의 눈물 방울은 확신 있게 소리쳤다. "악이여! 너는 이겼다고 여기겠지만 어리석은 생각이다. 너는 지혜롭고 열정적이며 존경받는 사람을 데려갔다. 하지만 네가 그의 생명을 앗아 간 것은 아니다. 그는 아주 잘 살고 있다. 그의 열정도 남아 있고, 그의 영혼은 계속해서 우리를 격려하고 있다!"

사망과 고난을 비웃는 것은 눈물로 영혼에 길을 내어 선을 향한 열정을 솟구치게 만드는 것이다. 지금은 뼈아픈 눈물을 흘리지만 영광의 날이 다가온다는 사실을 잊지 않게 해준다. 그래서 눈에 보이지 않는 것을 신뢰하고 죽음이 아닌 소망을 끌어안게 한다. 우는 자는 언젠가 웃게 될 것이다. 현재의 고통과 죽음 앞에서 소망을 잃지 않기 위해 미래의 영광스런 웃음을 빌려오면 어떨까?

약함을 자랑하라

나에게 이르시기를, 내 은혜가 네게 족하도다 이는 내 능력이 약한 데서 온전하여짐이라 하신지라. 그러므로 도리어 크게 기뻐함으로 나의 여러 약한 것들에 대하여 자랑하리니 이는 그리스도의 능력이 내게 머물게 하려 함이라. 그러므로 내가 그리스도를 위하여 약한 것들과 능욕과 궁핍과 박해와 곤고를 기뻐하노니 이는 내가 약한 그 때에 강함이라.

(고후 12:9-10)

사도 바울은 학력이나 재능, 사명, 성공담을 자랑하지 않고 자신의 약함을 자랑했다. 이 말씀을 여러 번 들은 사람이라면 그 속에 들어있는 놀라운 진리에 약간은 무덤덤해졌을지도 모른다. 하지만 이 말씀을 진정으로 믿는다면, 그래서 말씀대로 실천하며 산다면 우리 삶에 혁신적인 변화가 일어날 것이다.

과연 약함을 자랑한다는 것은 무슨 뜻일까? 약함을 자랑하는 것이 악을 조롱하는 의로우신 하나님과 한편이 되게 하는 이유는 무엇일까?

사도 바울은 아이러니한 면을 자랑했다. 아이러니란 예상과 다른 결과가 빚어내는 부조화를 의미한다. 하나님의 문체는 바로 그런 아이러니다. 악은 능력을 주지만 결국 그 능력은 사망으로 인도하고, 하나님은 연약함을 주시지만 그 연약함은 생명의 문을 열어 준다. 하나님은 우리를 놀라게 하는 데 명수이시므로 그런 아이러니를 즐겨 사용하신다.

우리가 인생을 능숙히 풀어 나갈 때보다는 연약할 때 하나님의 능력이 더욱 극명하게 나타난다. 하나님의 영광은 영광스러워 보이는 것을 통해 드러나는 것이 아니라 오히려 낮고 천하고 연약한 것을 통해 드러난다. 하나님의 위대한 모습은 고사하고 인간의 화려함도 갖지 못한 사람들에게서 하나님의 영광이 드러날 때가 많다.

하나님은 바울이라는 교만하고 박식하고 편협했던 유대인을 택해 이방인들에게 복음을 전하는 사도가 되게 하셨다. 얼마나 아이러니한 일인가! 하나님은 누구도 예상 못한 사람을 사용하셨을 뿐 아니라 그에게 가시(정확히 무엇인지는 아무도 모름)를 주어 그를 겸손하게 만드셨다. 사도 바울은 하나님을 전하기 위해 기꺼이 바보가 되었다. 박식하고 강한 자를 부끄럽게 하기 위해 하나님이 사용하시는 사람들은 바로 그런 바보들이다.

만일 하나님이 우리가 충분히 예상 가능한 사람들이나 원칙을 사용해서 일하신다면 어떻게 될까? 우리는 금세 그것을 간파해서 하나님이 일하시는 것을 중단시킬 것이다. 하나님은 우리가 그런 식으로 하기를 원하지 않으신다. 전혀 예기치 못한 수단과 가장 부적절해 보이는 사람들을 사용해 우리의 생각을 완전히 뒤엎으신다. 그렇게 우리의 연약함과 모자람과 어리석음과 실수를 자랑하게 하신다.

얼마 전에 나는(대) 갑작스럽게 다발성경화증 진단을 받은 한 미혼 여성과 이야기를 나눈 적이 있다. 그녀는 단 몇 주 만에 걷지도 못하고 일도 못하고 요리나 목욕 등 일상적인 일도 못하는 불구자가 되어 버렸다. 그녀를 도우러 온 교회 교인들 중에는 믿은 지 얼마 안 되는 한 노인이 있었다. 그녀를 가장 지극 정성으로 보살펴 준 사람은 바로 그 노인이었다. 한때는 거만하고 회의적이었던 그는 육십대가 지나 주님을 믿고 난 후에 그녀의 가장 큰 조력자가 되었다. 그녀 곁에서 함께 싸워 주었고 다른 사람들도 그녀를 보살피도록 독려했다. 그는 그녀가 기대고 의지할 수 있는 가장 든든한 버팀목이었다.

그녀가 병에 걸리기 1년 전에 나는 그녀에게 하나님이 주신 여성성을 기뻐하고 삶이 활짝 피어나도록 기도해 주겠다는 말을 한 적이 있다. 전문 요양사로 일하던 그녀는 마음씨 착하고 좋은 사람이었지만 오랫동안 자신을 경멸하며 살아온 탓에 마음이 메마르고 황폐해져 있었다. 그녀가 베푸는 친절은 진정한 사랑에서 우러나오는 것이 아니라 자신도 좋은 일을 하고 싶다는 욕구에서 비롯된 것이었다. 하지만 심각한 병에 걸리고 난 이후에는 그나마 남아 있던 기력마저 소진되고 말았다.

이제 그녀는 남의 도움과 보살핌을 받지 않을 수 없는 처지가 되었다. 사실 머리가 반백이 된 초신자가 그녀의 천사가 되어 주리라고는 누구도 예상 못한 일이있다. 그는 꾸준한 보살핌으로 그녀를 감동시켰고 든든한 지원으로 그녀의 마음을 부드럽게 녹였다. 그녀가 자신을 경멸했던 것도 결국은 신뢰를 회피하려는 나약한 수단에 불과했음을 그의 헌신적인 사랑을 통해 깨닫게 되었다. 내가 그녀를 다시 만났을 때 그녀는 꽃처럼 화사하게 피어나 있었다. 우리는 눈물을 흘리며 그 사실을 함께 기뻐했다. 드디어 연약함이 승리한 것이다. 하나님은 아이러니를 통해 그분의 영광을 드러내셨다.

하나님은 불행을 사용하신다. 소망과 겸손이 배반당하는 예기치 못한 상황을 사용해서 회개와 구원에 대한 갈망을 이끌어 내신다. 우리가 연약함을 자랑할 때 하나님은 그분의 성품과 우리를 향한 계획을 계시하신다.

하나님은 불합리한 방법을 사용하셔서 우리 뜻대로 하려는 교만을 비웃으신다. 믿음은 그 어떤 것보다 효과적으로 영광을 드러내기 때문이다. 하나님은 연약하고 어리석은 자들을 사용해 강하고 지혜로운 자들을 부끄럽게 하신다. 우리도 눈물과 웃음으로 교만한 자를 부끄럽게 하는 법을 배워야 한다. 그리하여 하나님과 함께 악을 조롱하는 자리에 동참해야 한다.

14
불의한 수치: 파괴력

존은 아내 마사 앞에서 떨고 있었다. 마사의 가장 친한 친구와 바람을 피웠다고 방금 전에 실토했기 때문이다. 그는 고개를 푹 숙이고 마사의 분노에 찬 시선을 피했다. 마사는 수치심의 광풍을 잠재우고자 했다. "이 사실을 누가 또 알고 있어요?" 마사에게는 남편의 배신보다 남의 구설수에 오르는 게 훨씬 더 끔찍하고 굴욕적인 일이었다.

마크는 당혹스러운 마음에 얼굴이 벌겋게 달아올랐다. 곁에 있는 아가씨와 처음으로 데이트하러 나와서 영화표를 사기 위해 줄을 선 채 기다리던 참이었다. 그들 뒤로도 긴 줄이 이어져 있었다. 그때, 깜박 잊고 집에 지갑을 두고 온 사실을 알아차렸다. 호주머니에는 달랑 3달러밖에 없었다. 난감한 마음에 얼굴이 화끈거리고 가슴이 두근거렸다. 처음 데이트하는 여자에게 돈을 지불하라고 할 수도 없고 그렇다고 줄 서서 기다리던 중에 영화를 포기하기도 곤란했다. 어디론가 사라지고 싶었다.

자네트가 고맙다며 예의 바른 웃음을 지었다. 마스카라가 번져서 마치

눈두덩에 날벌레 한 마리가 앉아 있는 것처럼 보이는 것을 친구가 알려 주었기 때문이다. "나도 바쁠 때는 너처럼 화장할 때가 있어"라고 친구는 자네트에게 말했다. 그날 아침에는 시간도 많았고 자기가 평소보다 예뻐 보인다는 생각도 했는데. 자네트는 속으로 '이런 바보 짓을 하다니' 하고 자신을 나무랐다.

하루하루 살면서 겪게 되는 수치는 우리의 품격을 떨어뜨리고 소망을 무너뜨리는 주범이다. 수치심만큼 지옥을 연상시키는 감정은 없다. 애정도 기쁨도 완전히 상실하게 만든다. 수치심은 우리의 영혼을 녹여 인생의 방향을 엉뚱하게 틀어 버릴 정도로 그 위력이 강하다. 우리는 어떤 부정적인 감정보다 수치심에 더 예민하게 반응한다. 소망과 기쁨 속에서 성숙하기를 바란다면 과감히 수치심에 직면하는 법을 배워야 한다.

수치의 징표

자아를 빨아들이는 힘

수치심은 자아를 흡입하는 힘이 있어서 마치 소용돌이 속으로 빨려 들어가는 느낌을 준다. 수치심에서 비롯된 강렬한 자기 인식은 존재의 밑바닥까지 자아를 온통 뒤흔들어 놓는다. 자아는 우리 정체성의 핵심이다. 자아가 추해 보이면 너무 끔찍해서 인정하기가 쉽지 않다. 그래서 자아의 추함을 경멸조로 표현하게 된다. 나는 멍청해, 나는 뚱보야, 나는 자제력이 없어, 나는 항상 늦어, 나는 언제나 준비성이 없어 등.

언젠가 한 친구가 나와(때) 한 약속을 어긴 적이 있었다. 며칠 후에 만난 그 친구는 나를 보자마자 대뜸 "미안해. 약속도 잊어버리고 전화한다는 것도 잊어버렸어. 나는 정말 바보 멍청이야!"라고 말했다. 수치심은 정체성 면에서 자아를 공격한다. 그렇기에 "나는…"이라는 표현이 수치심의 문법이다.

수치심이 인간의 정체성을 뒤흔들 때 어떤 식으로 나타나는지를 묘사한 성경 말씀이 있다. 수치심이 가장 먼저 나타나는 곳은 얼굴이다. 얼굴이 붉어지고 표정이 어두워지면서 생기가 사라진다. 이사야 29:22 말씀을 읽어 보라. "야곱이 이제는 부끄러워하지 아니하겠고 그의 얼굴이 이제는 창백해지지 아니할 것이며."

시편 기자는 얼굴에 나타나는 수치심의 흔적을 다음과 같이 묘사했다.

나의 능욕이 종일 내 앞에 있으며
수치가 내 얼굴을 덮었으니.

(시 44:15)

여호와여 그들의 얼굴에 수치가 가득하게 하사
그들이 주의 이름을 찾게 하소서.
그들로 수치를 당하여 영원히 놀라게 하시며
낭패와 멸망을 당하게 하사.

(시 83:16-17)

수치가 얼굴을 덮었다는 것은 혐오스럽고 추악한 어떤 것에 자아가 완전히 휩쓸려 들어갔다는 뜻이다. 극단적인 표현일 수도 있지만 수치심은 그만큼 고통스럽게 느껴진다.

환상 속으로의 도피

수치심의 두 번째 징표는 숨는 것이다. 아담과 하와는 사냥꾼에 쫓기는 새처럼 나무들 사이에 몸을 숨겼다. 우리는 내면세계라는 성역으로 날아든다. 투명인간이 되어 사라지거나 벽을 뚫고 들어가는 환상으로 도망치기도 한다.

나는(댄) 얼마 전에 한 세미나에서 산만하고 태도가 불성실한 사람들 앞에서 강의를 한 적이 있다. 정말 고문이었다. 열심히 강의했지만 사람들은 지루해했다. 서서히 수치의 소용돌이 속으로 빨려 들어가는 느낌이 들었다.

이윽고 괴로운 강의 시간이 끝났다. 그때 한 사람이 나에게 다가와 말을 걸었다. 나는 그와 이야기를 하면서 강단 모서리 쪽으로 뒷걸음질을 치다가 다시 조금씩 앞으로 나왔다가 또 다시 벽 쪽으로 물러나 등을 기댔다.

나와 이야기하던 남자가 결국 "나가려고 그러세요?" 하고 물었고 나는 그 말에 가슴이 뜨끔했다. 내 행동이 그렇게 표가 났나? 그랬을지도 모른다. 겉으로는 사람들의 태도와 내 형편없는 강의로 위축되어 있었고, 속으로는 현실과 분리된 고치 속에 숨어들고 싶었으니 말이다.

수치는 안전한 무감각의 세계를 만들어 내어 그곳으로 도망가려고 한다. "분리"(dissociation)라는 것은 "나는 여기 없어요. 마음의 괴로움을 벗어버릴 수 있는 다른 곳으로 갈 거예요. 고통이 없고 하나님의 명령도 없는 나만의 안전한 장소로 날아갈 거예요"라는 뜻을 고상하게 표현한 말이다.

두려움으로 위축된 사람들이 으레 그렇듯이 도망가는 사람은 원수를 실제보다 더 위협적으로 본다. 따라서 도망가는 것은 오히려 공포심을 키우는 결과를 낳는다. 수치심에서 도망치는 것도 마찬가지다. 다른 사람의 눈을 쳐다보기가 더 어려워지고 자신의 추함이 더 추하게 보인다. 결과적으로 분리, 즉 현실에서 사라지려는 시도는 실패하고 출혈을 막기 위해 더 강력한 방법을 모색하게 된다.

자신과 남을 향한 폭력

수치의 세 번째 징표는 자신을 향한, 혹은 자신에게 수치심을 안겨 준 사람을 향한 폭력성이다. 폭력은 수치심이라는 악마에게 바치는 피와도 같다.

내가㈐ 존경하는 한 분이 마음 아픈 일화를 들려주었다. 어느 날, 십대 딸이 한 말에 마음이 상해서 속상한 심정을 딸에게 이야기했다고 한다. 그러자 딸은 자신의 실수를 인정하지 않고 오히려 아버지가 너무 감정적이고 예민하다며 말대꾸를 하더라는 것이다. 화가 나고 자존심이 상한 그는 딸에게 버럭 소리를 질렀다.

두 사람의 충돌은 악몽으로 치닫다가 재앙으로 끝이 났다. 딸의 경솔한 언행으로 다투다가 서로를 증오하는 지경에까지 이르자 그는 멍이 들 정도로 자신의 가슴을 치면서 딸에게 소리쳤다. "대체 어떻게 해야 이 아빠도 사람이라는 걸 알아 주겠니? 나도 상처를 받는단다!"

수치심은 자신을 파괴하고 주위 사람이 눈에 보이지 않게 한다. 수치심을 느낀 사람은 상대의 심기를 건드리며 우회적 공격을 하거나 아예 권총을 꺼내 대놓고 자기 자신이나 다른 사람을 쏠 수도 있다. 어느 경우든 수치심을 느낀 사람이 원하는 것은 한 가지다. 원수를 죽이는 것이다.

그렇다면 원수는 누구인가? 무엇이 수치와 분노를 몰고 왔는가? 그에 대한 대답은 수치심의 원인이 무엇인지에 달려 있다. 자신의 결점과 부족함에서 비롯된 수치심인가? 아니면 신뢰가 깨졌거나, 의지했던 사람이나 물질에 배반당해서인가?

수치의 정체

수치심은 노출에 대한 정신적 충격이다. 예를 들면 잘못(외도를 함)이나 실수(지갑을 안 가져옴)나 외모상의 결점(마스카라가 번짐)을 누가 알게 된 경우다. 이렇게 결점이 노출되면 자신이 입고 있는 문화, 인간관계, 종교라는 옷들이 벗겨져 남이나 혹은 자신 앞에 알몸이 드러난 것처럼 느껴진다. 내면의 추함이 드러난다고 느끼는 것이다.

남들과 어울릴 수 있게 해주고 그럴듯해 보이게 해주는 우리의 '옷' 밑에 무엇이 있기에 추하다는 느낌이 드는 것일까? 단순히 외도를 하고, 지갑을 안 가져오고, 화장이 번진 것이 문제가 아니다. 그런 일을 하고도 조금도 부끄러워하지 않는 사람들도 많다. 수치심은 '추함'이 드러난 것보다 더 깊은 차원의 문제에서 생겨나는 것이다.

결점이 있거나 부족하다는 느낌

미국인들은 수치심을 낮은 자존감의 결과로 보는 경향이 있다. 어려운 용어로는 자아 경계의 분산, 자기애의 균열, 부적절한 자아 감각이라고 하지만 한마디로 요약하면 다른 사람에게 제대로 대접받지 못해 자신을 무가치하게 느낀다는 것이다.

이런 견해에 따르면 결국 인간은 다른 사람이 자신을 어떻게 대하는지에 따라 자아상이 형성된다고 말할 수 있다. 우리는 수치심에 기반을 둔 세상과 가정에서 살고 있기 때문에 다른 사람이 나를 어떻게 보는지는 무적이나 중요한 문제다. 수치심을 형성하는 주된 요인에 대한 권위 있는 이론가 두 사람의 견해를 들어 보자.

> 수치심에 기반을 둔 체제에서는…그가 인간으로서 결점이 있고 부족하다는 메시지를 전달한다. 따라서 그는 자신이 '골칫거리'라는 관념을 깊이 새기게 된다.[1]

> 수치심이 정체성을 형성하면 자신은 결함이 있고 인간으로서 부적합하다고 믿게 된다.[2]

이런 견해는 다음과 같은 생각을 이끌어 낸다. "나는 나쁜 사람은 아니지만 가끔은 나쁜 짓을 해. 만일 내가 좋은 사람이라는, 그러니까 사랑스럽고 사랑받을 만하고 순수한 존재라는 사실을 알고 인정할 수 있다면 가끔 나답지 못한 짓을 해도 자신 있고도 겸손하게(좋은 수치심) 살아갈 수 있을 텐데…."

그리스도인들은 이러한 관점에 한 가지를 덧붙인다. "나는 새로운 피조물이야. 하나님이 내 죄를 용서해 주셨고 성령을 받았기 때문에 나는 의로운 사람이야. 이제 나는 가끔씩 나를 유혹하는 죄들은 인정하면서 언제나 선을 행하며 살아야 해." 더 나아가 우리가 완전히 선하다는 것을 받아들이고 '벌레' 신학, 즉 수치심에 근거한 부정적인 생각을 버리면 죄를 짓는 일은 좀처럼 일어나지 않을 것이라고 믿는 사람들도 있다.

수치심을 잘 느끼는 사람은 자신을 부족하고 결함 있는 존재로 생각한다. 우리가 인간의 존엄성을 침해하는 가정이나 사회에서 살아가고 있다는 것도 사실이다. 하지만 과연 그것이 수치심의 근본적인 원인일까? 단지 우리에게 소중한 사람들이 창피를 주어서 수치심을 느끼는 것일까?

어리석은 신뢰

다른 사람이 우리를 불쾌하게 대했을 때(혹은 기분 좋게 대했을 때에도) 수치심을 느낀다는 것이 보다 정확한 성경적 관점이다. 왜냐하면 **수치심은 우리가 살아가는 순간순간 하나님을 의지하기보다 우상을 의지하려는 인간의 본능에 뿌리를 두고 있기 때문**이다.

사소하면서도 전형적인 수치심을 예로 들어 생각해 보자. 나는(때) 친한 친구 한 명과 함께 커피를 마시며 즐겁게 이야기를 나누고 있었다. 나는 친구가 하는 재미있는 이야기와 유창한 말재간에 빠져 있었다. 그의 이야기가 막 절정에 이르려는 순간 커피 잔을 입으로 가져가던 내가 그만 실수를 하고 말았다. 분명 잔을 입에 대고 기울였는데 입고 있던 셔츠에 커피를 흘리고 만 것이다. 그 순간 친구는 말을 멈추고 놀란 눈으로 나를 쳐다보았다. 나는 재빨리 의자를 뒤로 빼서 물러난다는 것이 이번에는 탁자 위에 커피를 쏟고 말았다. 얼마나 수치스러웠는지 모른다.

왜 나는 그런 상황에서 수치심을 느꼈을까? 커피를 쏟은 어설픈 행동에 대해, 친구의 이야기를 방해한 것에 대해, 우리 둘에게 귀찮은 일이 생긴 것에 대해 미안하거나 유감스러운 것이 아니라 수치심을 느낀 이유는 무엇일까? 나의 우상, 즉 훌륭하게 보여야 하고 바보처럼 보이면 안 된다는 니의 철칙을 범해서였을까? 커피 흘린 '잘못'으로 인해 수치가 느껴진 것일까? 물론 여기서 말한 잘못은 분명히 죄는 아니다. 하지만 그 순간 내가 느꼈던 수치심은 하나님이 원하시는 것과 일치했다. 그 상황에서 수치심은 내가 '살기' 위해 무엇을 신뢰하고 있는지를 드러냈다.

자신이 부족하고 형편없다고 생각하면 당연히 우리는 수치심을 느낀다. 하지만 근본적인 이유는 따로 있다. 무의식적으로나 은밀하게 숭배하던 신이 우리를 실망시키거나 그런 우상숭배의 믿음이 얼마나 어리석은 것인지 드러날 때 우리는 자신이 추하고 형편없다고 느끼게 되는 것이다. 수치심은 자신이 부족하거나 변변치 않다는 느낌이 아니라 하나님이 아닌 우상을 신뢰한 어리석음이 드러났을 때 느끼는 감정이다.

수치와 우상숭배

만일 우리가 '착하게 보이기', '똑똑해지기', '권력 차지하기'라는 우상을 숭배한다면, 자신을 구원할 능력이 없는 무능한 우상에게 희망을 걸고 있는 것이다. 이것은 평소에는 문제가 없지만 구원이 필요한 순간에는 문제가 된다. 도움이 필요할 때(커피를 쏟거나 형편없는 강의를 하거나) 우리가 만들어 낸 우상은 가만히 앉아서, 도와 달라는 우리의 요청을 비웃는다.

수치심은 우리가 숭배하는 것이 무엇인지를 알려 준다. 시편 기자와 선지자가 수치심을 어떻게 분석했는지 주목해 보자.

> 조각한 신상을 섬기며 허무한 것으로 자랑하는 자는
> 다 수치를 당할 것이라.
> 너희 신들아, 여호와께 경배할지어다.
> (시 97:7)

> 조각한 우상을 의지하며 부어 만든 우상을 향하여
> 너희는 우리의 신이라 하는 자는
> 물리침을 받아 크게 수치를 당하리라.
>
> (사 42:17)

그렇다면 우리가 느끼는 수치심은 전부 우상숭배 때문인가? 션이라는 남자의 이야기를 예로 생각해 보자. 나의 직장 동료인 션은 자신이 당했던 학대를 떠올리거나 이야기할 때마다 극심한 수치심을 느낀다.

션은 형에게 성적 학대를 당했다고 한다. 이 경우 그가 느끼는 수치심은 자신의 욕구나 결정과는 상관없이 일방적으로 당한 모멸감 때문일 것이다. 그러면 그가 느끼는 수치심은 우상숭배와 어떤 연관이 있는가?

션이 자신이나 형에 대해 안타까움이나 슬픔이 아니라 수치심을 느끼는 이유는 무엇일까?

나는 그가 나약함과 성욕을 혐오한다는 사실을 알게 되었다. 학대를 당하기 전, 어린 소년이었을 때 인생은 가혹하고 절망스럽다는 사실을 깨달았다. 그래서 마음의 벽을 쌓고 어느 누구에게도 아무것도 바라지 않기로 마음먹었다. 하지만 형만은 예외였다. 형은 운동도 잘하고 잘생기고 똑똑했다. 션은 자신이 점프 슛을 잘 하는 것과 커지는 근육과 좋은 성적을 형이 알아 주기를 바랐다.

가끔씩 형이 그에게 관심을 보일 때마다 그는 뛸 듯이 기뻤고 기분이 좋았다. 어느 날 저녁, 둘이 집에서 오랜 시간 같이 있을 때 형이 션에게 자위하는 법을 가르쳐 주겠다고 했다. 그러면서 션에게 자신의 몸을 만지라고 했고 그는 싫었지만 형의 말대로 했다. 그는 자신도 형도 역겨웠고, 절망감과 굴욕감을 느꼈다. 그리고 극심한 수치심을 느꼈다.

선이 느낀 수치심은 형을 구원자로 의지하고 신뢰했던 자신의 근원적 어리석음이 드러난 데 있었다. 선은 그런 어리석음을 후회하는 대신 자신의 나약함과 성욕을 혐오했다. 이전에 섬기던 우상(형)을 더 해로운 우상, 즉 나약함과 성욕 혐오라는 우상으로 대체해 버린 것이다. 과거의 괴로운 기억을 떠올릴 때나 성욕을 느낄 때마다 그는 수치심으로 위축되었고 그것은 격렬한 자기혐오로 이어졌다.

선을 수년간 상담한 심리 치료사는 그의 욕구가 정당한 것이고 살면서 연약함과 한계를 느끼는 것도 당연하다는 사실을 인식시키려고 애썼다. 다행히 이제 선은 자신의 연약함과 욕구를 그다지 두려워하지 않게 되었다. 그러나 전보다 자만심이 강해지고 냉정해졌다.

선이 마음의 문을 닫은 이유는 타인의 잘못으로 수치심이 생겼다고 믿었기 때문이다. 남이 잘못해서 우리에게 수치심을 안겨 주었다는 생각은 자기 상처만을 치유하려는 이기적인 집착으로 흐를 가능성이 있다. 우리가 수치심을 느끼는 이유는 우상을 숭배한 우리의 어리석음이 드러났기 때문이다. 이 사실을 깨닫는 사람은 용서의 신비를 체험할 수 있는 부드러운 마음을 갖게 될 것이다.

물론 이것은 쉬운 일이 아니다. 우리는 무엇 때문에 수치심의 진짜 원인을 깨닫지 못하는가?

수치와 자기 숭배

사람들은 이렇게 말한다. "나는 피해자이고 그런 나 자신이 못마땅하기 때문에 수치심이 생기는 것이다." 그러나 성경은 이렇게 말한다. "나는 우상숭배자이고 우상이 무너질 때 나 자신이 어리석어 보이기 때문에 수치심이 생기는 것이다."

수치심은 자기 영광의 붕괴다. 즉 자아의 연장인 동시에 자기 세계를 지탱해 주던 우상이 무너질 때 느끼는 상실감이다. 수치심은 결국 자신이 바보라는 사실이 드러날 때 느끼는 감정이다.

이사야는 수치심의 밑바닥에 깔려 있는 어리석음을 지적했다. 우상숭배자는 하나님이 주신 생활 필수품을 가지고 우상을 만들었다.

> 그중의 절반은 불에 사르고
> 그 절반으로는 고기를 구워 먹고 배불리며
> 또 몸을 덥게 하여 이르기를
> 아하 따뜻하다 내가 불을 보았구나 하면서
> 그 나머지로 신상 곧 자기의 우상을 만들고
> 그 앞에 엎드려 경배하며 그것에게 기도하여 이르기를
> 너는 나의 신이니 나를 구원하라 하는도다.
>
> (사 44:16-17)

이사야는 신랄한 비난을 퍼부으면서 우상숭배자를 바보로 묘사했다. 이렇게 중얼거리는 바보가 연상되지 않는가? "아이고 추워. 여기 땔감이 있으니 얼마나 좋아! 그런데 배가 고프네. 그럼 음식을 만들어 먹으면 되지. 그 다음에는 무얼 할까? 그렇지, 나를 위로해 주고 보호해 주고 구원해 줄 신이 필요하지. 따뜻한 잠자리와 음식을 만들었는데 내 영혼을 배불릴

신도 내 손으로 만들어야지."

언뜻 이해가 되지 않는다. 어떻게 자기 손으로 만든 신에게 절을 하고 빈다는 말인가? 하지만 우리 역시 자신이 만든 것을 숭배한다. 나무로 빚은 물건이든 생각으로 만들어 낸 것이든 우리가 만든 신은 선을 위한 것이 아니라 단지 자신의 연장일 뿐이다. 창작 자체가 잘못은 아니다. 그러나 창작품이 하늘의 창조자가 아니라 인간 창조자를 기쁘고 영화롭게 한다면 그것이 우상숭배다.

우리가 우상숭배를 통해 찬양하는 것은 자신의 능력과 자기 결정권이다. 우상이란 그것을 만든 사람이 자신을 숭배하게 만드는 물건이나 관념이나 욕구다. 우리가 하나님이 아닌 자신에게 찬미와 영광을 돌릴 때 수치심이 생겨난다.

"인생들아, 어느 때까지 나의 영광을 바꾸어 욕되게 하며 헛된 일을 좋아하고 거짓을 구하려는가"(시 4:2). 우리는 어디에서 영광을 구하고 있는가? 우상숭배자들은 자기 안에서 기쁨을 발견할 수 있다고 생각하는데 대단한 착각이다. 자신의 우상에게서 희열을 느끼고 동시에 그 신을 마음대로 좌지우지해 보겠다고 생각한다. 피조물은 하나님의 영광을 반영하고 있기 때문에 피조물을 숭배하면 하나님을 경배하지 않고도 진짜 예배를 드린 것처럼 착각하게 된다.

우상숭배자는 자신이 하나님을 예배하고 있지 않음을 안다. 자동차, 은행 계좌, 창작 활동, 자유, 명성 등을 숭배하는 것이 결국 자신을 숭배하는 것임을 잘 안다. 우상숭배자가 숭배하는 대상은 자신의 거대한 자아상을 상징하는 데 지나지 않는다. 하지만 그는 상업 활동, 창조의 땀과 분주함 속에 자기 숭배를 교묘히 숨긴다. 우상숭배자는 절대로 자신의 수치스런 어리석음에 직면하지 않으려고 한다.

너무 극단적인 해석이라고 생각하는가? 만일 그렇다면 우리가 얼마나 쉽게 우상숭배로 빠져드는지를 잠시 생각해 보기 바란다.

어느 착실한 교인이 자신은 그동안 부채 상환의 우상을 섬기고 있었노라고 말하는 것을 들었다. 20년 동안 열심히 일해서 주택 담보 대출금을 전부 상환한 뒤에 그는 눈물을 글썽이며 말했다. "이런 공허감은 처음입니다. 온 세상을 얻은 것처럼 기쁠 줄 알았는데 제게는 대출금을 갚는 것이 의롭게 사는 것보다 훨씬 더 중요했다는 생각이 듭니다."

우리는 종종 자신의 재물, 건강, 명성, 자녀, 외모가 하나님보다 더 자신을 만족시킬 수 있다고 믿는다. 바로 그때 우리는 우상을 만들고 있는 것이다.

수치와 무지

수치심은 하나님이 아닌 우상을 섬기고 있다는 사실을 경고하는 내면의 경고 장치다. 하지만 우상숭배자들은 대부분 우상숭배에 만성이 되어 수치심을 제대로 느끼지 못한다. 이사야는 우상을 숭배하는 자들이 무지와 착각으로 수치심의 고통을 피하려 한다고 지적했다.

> 우상을 만드는 자는 다 허망하도다.
> 그들이 원하는 것들은 무익한 것이거늘
> 그것들의 증인들은 보지도 못하며 알지도 못하니
> 그러므로 수치를 당하리라.…

마음에 생각도 없고 지식도 없고 총명도 없으므로

내가 그것의 절반을 불사르고

또한 그 숯불 위에서 떡도 굽고 고기도 구워 먹었거늘

내가 어찌 그 나머지로 가증한 물건을 만들겠으며

내가 어찌 그 나무 토막 앞에 굴복하리요 말하지 아니하니

그는 재를 먹고 허탄한 마음에 미혹되어

자기의 영혼을 구원하지 못하며

나의 오른손에 거짓 것이 있지 아니하냐 하지도 못하느니라.

(사 44:9, 19-20)

우상숭배는 비열한 경배 행위다. 자신을 숭배하면서도 처음에는 그렇게 보이지 않는다. 우상숭배는 조악한 자아상에 가깝다. 언제나 남에게 잘 보여야 하고, 실수하지 말아야 하고, 어떻게든 성공하지 않으면 안 된다는 강박관념의 발로라고도 볼 수 있다. 사실 우리가 숭배하는 대상들은 그 자체로 나쁜 것이 아닌 경우가 많다. 아름답게 외모를 가꾸는 일이나 자동차를 아끼고 소중히 여기는 일은 잘못된 것이 아니다. 다만 그런 것들이 행복과 생명을 보장해 주리라고 믿는 무지와 착각이 위험한 것이다.

우상숭배로 눈이 먼 사람은 힘과 영광을 쟁취하려는 맹목적 집착에 사로잡힌다. 그들의 해결책은 간단히디. "눈에 보이지 않는 것은 미음 쓸 필요가 없다." 수치심을 무시하거나 수치심은 열등감에서 비롯될 뿐이라고 경시하는 사람은 애초에 수치심을 느끼게 한 요인, 즉 자신의 영광을 추구하는 모습으로 돌아감으로써 수치심을 해결하려 한다.

그러나 언젠가는 하나님이 은혜로 그 착각을 깨뜨리시는 날이 올 것이

다. 수치심을 느끼는 사람에게는 말도 못하고 보지도 못하는 우상을 산산조각 낼 수 있는 힘이 있다. 또한 회개 아니면 파멸을 선택할 수 있다.

수치와 변화

수치는 우상숭배를 폭로할 뿐 아니라 영혼의 울부짖음을 심화시키기도 한다. 또한 우리의 마음을 생과 사의 극단으로 밀어붙이며 죽음을 향해 이끌기도 한다.

수치는 열정을 억제하고, 욕구를 짓누르고, 슬픔을 회피하게 할 수 있다. 열정과 욕구와 슬픔이 억압되면 우리는 자연히 우상숭배로 돌아가려고 한다.

슬픔보다는 (아무리 괴롭고 파괴적이어도) **수치심을 느끼는 것이 더 편안하다.** 왜냐하면 수치심은 마음의 문을 닫아 걸고 탄식조차 하지 않지만, 슬픔은 찾고 구하고 두드리려는 마음을 일으키기 때문이다.

옷에 커피를 흘렸을 때 나는 수치심을 느끼고 두 가지 슬픔을 잃었다. 첫째는 상실에 대한 슬픔이었고, 둘째는 죄에 대한 슬픔이었다.

커피를 흘리는 실수 탓에 나는 언변가의 재미있는 이야기를 듣는 즐거움을 상실했다. 이야기는 가장 흥미로운 절정에 가까웠다. 그때의 느낌은 중요한 순간에 걸려온 귀찮은 전화 같았고 잠이 막 들려는 순간 방해받은 것과도 흡사했다. 물론 이야기를 마저 못 들었다고 이 세상이 끝나는 것은 아니지만 어쨌든 안타까운 일이었다. 가끔은 작은 틈새가 내부의 심각한 균열을 드러내기도 한다. 수치심은 상실에 대한 슬픔을 가려 버렸다. 상실을 인정하기보다는 수치심으로 가리거나 경멸하며 응징하는 것이 훨씬 쉬운 일이다.

수치심은 죄에 대한 슬픔을 마비시켜 버렸다. 커피를 쏟은 것이 죄는 아니다. 그 즉시 느꼈던 당혹감이나 그 뒤에 따라온 수치심도 죄는 아니다. 그 상황에서 죄는, 나는 유능하고 빈틈없고 매력적이어야 한다는 자신에 대한 다그침이었다. 나의 우상숭배가 드러났을 때 그것을 슬퍼하지 않고 수치심으로 그 슬픔을 마비시켜 버린 것도 분명한 죄였다.

그러나 수치심을 느낀다고 위축될 필요는 없다. 수치심이 혼란과 의욕을 불러일으킬 수도 있다. 하나님의 마음으로 들어가는 문을 찾고 구하고 두드리게 만들기도 하고, 벌거숭이로 서서 지혜를 달라고 부르짖게 만들기도 한다. 시편 기자는 수치심에 위축되지 않고 마음속 깊은 곳에 있는 의문을 파헤치는 이상적인 모습을 보여 주었다.

주께서 우리로 하여금 이웃에게 욕을 당하게 하시니
그들이 우리를 둘러싸고 조소하고 조롱하나이다.
주께서 우리를 뭇 백성 중에 이야깃거리가 되게 하시며
민족 중에서 머리 흔듦을 당하게 하셨나이다.
나의 능욕이 종일 내 앞에 있으며
수치가 내 얼굴을 덮었으니
나를 비방하고 욕하는 소리 때문이요
나의 원수와 나의 복수자 때문이니이다.
이 모든 일이 우리에게 임하였으나
우리가 주를 잊지 아니하며
주의 언약을 어기지 아니하였나이다.···

주여, 깨소서. 어찌하여 주무시나이까.

일어나시고 우리를 영원히 버리지 마소서.

어찌하여 주의 얼굴을 가리시고

우리의 고난과 압제를 잊으시나이까.

우리 영혼은 진토 속에 파묻히고

우리 몸은 땅에 붙었나이다.

일어나 우리를 도우소서.

주의 인자하심으로 말미암아 우리를 구원하소서.

(시 44:13-17, 23-26)

우리는 수치로 인해 얼마든지 마음의 변화를 경험할 수 있다. 수치 때문에 하나님과 단절되는 사람이 있는가 하면 수치 때문에 하나님 앞으로 나아가 충격과 혼란과 갈망 속에서 부르짖는 사람들도 있다. 하나님은 우리를 위해 기꺼이 수치와 모욕을 당하셨다. 분노에 차서 하나님을 원망하고 비난하면 그분은 조용히 자신이 받은 고통과 상처를 우리에게 보여 주신다. 수치는 다른 어떤 감정보다 하나님의 마음을 우리에게 활짝 열어 보여 준다.

15

의로운 수치: 구속력

희생적인 사랑은 당혹스럽다. 값비싼 대가를 치른 사랑을 받으면 상대에 대한 고마움과 감동과 존경심까지 생겨나지만 한편으로는 혼란과 수치심이 느껴질 수도 있다.

예전에 나는(댄) 둘째 딸 아만다와 함께 스키를 타러 간 적이 있다. 우리 부녀는 그날 마지막으로 함께 스키 경주를 하기로 했다. 아만다는 나보다 25미터 정도 앞서서 달리고 있었는데 나는 혹시라도 아만다가 다른 사람들과 부딪히지 않을까 걱정이 되어 스키를 타고 내려오는 다른 사람들이 나를 앞지르지 못하게 견제하고 있었다. 그런데 급경사가 진 곳에서 아만다가 얼음과 부딪히며 바닥에 나동그라지고 말았다.

아만다가 얼마나 다쳤는지를 보려고 급하게 내려가던 나는 같은 곳에서 얼음에 부딪혀 넘어졌다. 내 스키는 하늘로 치솟았고 내 몸은 아만다의 작은 몸 위로 떨어졌다. 얼마나 심하게 충돌했는지 아만다의 몸이 빙그르르 돌 정도였다. 나는 고통스럽게 신음하는 아만다를 재빨리 품에 안고서

"미안하다, 미안해"를 연발했다. 미안하다 못해 수치스러웠다.

아만다는 훌쩍이면서도 내 눈을 바라보며 "아빠, 용서할게요. 일부러 그러신 거 아니잖아요"라며 나를 위로했다. 나는 맥이 풀렸다. 물론 내가 일부러 딸과 부딪친 것은 아니었지만 그 상황에서 딸의 고통을 덜어 줄 방법도 없었다.

무력감에 대한 수치심과 사랑하는 딸을 다치게 했다는 죄책감이 내 마음을 괴롭혔다. 하지만 나를 더 수치스럽고 괴롭게 만든 것은 딸아이의 용서와 아량이었다. 왜 그랬을까?

은혜와 자비는 우리로 하여금 자만심이라는 우상을 버리게 만든다. 우리의 자만심은 잘못한 것을 고치라고 요구하지만, 상대의 용서는 우리가 더 잘할 수 없는 존재임을 폭로한다. 우리는 다른 사람에게 용서와 은혜를 받으며 살아야 하는 존재들이다.

상대의 용서와 아량으로 자신이 초라하게 느껴지면 우리는 그 무력감을 이기고 다시 힘을 얻고자 싸움을 시작한다. 딸과 부딪혔을 때 나는 수치심으로 도망가고 싶었지만 딸이 나를 이해해 주는 바람에 도망갈 수 없었다. 수치심을 느끼면 우리는 자아에 몰입하거나 숨거나 증오에 찬 경멸을 쏟아 놓는 경우가 많다. 아만다는 내가 자아 속에 갇히지 않고 자신과 한마음이 되어 주기를 원했다. 그 아이의 진실한 눈빛은 부서진 신뢰와 감사를 회복시켰다. 아만다가 원했던 것은 우리 주님이 바라시는 것과 같다.

은혜의 선물

수치는 우리의 우상숭배를 폭로한다. 음료수를 무릎에 쏟았을 때, 아이가 형편없는 성적을 받아올 때, 사업이 휘청거릴 때, 남편이 젊고 예쁜 여자에게 반해 헤어지자고 할 때 사람들은 자존심에 큰 상처를 받고 수치스러워한다.

하지만 수치는 은혜의 선물이라는 사실을 알아야 한다. 수치심으로 인해 숨겨진 죄와 욕구가 드러나기 때문이다. 수치심을 은혜의 선물로 받아들일 때 우리는 온전하고 경이로운 예배로 나아갈 수 있다. 우리의 모든 것이 드러나는 순간도 두려워할 필요가 없다. 수치심을 느끼는 순간이 하나님의 눈을 바라볼 수 있는 순간이기 때문이다. 하나님은 우리를 정죄하지 않으시고 은혜와 용서와 자유를 베푸시는 분이다!

예수님은 우리를 우상숭배의 죄에서 벗어나게 하기 위해 자신을 비우고 모욕과 수치를 참으셨다. 그 주님을 생각하면 수치심을 선물로 받아들일 수 있다. 하나님 아들의 성육신, 그리고 그분이 이 세상에서 당한 고난과 죽음에서 우리는 하나님의 굴욕을 본다. 수치와 굴욕도 감수하신 주님의 모습에서 우리는 무엇을 배우는가?

하나님의 굴욕

성육신으로

임마누엘은 하나님이 인간의 육신을 입고 우리와 함께하신다는 뜻이다. 한마디로 그것은 우리의 상상을 초월하는 일이다. 인간이 되신 하나님의 미련함은 그분의 출생 과정에서도 엿볼 수 있다. 예수님은 목자들과 가축들 말고는 누구도 거들떠보지 않는 초라한 장소에서 태어나셨고 악한 군주에게 살해 위협을 받으셨다. 왕의 탄생이 이럴 수 있을까? 육신을 입은 하나님은 유대인들에게는 불쾌한 존재였고 이방인들에게는 골칫거리였다.

타락한 인간의 지성으로 보면 성육신 사건은 인간이 제 손으로 만든 우상을 숭배하는 것보다 더 터무니없는 일이다. 불가시적 존재가 육신이 되었다는 것보다는 차라리 가시적 존재가 불가시적 존재가 되었다는 것이 더 신빙성이 있어 보인다. 신이 피조물이 되었다는 것보다 피조물이 신이 되었다는 것이 훨씬 믿기 쉽지 않은가!

어떻게 영원하고 무한한 존재가 연약한 육신을 입은 유한한 존재가 될 수 있는가? 성삼위의 제2위이시고 영원한 말씀이신 예수님이 기꺼이 자신의 영광을 내려놓고 인간의 한계성을 받아들이셨다. 그러면서도 그분은 전혀 죄가 없으셨다. 예수님이 더 이상 하나님이 아니라는 말이 아니다. 겸허히 자신을 낮추어 우리와 같이 되시고 육체의 배고픔과 피곤함을 겪으시고 유혹도 당하셨다는 뜻이다.

예수님은 피조물이 되는 굴욕을 감수하셨다. 음식으로 육체의 영양분을 섭취하셨고 믿음으로 영혼의 영양분을 섭취하셨다. 영광 중에 거할 수 있는 당연한 특권을 뿌리치고 타락한 세상의 고통 속으로 들어오셨다. 비천한 인간이 되는 낮아짐의 수치를 받아들이신 것이다. 자신의 죄를 인정하고 뉘우치는 사람은 그분의 겸손함을 본받는 사람이다.

고난으로

예수님은 이 세상에 사는 동안 많은 고난을 당하셨지만 한순간도 하나님 아버지께 등을 돌리지 않으셨다. 순종의 길은 고통의 가시밭길이었다. 사탄에게 공격받았고, 자신이 창조한 피조물들에게 멸시와 외면을 당했으며, 아끼던 제자들에게도 이해받지 못하셨다. 예수님이 당한 고난의 특성을 벌코프(Berkhof)는 다음과 같이 설명했다.

> 예수님이 당하신 고난의 깊이는 그분이 지닌 인간으로서의 이상적인 성품, 의로움과 거룩함과 진실함에 대한 지각, 도덕적 완벽함과 동일한 깊이였다. 이 세상 어느 누구도 고통과 슬픔 그리고 도덕적 타락을 예수님만큼 처절히 느끼지는 못할 것이다."[1]

예수님이 공생애를 시작하기 전 광야에서 받았던 시험은 굶주린 배를 채우라는 것(고통), 자신이 창조한 왕국을 되차지하라는 것(영광), 하나님이 보호해 주시는지 증명해 보이라는 것(믿음)이었다. 그러나 사역 말미에 받은 시험은 십자가를 회피하라는 것(고통), 능력을 과시해 보라는 것(영광), 천사들에게 구조받으라는 것(믿음)이었다.

예수님은 자신을 해치는 자들을 위협하거나 욕하지 않고 의롭게 심판하시는 하나님께 자신을 의탁하며 기꺼이 수치와 유혹과 고난을 당하셨다. 우리도 변호자 되시는 하나님께 우리 영혼을 맡기고 수치와 직면하도록 부름받았다.

죽음과 납지기 치형으로

예수님은 죽음이라는 원수에게 육신적으로 굴복하셨다. 하나님이 분노와 슬픔으로 아들에게서 등을 돌리시는 순간 예수님은 그 진노의 잔을 마시며 사탄에게 죽임당하셨다.

C. S. 루이스는 "나니아 나라 이야기"에서 예수님의 죽음을 적나라하게

보여 준다. 갈기를 깎인 사자 아슬란은 탁자에 묶여 적들의 온갖 조롱과 비웃음을 담담히 받아들인다. 마침내 칼이 허공을 가르고 피가 낭자하게 흘러 사자 왕은 죽음을 맞이한다. 그의 왕국은 원수들의 손에 넘어가고, 원수들은 술에 취해 춤추고 노래하며 흥청거린다.

예수님의 죽음을 떠올려 보면 굴욕당한 수치심을 감출 길이 없다. 인간이 보냈던 신뢰는 무참히 깨어졌고 인간이 품었던 희망은 산산이 부서졌다. 우리 하나님이 원수에게 패배를 당한 것이다. 아직도 우리 귀에 조롱하는 웃음소리가 쟁쟁하게 들려온다. "너희 하나님은 어디 있느냐? 예수가 하나님이라면 자신부터 구해 보라지."

사탄의 비웃음은 참기 힘든 모욕이었다. 하지만 성부가 성자에게 등을 돌리신 것과 비교한다면 아무것도 아니었다. 십자가의 가장 큰 수치는 흉악한 죄로 성삼위 하나님의 연합이 깨어졌다는 사실이다. 성자는 죄인이 되었고, 성부는 죄를 미워하지 않을 수 없었다. 예수님은 우리가 받아야 할 처벌을 대신해서 받아 주셨고 그로 인해 하나님의 진노를 사야 했다.

남이 받아야 할 죗값을 자신이 대신 받겠다고 나서는 사람이 누가 있겠는가? 히브리서 기자는 이렇게 말했다.

믿음의 주요 또 온전하게 하시는 이인 예수를 바라보자. 그는 그 앞에 있는 기쁨을 위하여 십자가를 참으사 부끄러움을 개의치 아니하시더니 하나님 보좌 우편에 앉으셨느니라.

(히 12:2)

예수님이 십자가의 수치를 참으신 것은 기쁨을 위해서였다. 하나님 아버지를 영화롭게 하는 기쁨, 자신의 형제자매인 인간을 구원하는 기쁨 때문에 그 지옥스런 순간을 견디신 것이다(참고 히 2:11-12). 우리도 예수님의 수치를 함께 당하고 선하시고 영화로우신 하나님께 우리 자신을 찬미의 제사로 드리도록 부름받았다.

수치의 역설적인 면

또 범죄와 육체의 무할례로 죽었던 너희를 하나님이 그와 함께 살리시고 우리의 모든 죄를 사하시고 우리를 거스르고 불리하게 하는 법조문으로 쓴 증서를 지우시고 제하여 버리사 십자가에 못 박으시고 통치자들과 권세들을 무력화하여 드러내어 구경거리로 삼으시고 십자가로 그들을 이기셨느니라.

(골 2:13-15)

사도 바울은 예수님의 죽음에 대반전이 일어났음을 암시했다. 왕 중 왕 예수님은 무력하여 인간은커녕 자신도 구할 수 없을 것 같았다. 사탄이 손쉽게 승리한 듯했다. 하지만 그 승리는 짧았고, 악인들의 축제는 예수님의 부활로 중단되었으며, 온 세상에 퍼진 소망에 수치는 정복당했다.

사도 바울은 승리의 노래를 불렀다. 악이 멸시와 조롱으로 수치를 겪게 되었다. 겸손한 예수님이 이루신 구속의 역사로 패배당한 것이다. 십자기의 수치와 모욕을 견디셨던 예수님은 그것을 비웃으셨다. 하나님 아버지를 불신하지 않음으로 예수님은 수치를 수치스럽게 하셨다. 결국 하나님 아버지에 대한 예수님의 순종이 악의 왕국을 산산이 무너뜨렸다. 사탄은 할 수 있는 모든 힘을 동원해 가장 악랄한 경멸과 조롱으로 맹공을 퍼부었지만 예수님은 하나님 아버지를 끝까지 신뢰하셨다. 이사야 선지자가 고난받는 종을 어떻게 그리고 있는지 보자.

> 나를 때리는 자들에게 내 등을 맡기며
> 나의 수염을 뽑는 자들에게 나의 뺨을 맡기며
> 모욕과 침 뱉음을 당하여도 내 얼굴을 가리지 아니하였느니라.
> 주 여호와께서 나를 도우시므로
> 내가 부끄러워하지 아니하고
> 내 얼굴을 부싯돌같이 굳게 하였으므로
> 내가 수치를 당하지 아니할 줄 아노라.
> 나를 의롭다 하시는 이가 가까이 계시니
> 나와 다툴 자가 누구냐, 나와 함께 설지어다.
> 나의 대적이 누구냐, 내게 가까이 나아올지어다.
>
> (사 50:6-8)

고난받는 종은 숨지 않으셨다. 자신을 핍박하는 자들에게 보복하지도 않으셨다. 도와주실 분에게 자신을 맡기고 자기 앞에 놓인 사명을 담담히 완수하셨다. 따라서 수치와 모욕에 대한 위협마저 조롱할 수 있었다. "비방자여, 와서 나를 공격해 보라! 나를 마주보고 있는 힘껏 때려 보라. 네가 아무리 비방해도 나를 변호해 줄 분이 계시니 너의 공격은 아무런 위력이 없을 것이다!"

예수님은 위안이나 능력을 얻기 위해 다른 신에게 손을 벌리지 않으셨다. 그러므로 수치를 두려워할 아무런 이유가 없었다.

우상숭배가 드러나는 것이 곧 수치라면 수치라는 무력한 것에 굴복하지 말고 참 하나님을 신뢰하며 원수의 맹렬한 공격과 조롱과 굴욕을 견디는 것이 마땅하다.

수치의 파괴력에 굴복하지 않는 길은 무엇일까? 수치에 얽매이지 않고 마음껏 악과 죽음을 조롱할 수 있는 방법은 무엇일까?

수치 안에 있는 자유

우리가 이 세상을 사는 동안 수치에서 완전히 벗어나기는 불가능하다. 성경에서는 수치심이 없는 자를 거만하며 하나님이 미워하시는 자라고 말한다.[2] 다른 부정적인 감정들과 마찬가지로 수치 역시 간단하게 해결하거나 치유할 수 있는 감정이 아니다. 하지만 수치를 통해 배울 것은 있다.

우상을 만들고 싶은 유혹에 계속 걸려드는 한 수치심은 우리를 떠나지 않을 것이다. 수치심을 경험하면 거기서 교훈을 얻어야 한다. 하나님이 아닌 우상에게 절하고 싶은 충동이 느껴질 때마다 한 가지를 명심하면 우상이 아닌 하나님을 예배할 수 있다. 수치심이 들면 자아에 몰입하지 말고 슬픔을 느끼는 것이다. 끊임없는 우상숭배로 영혼이 상한 자신이 서글퍼질 때 우리는 수치심이라는 지독한 자의식에서 벗어날 수 있다.

수치심은 우리의 추함을 드러내는 동시에 우리를 사탄의 공격과 조롱에 노출시킨다. 반면에 슬픔은 우리를 구원에 대한 열망으로 인도해 준다. 그리고 그 구원은 언제나 우리 자신이 아닌 외부에서 온다. 우리를 구원으로 이끄는 슬픔은 소망을 풍성하게 한다. 수치심이 우리의 치부를 드러낼 때 자신을 보호하려는 충동에서 벗어나 우리를 보호하고 방어해 주시는 하나님께 소망을 두어야 한다.

확신에 찬 소망은 감사의 마음을 키운다. 수치심으로 인해 생겨난 분노와 자기 혐오를 감사의 빛이 녹인다. 슬픔과 소망이 하나님을 예배하게 만들고, 예배는 다시 하나님의 선하심을 감사하게 만든다.

수치심의 위력을 무너뜨리는 것은 오직 겸손(슬픔)과 소망(확신)과 감사(예배)밖에 없다.

겸손 안에 있는 자유: 구속에 대한 갈망

"여호와여 나의 영혼이 주를 우러러보나이다"(시 25:1). 겸손이란 자신이 절하던 모든 우상들이 헛되고 쓸모없다는 사실을 인정하는 것이다. 우상은 아무런 의미도 없는 한심한 속임에 불과하다. 우상숭배(일시적일지라도)를 깨닫고 뉘우치는 사람에게 수치심은 위력을 발휘하지 못한다. 수치심에 휘둘리지 않았던 한 남자의 이야기를 들어 보자.

> 세리는 멀리 서서 감히 눈을 들어 하늘을 쳐다보지도 못하고 다만 가슴을 치며 이르되 하나님이여 불쌍히 여기소서 나는 죄인이로소이다 하였느니라. 내가 너희에게 이르노니 이에 저 바리새인이 아니고 이 사람이 의롭다 하심을 받고 그의 집으로 내려갔느니라. 무릇 자기를 높이는 자는 낮아지고 자기를 낮추는 자는 높아지리라 하시니라.
>
> (눅 18:13-14)

세리는 자신에게 몰두하지 않았다. 남이 어떻게 보는지 조롱하지 않는지 상관하지도 않았다. 그에게는 영혼이라는 더 깊은 문제가 중요했다.

겸손한 사람은 하나님께 부르짖는다. 은혜를 받을 자격이 없지만 은혜가 필요하며 슬픔 속에 있는 자신의 처지를 인식하기 때문이다. 성경적인 겸손은 슬픔을 빼놓을 수가 없다. 슬픔은 자기 몰입의 소음을 차단하는 갈망의 울부짖음이다. 용서와 구원과 화해는 우리가 가장 원하는 것이며 어떤 우상도 줄 수 없는 것이다. 슬픔은 용서와 구원과 화해에 대한 갈망을 더욱 간절하게 만든다.

나는(대) 평생을 권력의 환상에 사로잡혀 살았던 남자와 상담한 적이 있다. 그는 부유했고 외모도 출중했고 주위 사람들의 부러움을 한 몸에 받는 사람이었다. 하지만 상류층에 속했다고 해서 가정 문제가 없는 것은 아니었다. 그의 삶은 딸의 자살로 한순간에 무너져 내렸다. 그는 슬픔에서 헤어나지 못했다. 권력과 돈을 장악했지만 공허하고 무의미해 보였다. 슬픔이 그의 단단한 마음을 녹여서 하나님의 생명수가 흘러 들어가게 했던 것이다. 그는 비로소 죄를 자각하고 용서의 은혜를 체험할 수 있었다.

슬픔은 어디서 생명을 찾을 수 있는지를 깨닫게 해준다. 누구에게 혹은 무엇에게 우리의 영혼을 맡겨야 하는가? 사람들은 죄를 용서받고 영생을 얻기 위해 그리스도를 믿지만 실제로는 자신의 힘을 믿으며 허상의 도피처에서 살아가는 경우가 많다. 구원의 열매가 맺히는 곳은 깨지고 상한 마음이다. 우리는 죄인이고 원수와 싸울 능력이 없으며 하나님 앞에 의롭게 설 수 없다는 사실을 인정한다면, 우리 마음은 깨진 것이나.

수치의 해독제는 바로 깨진 마음이다. 선행과 자존심을 내세워서는 절대로 수치의 위력에서 벗어날 수 없다. 즉 수치로 인해 드러난 우상숭배를 슬퍼하고 애통할 때 수치에서 벗어날 수 있다. 수치의 수평적 원인(딸에게 부딪힌 것)에 집착하지 않고 우상숭배(다른 사람에게 해를 주지 않고 힘을 조절할 수 있다는 어리석은 자신감)의 비극적 결과를 직시할 때 우리는 애통하며 회개할 수 있다.

슬픔은 우리가 거역했던 하나님께로 마음을 돌리게 만들고 감히 바랄 자격조차 없는 하나님과의 관계 회복을 갈망하게 한다. 슬픔과 회개의 필요성을 무시한 채 수치심만 해결하려고 한다면 은혜 가운데서 자신감을 되찾기는커녕 자기 몰입에서 헤어나지 못할 것이다.

소망으로 인한 자유: 옹호자를 신뢰함

여호와여 나의 영혼이 주를 우러러보나이다.
나의 하나님이여 내가 주께 의지하였사오니
나를 부끄럽지 않게 하시고
나의 원수들이 나를 이겨 개가를 부르지 못하게 하소서.
주를 바라는 자들은 수치를 당하지 아니하려니와
까닭 없이 속이는 자들은 수치를 당하리이다.
(시 25:1-3)

우리 안에는 어떤 우상도 채울 수 없는 깊은 갈망이 있다. 슬픔을 느낄 때 그 사실을 깨닫게 되지만 슬픔이 모든 문제를 해결해 주지는 못한다. 두려워 도망치지 않으려면 우리를 옹호하시는 하나님을 신뢰해야 한다.

한 아이가 동네 형들과 싸움을 했다. 얼굴은 흙 범벅이 되었고 형들은 그를 놀리며 비웃었다. 형들이 자리를 떠나자 정신을 차린 소년이 형들의 등에 대고 소리쳤다. "가지 말고 기다려! 우리 형이 오면 다 일러 줄 거야!

형이 오면 혼날 줄 알아." 소년은 상처난 마음을 달래 줄 옹호자를 기다리고 있었다.

옹호자를 신뢰하는 사람은 수치를 이겨 낼 수 있다. 그 순간의 무력한 상황에서 자신을 건져 줄, 사랑과 힘이 있는 옹호자를 기대할 수 있기 때문이다.

소망은 과거와 미래에서 빌려 온 융자금이다. 그것으로 우리는 현재의 빚을 갚아 나간다. 우리의 신앙은 예수님의 죽음과 부활이라는 과거에 뿌리를 두고 있다. 그러나 우리의 소망은 미래 지향적이다. 예수님의 영광스러운 재림, 사망의 죽음, 수치의 소멸, 하나님 백성의 구원이 이루어지는 미래가 우리 소망의 근원이다. 원수에게 멸시와 경멸을 당하더라도 궁극적인 구원을 믿는다면 우리는 수치와 직면해서 수치를 조롱하고 비웃을 수 있다.

우상숭배가 폭로되는 수치를 겪을 때 사탄은 그 기회를 틈타 우리 마음을 괴롭히고 비방을 퍼붓는다. 수치를 느낄 때의 치욕은, 우리는 혼자이며 하나님의 은혜를 받기에는 너무 흠이 많다고 우리를 속이는 원수의 속삭임과 같다.

내가(댄) 존경하는 한 사람은 가끔씩 동성애 충동이 일어나 괴로워했다. 그는 성실한 남편이고 가장이며 유능한 목회자였다. 교인 중 어느 누구도 그가 그런 문제로 괴로워하리라고는 상상도 하지 못했다. 그가 고민을 솔직하게 털어놓는다면 당장 교회에서 파면당했을 것이다. 그는 말 못할 고민을 안은 채 수십 년간 괴롭게 지냈다.

오랜 세월 그는 자신의 영혼을 얽매고 있는 여러 가지 우상을 직면했다. 심사숙고 끝에 그는 아내와 가까운 친구 몇 사람에게 자신의 고민을 조심스럽게 이야기했다. 결국 그동안의 말 못할 수치심은 애통과 탄식으로 무너져 내렸고 공허했던 마음은 옹호자 되시는 성령으로 충만해졌다.

그가 교회에서 설교할 때 사탄의 조롱소리가 쟁쟁했던 적이 많았다고 한다. "이 더러운 놈아! 너는 하나님의 말씀을 거론할 자격도 없어. 시끄러워, 이 추잡한 동성애자야!" 그의 번민을 안타까워하면서도 목회가 그의 사명이라고 믿은 가까운 친구들, 그리고 그의 옹호자 되시는 성령님 덕분에 그는 충실하게 목회자의 길을 가기로 마음을 다잡을 수 있었다. 그는 결코 혼자가 아니었다. 더 이상 말 못할 고민 속에서 수치심에 짓눌릴 필요가 없었다.

성경은 우리를 다음과 같이 안심시킨다. "그러므로 이제 그리스도 예수 안에 있는 자에게는 결코 정죄함이 없나니"(롬 8:1). 우리는 소망 가운데서 하나님의 다정한 속삼임을 들어야 한다. "나는 너를 사랑한다. 너는 진리대로 살아야 할 사람이다. 이것을 끝까지 신뢰해라. 너는 내 것이다."

그 목사는 지금도 가끔씩 성적 상상과 씨름하고 있다. 그러나 천국의 소망은 수치의 결박을 끊어 준다는 사실을 믿고 있다. 비록 지금은 흠이 있을지라도 언젠가 변화될 것이라는 소망이 그에게 새 힘을 주고 있다. 그는 영광의 그날을 고대한다. 온전히 순결한 기쁨을 만끽할 그날이 오면 정욕이라는 우상은 무기력해질 것이고 그를 비방했던 원수의 눈을 똑바로 쳐다보면서 "나를 의롭다 하시는 이가 가까이 계시니 나와 다툴 자가 누구냐, 나와 함께 설지어다. 나의 대적이 누구냐, 내게 가까이 나올지어다" 하고 큰소리칠 수 있을 것이다(사 50:8). 그는 소망으로 수치를 수치스럽게 만들었고, 감사와 경외가 가득 찬 예배를 올릴 수 있게 되었다.

감사로 인한 자유: 예배의 경이로움

여호와여 주의 긍휼하심과 인자하심이 영원부터 있었사오니

주여 이것들을 기억하옵소서.

여호와여 내 젊은 시절의 죄와 허물을 기억하지 마시고

주의 인자하심을 따라 주께서 나를 기억하시되

주의 선하심으로 하옵소서.

(시 25:6-7)

슬픔과 애통으로 회개하는 마음이 일어나면 오래 빠져 있었던 파괴적 자아 몰입에서 벗어나게 된다. 자신을 옹호해 줄 하나님께 소망을 두기 때문에 자신감이 생기고, 그 자신감은 수치심과의 두려운 싸움을 그치게 한다. 감사하는 마음 역시 수치심으로 인한 자기혐오를 누그러뜨린다.

수치심에 휩싸인 사람은 지옥 같은 외로움을 견디느니 차라리 존재하지 않기를 더 원하게 된다. 존엄성을 마지막 한 가닥이라도 지켜 보려는 영혼의 자살인 셈이다.

증오는 피투성이가 된 영혼에 아무도 다가오지 못하게 하는 악의에 찬 불량배와 같다. 그만큼 증오는 잔인하고 비열하고 적대적이다. 증오에 찬 사람은 상대를 도망가거나 싸우게 만든다. 그러나 도망가든 싸우든 그이 증오를 부채질할 뿐이다. 증오는 결국 자신을 구원하실 하나님께 간구하기를 거부하는 잘못된 방어다.

그런 방어를 해제할 수 있는 길은 증오에 찬 사람을 두려워하지도 않고 비난하지도 않는 선량함으로 맞서는 것이다. 증오하는 자가 진정으로 원

하는 것, 즉 용서와 화해를 베풀어 주면 된다. 감사하는 마음은 수치심으로 인한 자기 혐오를 누그러뜨리는 법이다.

30년 전쯤에 트렘퍼가 한 불량소년에게 그런 은혜를 베푼 일이 있었다. 트렘퍼와 내가(댄) 처음 만난 것은 중학교 음악 수업 시간이었다. 나는 불량소년이었다. 보이스카우트 책임자와 캠프 상담자에게 몇 년간 성적 학대를 당한 나는 뼛속까지 분노와 증오로 가득 차 있었다.

음악 수업을 듣고 있는데 갑자기 트렘퍼가 손으로 내 어깨를 두드리더니 머리빗을 빌려 줄 수 있느냐고 물었다. 못된 아이였던 나는 트렘퍼의 멱살을 잡고 책상 밑으로 밀쳐 버렸다.

그 상황에서 트렘퍼는 웃었다. 그렇게 당황스러운 일은 처음이었다. 당시에 나는 몸집이 크고 난폭한 미식축구 선수였으며 자신에 대한 혐오를 감추기 위해 협박을 일삼던 평판 안 좋은 아이였다. 그런데 트렘퍼는 아무런 악의나 저항 없이 그저 웃었다. 그 웃음에 내 마음이 순식간에 녹아 내렸다. 그때부터 우리는 가장 가까운(내가 느끼기에) 친구가 되었다. 트렘퍼와의 우정으로 나는 나를 향한 하나님의 사랑을 알았고 복음을 받아들이게 되었다.

얼마든지 공격하거나 질려서 도망갈 수 있는 상황에서 사랑으로 반응할 때 우리 안에 감사의 마음이 일어난다. 사도 바울은 하나님의 인자하심이 우리를 회개로 인도한다고 했다(롬 2:4). 은혜를 받는 순간에 우리의 마음에는 감사가 우러나온다. 그것은 감동과 아이러니로 가득한 감사의 찬양이다. 우리 마음이 이토록 흉악하고 완고한데 어떻게 우리에게 은혜를 베푸실 수 있는가? 말도 안 되는 일이다. 그것은 참으로 생각지도 못한, 심금을 울리는 일이다.

감사하는 마음으로 가득한 사람에게 수치심은 아무런 위력도 발휘하지 못한다. 순수한 욕구, 겸손한 애통, 견고한 소망, 하나님의 선하심을 높이는 감사의 찬양 앞에서 증오는 발붙일 곳을 찾지 못한다.

많은 시편을 지은 다윗은 수치심에서 벗어난 사람이 어떻게 예배드리는지를 보여 주었다. 이스라엘의 언약궤는 하나님의 임재를 상징했다. 그 언약궤가 하나님의 백성 가운데로 들어올 때 다윗은 하나님의 임재 안에 있도록 선택받은 것이 기뻐서 찬양을 부르고 춤을 추면서 하나님을 경배했다.

다윗이 여호와 앞에서 힘을 다하여 춤을 추는데 그때에 다윗이 베 에봇을 입었더라. 다윗과 온 이스라엘 족속이 즐거이 환호하며 나팔을 불고 여호와의 궤를 메어 오니라. 여호와의 궤가 다윗 성으로 들어올 때에 사울의 딸 미갈이 창으로 내다보다가 다윗 왕이 여호와 앞에서 뛰놀며 춤추는 것을 보고 심중에 그를 업신여기니라.…

다윗이 자기의 가족에게 축복하러 돌아오매 사울의 딸 미갈이 나와서 다윗을 맞으며 이르되, 이스라엘 왕이 오늘 어떻게 영화로우신지 방탕한 자가 염치없이 자기의 몸을 드러내는 것처럼 오늘 그의 신복의 계집종의 눈 앞에서 몸을 드러내셨도다 하니, 다윗이 미갈에게 이르되, 이는 여호와 앞에서 한 것이니라 그가 네 아버지와 그의 온 집을 버리시고 나를 택하사 나를 여호와의 백성 이스라엘의 주권자로 삼으셨으니 내가 여호와 앞에서 뛰놀리라 내가 이보다 더 낮아져서 스스로 천하게 보일지라도 네가 말한 바 계집종에게는 내가 높임을 받으리라 한지라.

(삼하 6:14-16, 20-22)

미갈은 백성 중 가장 미천한 계집종까지 그의 벗은 몸과 열광적인 예배 모습을 보았을 것이라며 다윗에게 면박을 주었다. 그 말에 다윗은 자신이 이스라엘 백성의 주관자로 선택받은 은혜를 거론했다. 얼마든지 심한 감정 싸움으로 발전할 수 있는 상황이었지만 기쁨으로 하나님을 예배하는 사람에게 수치의 위협은 전혀 두려울 것이 아니었다.

감사에 찬 예배는 자신의 죄가 아니라 하나님이 부어 주신 자비와 숨은 은혜들을 기억하는 데서 시작된다. 감사하는 사람은 자신을 증오하거나 자기 파괴에 관여하지 않는다. 반면에 자신을 증오하는 사람은 수치심의 요인이라고 생각하는 대상, 즉 자신을 멸절하려고 한다. 하나님을 예배하는 사람은 수치심의 요인인 우상숭배의 죄를 용서받았다는 사실을 받아들인다. 하나님의 은혜가 찬란한 무지개처럼 우리 가운데 빛나고 있는데 자신을, 혹은 타인을 맹렬하게 증오할 이유가 있겠는가?

하나님을 예배하면서 우리는 자신이 용서받은 사실을 확인하게 되고 죄가 노출될까 하는 두려움에서 자유로워진다. 예배가 우리를 자유로 이끄는 것이다. 또한 예배는 우리를 섬김으로 이끌어 우리는 악을 수치스럽게 하시는 하나님의 일에도 동참할 수 있다.

섬기는 자유

하나님은 반어법을 쓰시는 분이다. 그분은 교만한 사람의 콧대를 납작하게 꺾어 놓기를 좋아하신다. 하나님은 자신의 아들을 수치스럽게 태어나 수치스럽게 살게 하셨으며 가장 수치스러운 방법으로 죽게 하셨다. 수치는 사탄이 하나님을 대적할 때 사용하는 가장 강력한 무기다. 하지만 하나님은 그 무기를 사탄을 조롱하고 멸망시키는 데 역이용하셨다.

그분은 우리도 똑같이 하기를 원하신다. 우리는 사탄의 무기로 사탄을 멸망시키는 하나님의 역설에 동참한다. "그러나 하나님께서 세상의 미련한 것들을 택하사 지혜 있는 자들을 부끄럽게 하려 하시고 세상의 약한 것들을 택하사 강한 것들을 부끄럽게 하려 하시며"(고전 1:27).

우리는 연약함의 아름다움을 드러냄으로써 세상을 수치스럽게 만든다. 바로 이것이 하나님의 능력이 드러나는 역설적인 기반이다. 우리의 미련함을 기뻐하는 것은 하나님의 지혜가 세상의 지혜 있는 자들을 부끄럽게 하기 때문이다.

사람들에게 수치는 원수와 다름없다. 그러나 하나님의 사람들에게 수치는 친구다. 우리의 우상숭배를 드러나게 하고 십자가의 경이로움에 다가서게 하며 악을 조롱하는 무기가 되기 때문이다. 수치와 우정을 나눔으로써 우리는 사랑으로 세상을 경악하게 만들 것이다. 또한 하나님의 사랑으로 서로를 사랑할 수 있게 될 것이다.

수치심이 그 독기를 상실하면 우리는 스스로 쌓은 자신만의 도성을 버리고 소망에 찬 하나님의 도성으로 과감히 들어갈 수 있다. 모욕을 감수하고 안전을 포기하면서 앞으로 다가올 날들을 소망하면 온 힘으로 하나님을 찬양하고 선을 도모하며 하나님을 기쁘시게 하게 될 것이다.

> 그런즉 우리도 그의 치욕을 짊어지고 영문 밖으로 그에게 나아가자. 우리가 여기에는 영구한 도성이 없으므로 장차 올 것을 찾나니 그러므로 우리는 예수로 말미암아 항상 찬송의 제사를 하나님께 드리자. 이는 그 이름을 증언하는 입술의 열매니라. 오직 선을 행함과 서로 나누어 주기를 잊지 말라. 하나님은 이같

은 제사를 기뻐하시느니라.

(히 13:13-16)

하나님은 역설적인 것을 좋아하신다. 예수님이 십자가 위에서 수치를 당하심으로 악을 조롱거리로 만드신 것처럼 수치를 두려워하는 세상을 놀라게 하기 위해 하나님은 우리도 수치를 참고 견디기를 원하신다.

우리 안에 어떤 감정들이 숨어 있는지를 파악하기 위해서는 먼저 우리가 경배하는 하나님이 어떤 분인지를 알아야 한다. 우리가 섬기는 하나님은 어떤 분이신가? 어떤 분이기에 인간의 모든 부정적인 감정들을 자신에게로 향하게 하시는가? 분노, 두려움, 질투, 절망, 경멸, 수치로 괴로워하는 중에 얼핏 하나님을 경험한 사람이라면 하나님이 어떤 분인지, 우리의 삶에서 어떻게 일하시는지 그 비밀이 궁금해서 견딜 수 없을 것이다.

16
하나님의 신비

우리가 부정적인 감정들과 씨름하고 있을 때 흐릿하고 온전치 않지만 그래도 어렴풋이나마 하나님을 알 수 있도록 하셨다는 사실이 놀랍지 않은가! 분노로 인한 두려움, 질투로 인한 절망, 경멸로 인한 수치를 인식하고 극복하기 위해 노력을 기울일 때 하나님의 마음을 알 수 있는 새로운 길이 우리에게 열린다.

인간의 감정을 예리한 통찰력으로 파헤친 성경, 그중에서도 특히 시편은 인간의 감정이 죄로 인해 뒤틀리기는 했어도 하나님의 성품을 반영하는 거울이라고 말한다. 분노는 하나님이 죄를 미워하시는 모습을 반영하고, 질투는 자신의 백성에 대한 열렬한 사랑을 반영하며, 경멸은 하나님이 악을 조롱하시는 당당한 모습을 반영한다. 마찬가지로 두려움과 절망과 수치는 십자가 처형이라는 끔찍한 공포와 인간 타락의 결과를 달게 받으시려는 성육신의 열정을 보여 준다.

하나님은 우리가 다 알 수 없는 분이지만 그분의 목적과 의도는 언제나 선하고 진실하다. 이 장에서는 우리 삶에서 일하시는 하나님의 신비로운 방식을 살펴볼 것이다. 그리고 마지막 장에서는 우리를 향한 하나님의 선하심에 초점을 맞추고자 한다.

예측 불가능한 하나님

하나님은 예측 불가능한 분이다. 우리의 미래에 관해서도, 주님의 재림에 관해서도 우리가 미리 아는 것을 허용하지 않으신다. 아무리 인생을 오래 살아도 "하나님이 무엇을 하실지 알겠어. 그 뜻을 어떻게 이루실지 뻔히 보여"라고 말할 수 있는 사람은 없다. 우리는 그저 하나님의 신비로운 역사를 지켜보고 동참하고 감탄할 뿐이다.

내가(댄) 어느 교회에서 성적 학대에 관한 세미나를 열었을 때였다. 마침 한 친구가 그 세미나에 참석했다. 세미나 내용으로 마음이 심란해진 그는 혼자 교회 주차장을 산책하면서 깊은 생각에 잠겼다. 그러다 철탑 밑에 앉아서 하나님께 이렇게 질문했다. "하나님, 대체 어디에 계십니까? 배신당하고 학대당한 사람들을 위해 왜 아무것도 하지 않으십니까?" 그는 너무도 외로웠다. 하나님이 다가오셔서 그를 위로하고 사랑으로 감싸 주시기를 간절히 바라고 있었다.

그때, 바로 앞에 작은 새 한 마리가 눈에 띄었다. 마음이 상했던 참에 그는 속으로 빈정거렸다. '흥, 어쩌면 내 마음을 위로해 주라고 하나님이 저 새를 대신 보내셨는지도 모르겠군.' 그 순간 두리틀(Doolittle) 박사가 동물과 대화하는 장면이 생각났다. 성경에서 엘리야를 먹여 살린 것도 새들이 아니었던가! 그는 다른 쪽으로 시선을 돌렸다.

그런데 놀라운 일이 일어났다. 그 새가 천천히 그가 앉아 있는 곳으로 다가오더니 그의 손 위로 폴짝 뛰어오르는 것이 아닌가! 그는 깜짝 놀랐다. 하지만 이상하게 기분이 좋았고 마치 하나님이 자기 곁에 다가오시는 것 같았다.

손 위에 올라온 작은 새는 눈 깜짝할 사이에 똥을 싸고는 허공으로 날아가 버렸다. 그의 손은 묽고 더러운 허연 새똥으로 범벅이 되었다. 그런데 다른 한쪽 손이 갑자기 불이라도 붙은 듯이 화끈거렸다. 붉은 개미들이 손을 뒤덮고 있었다. 그는 재빨리 손을 흔들어 개미들을 떨어냈다.

개미들을 다 떨어내고 나니 그야말로 가관이었다. 손은 퉁퉁 부어오르고, 옷은 새똥으로 엉망이 되고, 온몸은 땀으로 흠뻑 젖어 있었다.

그는 멍하니 철탑 밑에 앉아 있었다. 하나님의 위로를 바랐건만 그에게 돌아온 것은 마치 하나님이 지휘하신 듯한 자연의 공격이었다. 얼떨떨한 기분으로 한동안 멍하니 앉아 있던 그는 슬그머니 웃음이 나왔다.

"제가 웃었던 이유는 그날 벌어진 일보다 하나님이 제 기도에 응답하신 방식이 재미있어서였습니다. 저는 위로가 필요하다고 생각하고 있었거든요. 그런데 제가 정말 원한 것은 하나님의 위로가 아니었던 것 같아요. 하나님이 저를, 인생을 당당히 헤쳐 나갈 수 있는 어른이 아니고 돌봄이 필요한 어린아이로 알아 주시기를 바랐던 거지요. 감사하게도 하나님은 제 마음을 알아 주셨어요. 그리고 아주 정중하게 응답해 주셨지요. 희한히게도 그 순간에 마음이 가벼워지면서 다시 일상에 부딪쳐 볼 용기가 나더라고요."

하나님은 우리가 필요하다고 생각하는 것이 아니라 실제로 절실하게 필요한 것을 주신다. 그래서 그분은 더 불가사의하게 여겨진다. 하나님은 역설적인 방법을 즐겨 사용하신다. 우리를 어둠 속에 들어가게 하시고 끔찍한 상황 속에서 하나님의 빛과 선하심을 보여 주신다.

하나님의 방법은 실로 신비롭기 그지없다. 이 세상의 수평적 상황을 이용해서 하나님에 대한 수직적 의문을 이끌어 내시는 그분은 영원한 모략가이시다. 우리가 품는 의문들은 하나님이 어떤 분인지를 알게 하고 그분을 신뢰하게 만든다. 의문을 품지 않는 사람에게는 쉽게 일어날 수 없는 일이다.

하나님이 사용하시는 방법

하나님은 자신의 영광을 우리에게 보여 주고 싶어 하신다. 그러나 우리가 진토에 불과한 존재임을 또한 잘 알고 계신다. 우리를 가만히 내버려 두면 그분의 영광을 반영하기보다 우리 자신을 위해 그분의 영광을 빼앗는다는 사실도 알고 계신다. 변화받기 위해서는 무엇보다 근본적인 마음가짐부터 고쳐야 한다. 하나님의 영광을 빼앗는 것은 기분 좋고 당연한 일이 아니라 해롭고 수치스런 일임을 알아야 한다.

죽음의 길은 끔찍하고 생명의 길은 영광스럽다는 사실을 하나님은 어떻게 깨닫게 하시는가? 시편 기자는 이렇게 말했다. "고난당하기 전에는 내가 그릇 행하였더니 이제는 주의 말씀을 지키나이다"(시 119:67). 하나님이 사용하시는 신비한 방법 중 하나는 바로 고난이라는 방법이다. 고난과 역경은 우리의 마음을 변화시킨다.

구원을 위한 고난

하나님은 고의로 우리를 아프게 하신다. 그렇다고 우리가 겪는 모든 고통과 어려움이 하나님이 주시는 것은 아니다. 사탄은 우리를 파멸시키려고 노리고 있다. 하지만 고난이 하나님의 목적에 어긋난다거나 하나님의 뜻을 방해한다는 생각은 신학적으로 옳지 않다.

자녀의 죽음은 하나님이 내리신 벌일까? 아닐 가능성이 높다. 사탄이 한 짓일까? 그럴지도 모른다. 하나님이나 사탄의 직접적인 공격이 아니라 질병과 사고가 만연한 타락한 세상에 살기 때문에 일어난 결과가 아닐까? 그럴 가능성이 가장 높다. 하지만 그 원인이 무엇인지와 상관없이 하나님의 주권을 전제로 볼 때 모든 고난은 더 크고 위대한 목적에 맞추어져 있다고 단언할 수 있다.

사탄에 의해 고난받을 수도 있지만, 구원을 목적으로 하나님이 고난을 이용하시는 경우도 있다. 어떤 고난이든 고난은 우리를 하나님과 씨름하게 만든다. 그리고 하나님과의 씨름은 조금이나마 그분의 성품을 깨닫게 하고 십자가의 역설적인 면을 알게 해준다. 결국 우리의 마음을 변화시키는 것은 예수님의 고난과 부활이다.

고난 속에서 하나님과 씨름했던 시편 기자의 부르짖음을 들어 보자.

만군의 하나님 여호와여
주의 백성의 기도에 대하여 어느 때까지 노하시리이까.
주께서 그들에게 눈물의 양식을 먹이시며
많은 눈물을 마시게 하셨나이다.
우리를 우리 이웃에게 다툼거리가 되게 하시니

우리 원수들이 서로 비웃나이다.

(시 80:4-6)

시편 기자는 슬픔을 먹고 마셔야 하는 상황에 처해 있었다. 고통의 원인은 하나님이 아니라 이웃과 원수들의 조롱이었다. 그러나 그 모든 고통의 '배후'에는 하나님이 계셨다. 하나님이 고통의 형태를 빚으시고 그 방향을 지휘하셨다.

이스라엘 백성은 하나님이 애굽 땅에서 캐 온 포도나무라고 시편 기자는 비유했다(시 8:8 이하). 하나님은 자신의 백성을 약속의 땅에 옮겨 심기 위해 그 땅의 포도밭을 개간하고 가꾸셨다. 그런 보살핌을 생각하면서 시편 기자는 하나님께 물었다. "주께서 어찌하여 그 담을 허시사 길을 지나가는 모든 이들이 그것을 따게 하셨나이까"(시 80:12). 포도나무를 심고 돌보시던 하나님이 왜 이제는 나무가 베이고 불타도록 두시는가?

우리가 하나님의 선하심을 인정하기까지는 수많은 의심과 혼란과 심지어 근본적인 고민을 거쳐야 한다. 그런 씨름 없이 순종은 불가능하다. 물론 씨름을 예찬하는 것은 아니지만 그것은 분명 하나님이 일으키시는 일이기에 필수적인 한 과정이라고 말할 수 있다.

우리가 하나님과 씨름하는 이유는 하나님이 말씀해 주시기를 바랐는데 왜 침묵하셨는지, 보호해 주시길 바랐는데 왜 가만히 보고 계셨는지, 위로를 바랐는데 왜 냉정하게 대하셨는지 알고 싶기 때문이다. 하나님이 역사하시는 방법은 우리의 예상을 완전히 빗나갈 때가 있다. 그분의 역사는 불가사의하나. 부정적인 감정들을 토대로 볼 때 하나님이 자신의 영광을 위해 우리를 상대로 주로 사용하시는 방법은 침묵, 외면, 공격이다.

하나님의 침묵

하나님이여 내 기도에 귀를 기울이시고

내가 간구할 때에 숨지 마소서.

내게 굽히사 응답하소서.

내가 근심으로 편하지 못하여 탄식하오니

이는 원수의 소리와 악인의 압제 때문이라.

그들이 죄악을 내게 더하며 노하여 나를 핍박하나이다.

(시 55:1-3)

침묵은 상대를 미치게 한다. 예수님이 빌라도의 질문에 아무런 대답도 하지 않으시자 빌라도는 화가 나서 어쩔 줄 몰랐다. 침묵은 대답을 요구하는 상대를 당황하게 하고 무력하게 만들고 궁지로 몰아넣는다.

예전에 내가(때) 고용했던 한 직원은 뭔가를 지시할 때마다 손에 낀 반지를 빙빙 돌리면서 창 밖을 쳐다보는 버릇이 있었다. 멍한 얼굴로 창 밖과 나를 번갈아 보면서 내가 묻는 말에는 아무런 대답도 하지 않았다. 그러고는 전화를 받거나 내 질문과 상관없는 사람들과 이야기를 하다가 얼마간 시간이 지나고 나면 그제야 나를 보면서 "아까 뭐라고 말씀하셨죠?"라고 되물었다.

그럴 때는 소리를 지르거나 애원이라도 하고 싶었다. 나 자신이 한심할 정도로 무력하게 느껴졌다. 그에게 꼭 부탁할 것이 있으면서도 한편으로는 요구하기가 주저되었다.

시편 39편에서 다윗은 그와 비슷한 감정을 느낀다고 하나님께 토로했다. 무엇 때문인지는 밝히지 않았지만 다윗은 무력감과 당혹감을 느끼고 있었다. 자신을 그만 때리라고 소리 지르고 싶은 마음과 자신의 말을 외면하지 말고 들어 달라고 애원하고 싶은 마음, 그리고 하나님과 말도 하지 않고 도망가고 싶은 마음 사이에서 다윗은 갈등하고 있었다.

> 내가 말하기를 나의 행위를 조심하여 내 혀로 범죄하지 아니하리니
> 악인이 내 앞에 있을 때에 내가 내 입에 재갈을 먹이리라 하였도다.
> 내가 잠잠하여 선한 말도 하지 아니하니
> 나의 근심이 더 심하도다.
> 내 마음이 내 속에서 뜨거워서 작은 소리로 읊조릴 때에
> 불이 붙으니 나의 혀로 말하기를,
> 여호와여 나의 종말과 연한이 언제까지인지 알게 하사
> 내가 나의 연약함을 알게 하소서,
> 주께서 나의 날을 한 뼘 길이만큼 되게 하시매
> 나의 일생이 주 앞에는 없는 것 같사오니
> 사람은 그가 든든히 서 있는 때에도
> 진실로 모두가 허사뿐이니이다. (셀라)
>
> (시 39:1-5)

다윗은 되도록 말을 아끼고 싶었다. 좋은 말도 그를 곤경에 빠뜨릴 수 있기 때문이었다. 다윗이 그렇게 화가 난 것은 하나님이 하신 일 때문이라고 했다. "내가 잠잠하고 입을 열지 아니함은 주께서 이를 행하신 까닭이니이다"(9절). 가혹할 정도로 엄격하게 자신을 징계하는 하나님을 향해 다윗은 크게 분노하고 있었다.

다윗에게는 참으로 곤혹스러운 상황이었다. 무슨 말을 하면 더 깊은 곤경에 빠질 것이고 아무 말도 하지 않으면 괴로워 미칠 것만 같았다. 하나님의 침묵은 그를 진퇴양난에 빠뜨렸다. 그 상황에서 유일한 희망은 자신에게 닥친 비극을 받아들이고 인생이 짧고 허무함을 깨닫는 것뿐이었다.

> 진실로 각 사람은 그림자같이 다니고 헛된 일로 소란하며
> 재물을 쌓으나 누가 거둘든지 알지 못하나이다.
> 주여 이제 내가 무엇을 바라리요,
> 나의 소망은 주께 있나이다.
> 나를 모든 죄에서 건지시며
> 우매한 자에게서 욕을 당하지 아니하게 하소서.
> 내가 잠잠하고 입을 열지 아니함은
> 주께서 이를 행하신 까닭이니이다.
> 주의 징벌을 나에게서 옮기소서.
> 주의 손이 치심으로 내가 쇠망하였나이다.
> 주께서 죄악을 책망하사 사람을 징계하실 때에
> 그 영화를 좀먹음같이 소멸하게 하시니
> 참으로 인생이란 모두 헛될 뿐이니이다. (셀라)
>
> (시 39:6-11)

고통이든 즐거움이든 모든 것이 언젠가는 끝나기 마련이다. 다윗은 그런 인생의 진리에 희망을 걸고 있었다. 하나님이 한순간에 쓸어 버리실 수 있는데 더 많은 기쁨을 누리겠다고 밀고 당기고 애쓰는 것이 아무 소용이

없다고 보았다.

다윗은 하나님께 진저리가 났지만 언제까지 입을 다물고 하나님을 피할 수는 없었다. 하나님의 성품에 희망을 두었을까? 하나님의 자비에 희망을 걸었을까?

아니다. 다윗의 희망은 인생의 짧고 덧없음에 있었다. 그는 하나님이 자신의 간구를 들으시고도 한동안 자신을 가만히 두실지도 모른다고 생각했다.

이 시편을 다윗의 희망을 가장 잘 보여 주는 말씀이라고 보면 성경적 희망에 대해 오해할 여지가 있다. 희망이 시시한 사탕발림이라는 곡해를 피하려면 먼저 다윗이 왜 인생을 짧고 덧없다고 이야기했는지부터 이해해야 한다.

다윗은 인생의 고통에 정면으로 부딪힌 상황이었다. 자신을 괴롭게 하시는 하나님과 새로운 관계를 맺기 위해 부르짖어 보았지만, 여전히 하나님은 적대자로 보였다. 그래서 하나님께 다시 자신을 타격하지 말아 달라고 애걸했다.

여호와여 나의 기도를 들으시며 나의 부르짖음에 귀를 기울이소서.
내가 눈물 흘릴 때에 잠잠하지 마옵소서.
나는 주와 함께 있는 나그네이며
나의 모든 조상들처럼 떠도나이다.
주는 나를 용서하사 내가 떠나 없어지기 전에
나의 건강을 회복시키소서.

(시 39:12-13)

자신의 간구를 들어 달라고 다윗의 영혼은 부르짖었다. 아무리 울고불고해도 하나님은 듣지 못하시는 것 같았다. 다윗은 하나님께 철저히 외면당한 기분이었다. 그렇다면 누구를 의지할 수 있겠는가? 하나님을 떠나도 재물이 많아도 괴로움을 달랠 길이 없으니 다윗은 희망을 잃었다.

우리의 간구에 응답하지 않으시는 하나님의 침묵은 우리를 혼란에 빠뜨린다. 삶의 안전성에 대한 확신과 하나님에 대한 기대를 뒤흔들어 놓기 때문이다. 하나님의 침묵은 우리를 당황케 한다. 그런 상황에서는 우리도 다윗처럼 말할 수도 없고 잠잠할 수도 없다. 모든 것이 마냥 좋고 순탄할 것처럼 인생을 가볍게 살 수도 없다. 하나님의 침묵과 우리 자신의 무능력 사이에 갇혀 버리고 마는 것이다.

하나님의 침묵은 우리의 이중성을 드러낸다. 다윗은 하나님께 간구하면서도 마지막에는 눈을 자신에게서 돌려 달라고 애원했다(NIV 성경에는 "Look away from me"라는 표현이 있다—편집자 주). 그렇게 생각하는 사람이 어디 다윗뿐이겠는가? 그는 하나님을 원하면서도 한편으로는 하나님을 원하지 않았다. "내 기도를 들으소서. 그러나 내게서 눈을 돌리소서." 한마디로 그는 이렇게 말하는 것이다. "당신의 혹독한 징계의 손을 거두시고 한동안 저를 좀 가만히 내버려 두십시오. 당신이 제 삶에 간섭하지 않으시면 저는 다시 웃고 즐거워할 수 있을 것입니다. 제발 저를 좀 놓아 두십시오. 그러면 저는 지금보다 훨씬 행복할 것입니다. 제 얼굴을 피해 주십시오."

하나님의 침묵은 씨름을 불러온다. 다윗은 하나님과 흉금을 터놓고 씨름했다. 자신이 하는 말을 들어 달라고, 그리고 자신에게서 얼굴을 돌려 달라고 간청했다. 다윗은 하나님을 원했지만 고통은 원하지 않았다. 고통은 이미 충분했다.

침묵이 곤혹스러운 이유는 하나님을 원하면서도 한편으로는 벗어나고 싶은 욕구를 일으키기 때문이다. 그것은 인간이 지닌 존엄성과 타락성 간의 내적 갈등을 보여 준다. 이 내적 전투에서 도망가면 자비를 간구할 목소리마저 잃게 된다. 사도 바울도 동일한 문제로 괴로워했는데, 그는 하나님께 간구하기를 멈추지 않았다.

내 속사람으로는 하나님의 법을 즐거워하되 내 지체 속에서 한 다른 법이 내 마음의 법과 싸워 내 지체 속에 있는 죄의 법으로 나를 사로잡는 것을 보는도다. 오호라, 나는 곤고한 사람이로다. 이 사망의 몸에서 누가 나를 건져내랴.
(롬 7:22-24)

사도 바울은 결국 자신의 옹호자 앞으로 나아갔다. "우리 주 예수 그리스도로 말미암아 하나님께 감사하리로다"(롬 7:25).

하나님을 원하면서도 또 한편으로 원하지 않는 딜레마는 우리 힘으로 빠져 나올 수 있는 문제가 아니다. 그래서 하나님은 또 다른 고난으로 우리를 인도하신다. 그것은 바로 하나님의 외면이다.

하나님의 외면

침묵도 모자라 이제는 외면하시는 하나님을 시편 기자는 불손하고 뻔뻔스러운 태도로 비웃었다. 그는 하나님께 잠에서 깨어나시라고 요구했다. 물론 하나님은 주무시지 않는다는 사실을 모를 리 없었다. 분노에 못 이겨 그린 식으로 하나님을 비난한 것이다.

주여 깨소서. 어찌하여 주무시나이까.

일어나시고 우리를 영원히 버리지 마소서.

어찌하여 주의 얼굴을 가리시고

우리의 고난과 압제를 잊으시나이까.

(시 44:23-24)

하나님이 우리 기도를 듣지 않으시는 정도가 아니라 외면한 채 우리의 고난을 잊고 계신 것처럼 느껴질 때가 있다. 하나님의 외면을 경험하는 순간이다. 그때의 참담한 심정은 말로 표현하기 힘들다. 아무런 보호도 해주지 않고 위험 속에 방치하시는가? 결국 우리가 느끼는 감정은 배신감이다.

어떤 의사가 영화 상영 시간에 늦지 않으려고 피 흘리며 쓰러진 사람을 못 본 척 지나친다면 어떤 기분이 들겠는가? 딸이 성폭행을 당하고 있는데 아버지가 고개를 돌리고 신문을 읽는다면 어떤 기분이 들겠는가?

당신이 간절히 부르짖고 있는데도 하나님이 고개를 돌리고 외면하신다면 어떤 기분이 들겠는가?

시편 기자는 하나님께 외면당한 기분을 파격적이고 무례한 언어로 이야기한다. 시편은 개인의 일기장이 아니라 이스라엘의 공예배에서 부른 찬송가라는 사실을 기억하라. 당신이 참석하는 교회 예배에서 다음과 같은 시편 기사로 찬송을 부른다고 상상해 보라!

주께서 우리를 잡아먹힐 양처럼 그들에게 넘겨주시고

여러 민족 중에 우리를 흩으셨나이다.

주께서 주의 백성을 헐값으로 파심이여,

그들을 판 값으로 이익을 얻지 못하셨나이다.

주께서 우리로 하여금 이웃에게 욕을 당하게 하시니

그들이 우리를 둘러싸고 조소하고 조롱하나이다.

주께서 우리를 뭇 백성 중에 이야깃거리가 되게 하시며

민족 중에서 머리 흔듦을 당하게 하셨나이다.

나의 능욕이 종일 내 앞에 있으며 수치가 내 얼굴을 덮었으니

나를 비방하고 욕하는 소리 때문이요

나의 원수와 나의 복수자 때문이니이다.

이 모든 일이 우리에게 임하였으나

우리가 주를 잊지 아니하며 주의 언약을 어기지 아니하였나이다.

우리의 마음은 위축되지 아니하고

우리 걸음도 주의 길을 떠나지 아니하였으나

주께서 우리를 승냥이의 처소에 밀어 넣으시고

우리를 사망의 그늘로 덮으셨나이다.

(시 44:11-19)

시편 기자는 이 시에서 감히 상상도 못할 말을 내뱉고 있다. 하나님을 조롱하면서 분노에 찬 비난을 퍼붓는 것이다. 그는 이스라엘 백성을 보호해 주지 않고 필요한 것을 공급하지도 않으시는 하나님을 힐난했다. 자신의 백성을 잊어버리시고, 목자 없는 양들마냥 힘없이 잡아먹히게 하시고, 백성을 팔아 아무런 대가도 받지 못하는 어리석은 짓을 하셨다고 시편 기자는 하나님을 호되게 비난했다. 그의 비난을 한마디로 요약하면 "하나님은 잔인하고 어리석으시다. 그의 백성이 이런 배신을 당할 이유가 없다"는 것이다.

시편 기자는 하나님을 믿을 수 없다고 했다. 자신의 백성을 죽이려는 신이 아니신가! 마치 아이에게 "아빠 믿고 뛰어내려. 아빠가 잡아 줄게"라고 말한 뒤에 정작 아이가 뛰어내리면 팔짱을 끼고 방관하는 아버지와 무엇이 다른가! 시편 기자는 하나님을 심문하면서 하나님은 유죄라고 선고했다.

더 놀라운 사실은 하나님이 자기 백성의 그런 비난과 조롱을 참고 견디실 뿐 아니라 심지어 그것을 예배의 일환으로 승인하셨다는 점이다.

한번 생각해 보자. 이 시편은 성령의 감동을 받아 쓰인 성경 말씀의 일부로서 하나님이 예배에 사용하도록 허락하신 것이다. 여기에 난감한 문제가 있다. 우리는 하나님께 화를 내는 것은 잘못된 일이라고 생각한다. 따라서 이 시편의 내용을 용기의 표상이라고 미화할 수는 없다고 본다.

애석하게도 하나님께 치기 어린 비난을 쏟아놓는 데 열성적인 사람들이 많다. 하나님에 대한 분노는 하나님이라는 '대단한 존재'를 흠잡고 싶어서 오만하게 비방하는 것일 수도 있지만, 진심을 숨김없이 털어놓는 처절한 간구일 수도 있다. 후자의 경우라면 분노를 표현하는 편이 오히려 하나님에 대한 사랑과 갈망을 더욱 강화시켜 줄 것이다.

하나님은 우리가 분노를 과감히 표현하기를 바라신다. 그런 과정에서 자신의 욕구를 솔직히 직면하게 되고 하나님과 더 친밀한 관계로 나아갈 수 있기 때문이다. 하나님은 우리의 진실한 모습을 원하신다. 비록 그것이 하나님에 대한 원망이라 해도 우리가 하나님께 다가가 그분을 알기 위해 씨름하는 것이라면 하나님은 개의치 않고 인정해 주신다.

하나님을 알기 위해 애쓰는 사람이나 하나님과 싸우는 사람이나 하나님이 똑같이 존중하시는 이유는 인간의 모든 감정을 동원해 자신에게로 가까이 이끌기 원하시기 때문이다. 예수님도 라오디게아 교회를 향해 말씀하실 때 그 점을 지적하셨다. "내가 네 행위를 아노니 네가 차지도 아니하고 뜨겁지도 아니하도다. 네가 차든지 뜨겁든지 하기를 원하노라. 네가 이같이 미지근하여 뜨겁지도 아니하고 차지도 아니하니 내 입에서 너를 토하여 버리리라"(계 3:15-16).

하나님은 우리의 정직한 모습을 사랑하시고 위선과 가식을 경멸하신다. 하나님의 외면에서 비롯된 격한 감정은 하나님을 알고자 하는 갈망을 더욱 부채질한다.

하나님의 공격

하나님의 침묵을 견디기란 쉬운 일이 아니다. 하나님이 나를 외면하고 버리셨다는 느낌도 참기 힘들다. 하지만 그보다 더 괴로운 것은 하나님이 나를 공격하신다고 느낄 때다.

> 하나님이여 주께서 우리를 버려 흩으셨고 분노하셨사오나
> 지금은 우리를 회복시키소서.
> 주께서 땅을 진동시키사 갈라지게 하셨사오니
> 그 틈을 기우소서. 땅이 흔들림이니이다.
> 주께서 주의 백성에게 어려움을 보이시고
> 비틀거리게 하는 포도주를 우리에게 마시게 하셨나이다.
> (시 60:1-3)

시편 기자는 하나님을 지진에 비유했다. 하나님이 땅을 진동시켜 갈라

지게 하고, 바위가 튕겨나가게 하고, 삶의 기반을 흔들어 술 취한 사람처럼 비틀거리게 하셨다고 표현했다.

이 시편이 하나님의 이미지를 무섭게 표현한 것은 사실이지만, 사건 자체를 하나님의 직접적인 공격이 아니라 지진이라는 자연 재해로 돌려 표현하여 극단을 피하려 한 것은 다행이다.

하지만 다른 말씀을 보면 하나님이 직접 인간을 공격하신다는 표현이 나온다. 시편 기자는 지진 비유를 통해 하나님을 폭력적이고 고압적인 분으로 그렸지만, 호세아 선지자는 하나님을 맹수에 비유하면서 숨어서 기다리다가 지나가는 사람을 덮쳐 갈가리 찢어 버리는 분으로 묘사했다.

내가 광야 마른 땅에서 너를 알았거늘
그들이 먹여 준 대로 배가 불렀고
배가 부르니 그들의 마음이 교만하여
이로 말미암아 나를 잊었느니라.
그러므로 내가 그들에게 사자 같고
길가에서 기다리는 표범 같으니라.
내가 새끼 잃은 곰같이 그들을 만나
그의 염통 꺼풀을 찢고 거기서 암사자같이 그들을 삼키리라.
들짐승이 그들을 찢으리라.

(호 13:5-8)

우리는 하나님이 우리의 목자가 되어 주시기를 원하지 맹수가 되시기를 바라지 않는다. 우리는 하나님이라는 맹수의 발톱과 이빨을 뽑고 순하게 길들이고 싶지만, 하나님은 우리가 그렇게 하도록 허락하지 않으신다. 요한계시록에 유다의 사자로 비유된 예수님의 이미지(계 5:5) 역시 하나님을 맹수로 표현한 것과 같은 맥락으로 볼 수 있다.

하나님이 자신을 맹수로 비유하시는 이유는 그분의 깊고 격정적인 사랑을 알려 주시기 위해서다. 무섭고 두려운 이미지인 것은 사실이다. 하나님이 그분의 백성에게 맹수처럼 행동하신 적은 언제였는가? 하나님이 축복을 내려 주셨는데도 그들이 하나님을 거역했을 때였다. 하나님이 그들을 먹이고 입히며 부족함 없이 보살피셨지만 그들은 배가 불러 하나님을 잊고 거만해졌다.

하나님은 거만한 자의 피부를 찢고 교만의 심장을 도려내는 맹수이시다. 유능한 의사가 그렇듯이 우리를 죽게 만드는 암덩이를 제거하기 위해서라면 그분은 어떤 일도 마다하지 않으신다. 하나님은 사람들의 공격을 통해 우리의 암을 절제하는 수술을 하신다. 시편은 하나님이 우리의 원수들, 가까운 친구들, 자연 재해, 그분의 분노를 사용해 암 절제 수술을 하신다고 말한다.[1] 어떤 수단을 사용하시든 하나님은 자녀들이 그분을 떠나 영원히 방황하는 모습을 가만히 두고 보지 않으신다. 어떻게 하든 반역의 길을 막아 다시 하나님의 얼굴을 구하도록 만드신다.

하나님은 침묵하심으로써 우리를 당황하게 하시고 외면하심으로써 우리를 분노하게 하시며 공격하심으로써 우상숭배라는 반역을 멈추게 하신다. 그분은 역설적인 분이시기에 어둠을 사용해 빛을 갈망하게 하신다. 하나님이 그런 방법을 동원해 일하심으로써 우리 삶에 이루고자 하시는 목표는 무엇일까? 그런 이상한 은혜를 베풀어 **우리에게서** 무엇을 얻어 내시려는 것일까? **우리에게서** 그리고 **우리를 위해서** 하나님이 원하시는 것은 그분이 사용하시는 역설적인 방법들이 가장 명확히 말해 준다.

하나님이 원하시는 것

수많은 역경을 겪은 한 여인이 어느 날 내게 이런 질문을 했다. "도대체 하나님은 제게 무엇을 원하시는 걸까요?" 그 질문을 하고 나서 갑자기 그녀는 눈을 동그랗게 뜨고 몸을 곧추세웠다. "아니, 방금 내가 뭐라고 했지? 하나님이 내게 무엇을 원하시느냐고?" 20년이 넘게 신앙생활을 한 그녀였지만 하나님이 자신에게 무엇을 원하실 수도 있다는 생각을 그때 처음으로 해 본 것이다. 하나님은 **그녀를 위해서만** 뭔가를 원하시는 분이 아니다. 그녀가 좋은 아내가 되고, 사랑 많은 엄마가 되고, 충성된 일꾼이 되기만을 원하시는 것이 아니라 하나님도 **그녀에게** 원하시는 것이 있다.

하나님이 우리에게 원하시는 것은 무엇인가? 그 비밀은 그분의 고통 속에 계시되어 있다. 하나님의 말씀을 들어 보자.

> 내 백성아, 들을지어다, 내가 말하리라.
> 이스라엘아, 내가 네게 증언하리라.
> 나는 하나님 곧 네 하나님이로다.
> 너는 내 제물 때문에 너를 책망하기는 아니하리니
> 네 번제가 항상 내 앞에 있음이로다.
> 내가 네 집에서 수소나 네 우리에서 숫염소를 가져가지 아니하리니
> 이는 삼림의 짐승들과 뭇 산의 가축이 다 내 것이며
> 산의 모든 새들도 내가 아는 것이며 들의 짐승도 내 것임이로다.

내가 가령 주려도 네게 이르지 아니할 것은

세계와 거기에 충만한 것이 내 것임이로다.

내가 수소의 고기를 먹으며 염소의 피를 마시겠느냐.

감사로 하나님께 제사를 드리며

지존하신 이에게 네 서원을 갚으며

환난 날에 나를 부르라. 내가 너를 건지리니

네가 나를 영화롭게 하리로다.

(시 50:7-15)

하나님은 우리에게 오해와 무시를 받을 때 괴로워하신다. 그래서 우리에게 분노하시고 우리를 조롱하시며 탄식하신다. 하나님은 단지 이스라엘 백성이 자신에게 순종하지 않았다고 꾸짖으신 것이 아니다. 그들은 하나님의 율법에 순종해서 꼬박꼬박 번제물을 가져다 바쳤다. 하나님이 화를 내시는 이유는 그들이 하나님의 마음을 너무도 몰라주기 때문이었다.

그래서 하나님은 백성을 조롱하시며 이렇게 물으셨다. "내가 고기에 굶주리고 피에 목마른 자라고 생각하느냐?" 분노와 조롱을 쏟으신 후에 하나님은 드디어 자신이 원하는 것이 무엇인지를 밝히셨다. "나는 너의 감사와 충성심과 사랑을 원한다. 너의 마음을 원한다."

다윗은 그런 하나님의 속마음을 정확히 꿰뚫고 있었다.

주께서는 제사를 기뻐하지 아니하시나니

그렇지 아니하면 내가 드렸을 것이라.

주는 번제를 기뻐하지 아니하시나이다.

하나님께서 구하시는 제사는 상한 심령이라.

하나님이여 상하고 통회하는 마음을

주께서 멸시하지 아니하시리이다.

(시 51:16-17)

어리석게도 우리는 하나님이 고기와 피를 원하신다고 믿는다. 우리가 하나님에 대해 생각하는 것은 탕자의 비유에서 맏아들이 아버지에 대해 생각하는 것과 다를 바가 없다.

그가 노하여 들어가고자 하지 아니하거늘 아버지가 나와서 권한대 아버지께 대답하여 이르되, 내가 여러 해 아버지를 섬겨 명을 어김이 없거늘 내게는 염소 새끼라도 주어 나와 내 벗으로 즐기게 하신 일이 없더니 아버지의 살림을 창녀들과 함께 삼켜 버린 이 아들이 돌아오매 이를 위하여 살진 송아지를 잡으셨나이다.

아버지가 이르되, 얘 너는 항상 나와 함께 있으니 내 것이 다 네 것이로되 이 네 동생은 죽었다가 살아났으며 내가 잃었다가 얻었기로 우리가 즐거워하고 기뻐하는 것이 마땅하다 하니라.

(눅 15:28-32)

맏아들은 하나님을 노예 주인, 자신에게 바라는 것도 없고 자신을 좋아하지도 않는 무정한 분으로 생각했다. 그가 아버지를 위해 일하는 모습은 우리가 하나님을 섬긴다고 하는 모습과 크게 다르지 않다. 하나님의 구원을 기뻐하며 온 마음으로 섬기는 애정 어린 섬김이 아니라 기계적이고 무덤덤한 복종에 불과했다.

하나님은 우리가 그분의 놀랍고도 영광스러운 사랑을 체험하면서 그분을 사랑하고 그분과 함께 먹고 마시며 춤추고 노래 부르기를 원하신다. 영원하고, 무한하고, 거룩하고, 모든 면에서 스스로 충분하신 분이 우리를 원하신다는 사실은 그 자체로 신비다. 우리가 그분이 아닌 다른 존재를 사랑할 때 모든 방법을 총동원해 가로막으시는 것도 신비한 일이 아닐 수 없다. 하나님은 우리의 분노까지 참고 견디실 만큼 우리에게 열정적이시다. 우리를 얼마나 사랑했으면 자기 자신이나 다름없는 사랑하는 아들에게 우리에 대한 분노를 대신 쏟아 부으셨을까! 측량할 수 없는 사랑과 역설적인 방법으로 우리의 마음을 돌리시려는 노력을 통해 우리는 하나님의 선하심을 깨닫게 된다. 이어지는 마지막 장에서는 선하신 하나님이 우리에게 어떤 특권을 누리게 하는지를 살펴보겠다.

17
하나님의 소원

하나님은 인간의 상식과 예측을 뛰어넘는 분이셔서 언제나 놀라운 방식으로 우리의 삶 속에서 역사하신다.

가장 놀라운 사실은 그분이 우리와 가까워지기를 원하실 정도로 우리를 사랑하신다는 사실이다. 전혀 예기치 못한 때에 우리를 만나 주시는 것도 생각해 보면 신비하고 감격스런 일이다. 하지만 하나님의 간섭과 방해는 솔직히 두려울 때도 있고 도망가고 싶을 때도 있다. 우리는 하나님이 우리 마음대로 움직일 수 있고 우리가 충분히 예측할 수 있는 분이기를 바란다. 그런 면에서 우리는 하나님이 무한히 선하심을 알아야 한다.

나의(트렙퍼) 둘째 아들 티미는 그 또래답게 두 가지를 좋아한다. 바로 비디오 게임과 독서다. 아마도 사람들은 그 애가 커서 전투기 조종사가 될 것이 아니라면 독서가 장래에 훨씬 도움이 된다고 생각할 것이다. 그러나 독서도 어느 정도껏 해야 하는 법이다. 우리 아들의 경우는 밤마다 부모가 그만 읽으라고 윽박질러야만 겨우 잠자리에 들 정도다. 어느 날은 책에 푹 빠져 있는 티미의 뒤로 살금살금 다가가서 손에서 책을 낚아챈 적도 있었다.

티미는 밤새도록 책을 읽고 싶어 한다. 아마 부모가 말리지 않는다면 그 애는 밤을 새우고도 남을 것이다. 한 번은 우리 부부가 깜빡 잠이 드는 바람에 잠자리를 봐 주지 않은 적이 있었다. 그랬더니 새벽까지 잠을 자지 않고 책 한 권을 기어이 다 읽고 말았다. 다음날 티미는 몹시 피곤했는지 사소한 일에도 짜증을 냈다. 하지만 그날 밤 푹 자고 나더니 다음날 밤에는 또 전날의 피곤을 잊어버리고 밤새 책을 읽으려고 했다.

우리는 티미의 뜻을 거스르는 한이 있더라도 그 애를 위해서 책을 못 읽게 해야 한다. 만일 그 애가 원하는 대로 둔다면 건강을 해칠 것이 불을 보듯 뻔한 일이다. 우리 부부는 티미를 엄하게 대할 수밖에 없다. 그러다 보니 티미의 눈에는 내가 자애로운 아빠가 아니라 원수로 비칠 때가 있을 것이다.

이 비유가 완벽한 것은 아니지만, 하나님도 때로는 예기치 않은 고통과 원치 않는 방법으로 우리를 다루실 때가 있다. 고난 속에서 괴로워하는 사람에게는 당연히 하나님이 친구나 자애로운 아버지로 보이지 않을 것이다. 육체적 고통, 산산이 깨진 꿈, 좌절된 계획 속에 몸부림칠 때 이런 의문이 고개를 든다. "하나님, 당신은 선한 분이십니까? 정말로 실재하십니까? 정말로 존재하십니까?"

하나님은 공연히 우리를 괴롭히지 않으신다. 절대로 우리의 고통을 즐기는 분이 아니시다. 하나님이 우리를 외로움과 침묵과 씨름 속에 몰아넣으시는 이유는 우리 앞에 상상 못할 보상을 준비하셨기 때문이다. 보상이란 다름 아니라 **고난 중에 하나님의 선하심을 보여 주시는 것이다.** 하나님의 측량할 수 없는 사랑을 알게 하시고 어둠 가운데서 그분의 사랑이 더욱 찬란하게 빛나게 하신다. 어둠이 확대경 역할을 해서 그분이 가장 원하시는 것, 즉 십자가로 묘사된 그분의 소원을 볼 수 있게 해준다.

하나님의 소원

하나님이 원하시는 것은 우리 자신이다. 그 사실 자체만 해도 이해하기 어려운데 그분이 우리에게 무조건적인 복종이 아닌 열정적인 사랑을 원하신다는 것을 알고 나면 가히 경이롭다고밖에 말할 수 없다.

호세아서는 거역하는 이스라엘 백성들을 향해 마음이 타들어 가는 하나님의 모습을 묘사하고 있다. 이스라엘은 하나님을 거부했지만 하나님은 그들을 놓아주거나 등을 돌리려고 하지 않으셨다. 끝까지 집요하게 그들의 하나님이 되고자 하셨다.

호세아 선지자가 활동했던 기원전 8세기 중반에는 이스라엘 백성 사이에 하나님에 대한 무관심과 적개심이 만연해 있었다. 그것은 이스라엘 역사에서 보기 드문 시기였다. 이스라엘은 주로 북부와 남부에 있는 강대국들 틈새에서 전쟁의 소용돌이를 겪으며 지냈다. 하지만 호세야가 살던 시대에는 이집트와 메소포타미아 지역 국가들이 힘이 약했기 때문에 이스라엘은 더욱 번창하고 세력을 확장할 수 있었다.

번창하고 세력이 강해지면 어떤 일이 벌어지는지 우리는 경험을 통해 익히 알고 있다. 국가가 번영해서 살기가 좋아지면 사람들은 하나님을 등한시하고 그로 인해 사회도 부패한다. 호세아 시대의 이스라엘 사회는 약자에 대한 억압과 이기심이 팽배해 있었다. 호세아 선지자가 이스라엘에 대한 하나님의 분노를 기록한 것도 그들이 하나님을 거역했기 때문이다.

호세아가 하나님을 묘사하면서 사용한 이미지는 거역하는 백성을 향한 하나님의 심정을 절절히 드러내 준다. 마치 다른 남자에게 몸을 팔다가 들통난 아내에게 남편이 분노하는 것처럼 하나님이 이스라엘에게 분노하신다고 호세아는 말했다.[1] 하나님의 신부였던 이스라엘은 창녀와 다름없는 짓을 했기에 하나님은 불같이 질투하셨다. 5:12에서는 하나님 자신을 좀과 균에 비유하셨다. 좀이 옷을 갉아먹고 균이 음식을 상하게 하는 것처럼 하나님이 이스라엘 백성을 괴롭히며 은밀히 해를 입히신다는 뜻이다.

하나님의 분노는 정면 공격의 형태로 나타나기도 한다. 흉포한 사자처럼 하나님이 자신의 백성을 피투성이가 될 때까지 물어뜯겠다고 하셨다(5:14). 우주 만물의 창조자 하나님은 우주 만물의 모든 것을 사용해서 스스로 창조한 가장 귀한 피조물 인간이 자신에게 돌아오게 만드신다. 은밀한 간섭이든, 성가신 곤충이든, 맹수의 공격이든, 어떤 것을 사용해서라도 그렇게 하신다.

이스라엘이 위험한 길에서 방황하고 있었으므로 하나님은 고통스런 방법으로라도 그들을 막으셔야 했다. 물론 이스라엘 백성은 고통스러울 것이다. 호세아서에는 이스라엘에게 다가올 하나님의 심판이 비유적으로 표현되어 있다. 예를 들면, 암소(이스라엘) 목에 멍에를 메운다고 했고(10:11) 이스라엘 백성들과 그들의 왕은 물 위에 떠 있는 거품 같아서 힘이 없고 언젠가는 멸망할 것이라고 했다(10:7).

역사적으로 볼 때 호세아는 북 왕국 이스라엘의 멸망을 예언했다. 주전 722년에 북방에서 내려온 앗수르 군대가 이스라엘을 정복하여 열 족속을 포로로 잡아갔고, 남 왕국 유다의 두 족속은 명맥을 유지시키기 위해 남겨 두었다. 하나님은 그런 방법으로 자신의 백성을 징계하시고 고통당하게 하셨다. 하지만 그들이 당한 고난에는 한 가지 분명한 목적이 있었다. 호세아는 하나님의 직접적인 말씀으로 그 목적을 알려 준다.

> 에브라임이여 내가 어찌 너를 놓겠느냐.
> 이스라엘이여 내가 어찌 너를 버리겠느냐.
> 내가 어찌 너를 아드마같이 놓겠느냐.
> 어찌 너를 스보임같이 두겠느냐.
> 내 마음이 내 속에서 돌이키어 나의 긍휼이 온전히 불붙듯하도다.
> 내가 나의 맹렬한 진노를 나타내지 아니하며
> 내가 다시는 에브라임을 멸하지 아니하리니
> 이는 내가 하나님이요 사람이 아님이라.
> 네 가운데 있는 거룩한 이니 진노함으로 네게 임하지 아니하리라.
>
> (호 11:8-9)

하나님은 북 왕국(호세아서에서는 에브라임과 이스라엘로 부른다)을 완전히 멸망시키지 않으셨다. 약자를 억압하고 하나님을 거역했던 죄를 감안한다면 멸망받아 마땅한 나라였다. 호세아서는 이스라엘 백성의 종말을 그린 책이 아니다. 그들이 하나님의 뺨을 때리고 있는 와중에도 하나님이 그들을 얼마나 사랑하시는지를 보여 주는 책이다.

예언의 핵심 부분에서 호세아는 더 많은 비유를 들어 하나님의 구원 목적을 강조했다. 하나님은 이스라엘을 용서하는 남편이 되셨고(3:1-5), 문란한 아내가 계속해서 바람을 피워도 하나님은 끝까지 돌아오기를 기다리셨다. 또한 하나님은 치유하는 의사가 되시어 이스라엘을 심판하는 가운데서도 그들의 상처를 꿰매 주셨다(6:1-2). 또한 하나님은 사자가 되시어(11:10) 이스라엘 백성을 흩으시면서도 남은 자들을 철저히 보호하셨다. 이것이 호세아가 묘사하는 하나님의 긍휼과 회복의 이미지다.

하나님이 마음을 바꾸시다

호세아서를 보면 하나님이 이스라엘 백성을 말살하려고 작정했다가 마음을 바꾸셨다는 대목이 나온다. 그 정도로 끈질기게 하나님은 이스라엘 백성에게 신실하신 것이다. 하나님은 그들을 멸망시키지도 않으셨고 그렇다고 그들이 원하는 대로 내버려두지도 않으셨다. 가만히 두면 비참한 삶을 살다 결국 자멸할 것을 아셨기 때문이었다.

하나님이 마음을 바꾸셨다. 이 말은 우리에게 충격으로 다가와야 한다. 오래전에 하나님은 모세를 통해 죄를 지으면 멸망하게 될 것이라고 경고하셨다. 이스라엘 백성은 멸망을 받아 마땅한 죄를 지었다. 그들이 죄를 지었다는 것은 전혀 의문의 여지가 없었다. 그럼에도 하나님은 차마 그들을 멸망시키지 못하셨다. 하나님은 거룩함이라는 성품에 어긋나는 모든 것을 제거해야 마땅했지만, 그분의 긍휼로 사랑하는 자녀들을 구원하기 원하셨다.

하나님이 큰 고민에 빠지신 듯한 모습이다. 이런 모습을 우리는 어떻게 해석해야 할까? 이제껏 이런 묘사는 하나의 은유로 해석되었다. 하나님께는 실질적인 감성이 없고 있다고 하더라도 완벽한 존재가 그런 갈등을 겪을 리 없다는 것이다. 그러나 성경 본문은 명확하다. 하나님이 속으로 갈등하시다가 생각을 바꾸셨다고 분명히 기록되어 있다. 그런데 더 놀라운 사실은 인간들에게 유리한 쪽으로 생각을 바꾸셨다는 점이다.

어떤 사람들은 호세아서에 나타난 하나님의 모습이 변덕스런 인간의 모습과 너무 흡사하다고 생각할 것이다. 그렇다면 하나님이 마음을 바꾸신 것에 대해 어떻게 설명하시는지를 주목하기 바란다. "이는 내가 하나님이요 사람이 아님이라"(호 11:9). 하나님은 바로 **하나님이기 때문에** 마음을 바꾸실 수 있었던 것이다. 인간이 만일 그런 내적 갈등을 겪고 있었다면, 더욱이 갈등의 요인이 된 사람들을 제거할 능력이 있다면 인간은 간단히 그들을 제거해 버리고 말았을 것이다. 하지만 하나님은 자신의 백성들을 불쌍히 여기셨다.

인간의 몸으로 성육신하신 예수님도 하나님과 동일한 마음을 갖고 계셨다. 인간을 위해, 인간과 함께 고난받으실 정도로 예수님의 긍휼은 한이 없었다. 그분은 우리의 외로움과 두려움과 수치와 분노가 어떤 것인지를 몸소 겪으셨다. 인간과의 관계를 회복하고 싶은 하나님의 강한 열망이 결국 예수님을 십자가로 몰고 갔다. "하나님이 세상을 이처럼 사랑하사 독생자를 주셨으니 이는 그를 믿는 자마다 멸망하지 않고 영생을 얻게 하려 하심이라"(요 3:16).

하나님은 자신이 선하심을 알려 주시기 위해 우리에게 고난과 아픔을 허락하신다. 하지만 하나님의 선하심은 믿음이 아닌 다른 방법으로 증명하려 한다면 아무런 성과를 얻지 못할 것이다. 하나님의 선하심은 오로지 그분의 영광이 드러날 때만 알 수 있다. 하나님의 영광을 보여 주는 가장 선명한 그림은 십자가의 아이러니를 통해서 볼 수 있다. 바로 그 아이러니를 통해 하나님은 우리가 그분을 경이로운 시선으로 바라볼 수 있게 하신다.

십자가의 아이러니

타락한 세상에서 분노, 두려움, 질투, 절망, 경멸, 수치의 고통을 겪을 때 우리는 하나님이 정말 선하신지 의문을 갖게 된다.

앞에서 하나님이 신비한 방법으로 역사하신다는 것과 우리가 고난당하는 중에 그분 자신을 계시하신다는 것을 이야기했다. 실제로 하나님은 세상에서 행해진 최악의 만행 속에서 자신의 선하심을 유감없이 계시하셨다. 이것이 바로 십자가의 아이러니다.

사람들은 예수님을 십자가에 못 박았다. 그들이 원했던 것은 오직 예수님을 죽여 없애는 것이었다. 그러나 그들의 사악한 의도를 하나님은 구원과 해방의 선한 열매로 바꾸셨다.

> 이스라엘 사람들아, 이 말을 들으라. 너희도 아는 바와 같이 하나님께서 나사렛 예수로 큰 권능과 기사와 표적을 너희 가운데서 베푸사 너희 앞에서 그를 증언하셨느니라. 그가 하나님께서 정하신 뜻과 미리 아신 대로 내준 바 되었거늘 너희가 법 없는 자들의 손을 빌려 못 박아 죽였으나 하나님께서 그를 사망의 고통에서 풀어 살리셨으니 이는 그가 사망에 매여 있을 수 없었음이라.
>
> (행 2:22-24)

십자가의 첫 번째 아이러니는 **사탄의 흉악한 의도가 하나님의 구원으로 탈바꿈했다는 것이다**. 하나님은 예수님을 죽이려는 흉계를 이용해서 그것으로 이 세상의 구원을 이루는 토대를 삼으셨다.

십자가의 두 번째 아이러니는 **십자가 사건이 부활을 가져왔다는 사실**

이다. 창세기는 십자가 사건이 영적 전쟁의 결정적 순간이 될 것임을 예언했다. 아담과 하와가 사탄의 유혹에 넘어가 죄를 짓는 순간부터 영적 전쟁은 시작되었다. 그들은 변명했고, 하나님은 그에 따른 응징을 내리신 뒤에 한 가지 소망의 말씀을 그들에게 들려주셨다. 하나님은 그들을 악의 세력에 넘겨주지 않겠다고 하셨다. 하나님과 그 백성이 한편이 되고 사탄과 그의 무리가 한편이 되어 서로 싸우게 될 것이라고 하셨다.

성경의 다른 말씀에서도 하나님의 백성과 사탄을 따르는 무리들 간의 전쟁을 언급하고 있다(성 아우구스티누스는 그 전쟁을 가리켜 '하나님의 도성 대 인간의 도성'이라고 표현했다). 영적 전쟁의 절정은 복음서에서 찾아볼 수 있다. 예수님은 여러 차례 사탄과 대적하셨고 귀신들의 세력을 제압하셨다. 그러나 예수님이 사탄을 단번에 패배시키신 것은 십자가 위에서였다고 사도 바울은 설명했다.

> 또 범죄와 육체의 무할례로 죽었던 너희를 하나님이 그와 함께 살리시고 우리의 모든 죄를 사하시고 우리를 거스르고 불리하게 하는 법조문으로 쓴 증서를 지우시고 제하여 버리사 십자가에 못 박으시고 통치자들과 권세들을 무력화하여 드러내어 구경거리로 삼으시고 십자가로 그들을 이기셨느니라.
>
> (골 2:13-15)

십자가는 사탄의 왕국("정사와 권세")을 향한 위대한 군사적 승리였다고 바울은 강조했다. 사탄을 죽인 것이 아니라 예수님이 죽으심으로 궁극적인 승리를 이루셨다. 고난의 종 예수님은 승리의 구세주가 되셨다.

하나님은 고난받으심으로써 고난을 정복하셨다. 예수님은 인간을 위해 고난받으심으로써 하나님의 선하심을 증명하셨다. 예수님의 고난은 하나님의 백성을 타락한 세상의 고통에서 해방시킨 것이 아니다. 오히려 우리는 이 세상에 사는 동안 그리스도의 고난에 동참할 수 있는 특권을 부여받았다. 예수님이 승리하셨기에 우리가 현재 당하는 고난이 의미 있으며 고난에서 영광으로 나아갈 것이라는 소망을 갖게 된 것이다.

고난에서 영광으로

앞서 우리는 자신의 감정을 즉시 바꿀 수 있다는 착각을 경계하라고 충고했다. 원치 않는 감정을 극복하는 것이 이 책의 목적이 아니라는 점도 밝혔다. 그런 감정들을 '바꾸려는' 노력은 자칫 타락의 실상을 외면한 채 하나님을 '조종'하려는 노력으로 뒤바뀔 가능성이 있다.

마음의 고통을 피하는 것이 목표라면 달성이 불가능할 뿐 아니라 바람직하지도 않다. 우리는 타락한 세상에서 살고 있고 근본적으로 불완전한 존재이기 때문에 근심과 고통에서 완전히 벗어나기란 불가능한 일이다. 성경의 기본 진리가 기록된 창세기 3장도 그렇게 말하고 있다. 우리가 완벽한 존재가 되는 것은 천국에서나 가능한 일이다. 이 세상에 사는 동안 우리는 불의한 감정들을 주고받는 존재다. 내면의 죄를 미화하거나 당연한 것으로 인정하라는 뜻이 아니다. 인간의 능력을 과대평가하지 말라는 뜻이다.

근심과 고통을 피하려는 노력이 바람직하지 않다고 말하는 이유는 우리의 부정직인 감정 속에 구원을 위한 긍정적인 요소가 들어 있기 때문이다. 물론 그렇다고 부정적인 감정들이 덜 고통스럽다는 말은 아니다. 우리가 부정적인 감정을 표현하는 방식이 비뚤어진 것은 사실이지만 그럼에도 그런 감정들 자체는 하나님의 성품을 반영하고 있다. 부정적인 감정들은 또한 우리의 숨겨진 욕구와 갈망을 대변해 주며, 그런 욕구를 하나님께 고백할 때 우리는 그분의 마음을 깨닫게 되고 자신의 마음이 변화되는 것을 경험하게 된다.

우리가 이 세상에 사는 동안 고난에서 벗어날 것이라고 약속하는 말씀은 성경 어디에서도 찾아볼 수 없다. 오히려 그 반대다. 신약에서는 고난과 역경이 그리스도인 삶의 일부가 될 것이라고 거듭 강조했다. 하지만 그것은 나쁜 소식이 아니라 복된 소식(복음)이다. 그런 고난과 역경을 통해 기쁨과 영광을 체험하게 되기 때문이다.

> 자녀이면 또한 상속자 곧 하나님의 상속자요 그리스도와 함께한 상속자니 우리가 그와 함께 영광을 받기 위하여 고난도 함께 받아야 할 것이니라.
>
> (롬 8:17)

> 또한 그로 말미암아 우리가 믿음으로 서 있는 이 은혜에 들어감을 얻었으며 하나님의 영광을 바라고 즐거워하느니라. 다만 이뿐 아니라 우리가 환난 중에도 즐거워하나니 이는 환난은 인내를, 인내는 연단을, 연단은 소망을 이루는 줄 앎이로다. 소망이 우리를 부끄럽게 하지 아니함은 우리에게 주신 성령으로 말미암아 하나님의 사랑이 우리 마음에 부은 바 됨이니.
>
> (롬 5:2-5)

역설적으로 하나님은 우리가 고난당할 때 자신을 계시해 주신다. 십자가가 없이는 부활도 없고, 고난이 없이는 영광도 없다. 그런 면에서 내적 치유는 일반적으로 생각하는 것과는 다른 것이다. 부정적인 감정들은 하나님이 어떤 분인지를 알게 하고 진정한 기쁨의 길로 안내해 준다. 시편에서 말하는 핵심 주제는 **고통 중에 하나님의 선하심을 맛보게 된다는 것**이다.

이 책의 주제를 논하기 위해 우리는 시편에 나오는 시들, 특히 애가에 초점을 맞추었다. 시편은 이스라엘 백성들이 하나님께 예배드릴 때 사용했던 찬양과 기도의 본보기였다. 그중에서 애가는 인간의 고뇌를 대변해 준다. 그 안에는 오늘날 우리가 경험하는 모든 감정, 이를테면 분노, 두려움, 질투, 절망, 수치, 경멸이 표현되어 있다. 하지만 가장 중요한 것은 시편의 애가들이 기쁨과 위로와 신뢰와 예배로 끝을 맺고 있다는 사실이다. 다시 말해 시편 기자들은 하나님께로 나아갔다. 고난이 우리를 이끌고 가는 종착역은 바로 그곳이다.

애가에는 고난에서 영광으로의 변화가 나타난다. 그런데 그 변화에는 항상 느닷없고 신비하며 예측할 수 없는 면이 있다. 시편 69편이 그 대표적인 예다.

시편 69편: 고난에서 영광으로

다윗은 자신을 곤경에서 구해 달라는 기도로 시편 69편을 시작했다. 어떤 곤경인지 자세히 밝히지는 않았지만 자신이 느끼는 괴로운 심정만큼은 매우 생생하게 묘사했다. 그는 자신의 삶이 마치 강물이 목 밑까지 차오른 상황과 같다고 말했다. 물에 빠져 죽을 것 같았지만 그가 할 수 있는 일은 아무것도 없었다. 다윗은 이 시편에서 원수들에 대한 불만과 자신의 두려움, 그리고 분노를 주로 표현했다. 그러고는 "오직 나는 가난하고 슬프오니"(29절)라는 한 마디로 자신의 애절한 심정을 토로했다.

다윗을 하나님 앞으로 인도한 것은 다름아닌 고통이었다. 그는 자신을 보호해 줄 하나님이 필요했다. 자기 힘으로는 어쩔 수가 없었고 도와줄 사람도 없었다. 그러나 자신이 당하는 고난에서 하나님께로 시선을 옮겼을 때 놀라운 반전이 일어났다. 고통이 기쁨으로 변한 것이다. 시편에 나오는 애가들은 대체로 그와 동일한 형태를 보여 준다.

내가 노래로 하나님의 이름을 찬송하며
감사함으로 하나님을 위대하시다 하리니
이것이 소 곧 뿔과 굽이 있는 황소를 드림보다
여호와를 더욱 기쁘시게 함이 될 것이라.
곤고한 자가 이를 보고 기뻐하나니
하나님을 찾는 너희들아 너희 마음을 소생하게 할지어다.
여호와는 궁핍한 자의 소리를 들으시며
자기로 말미암아 갇힌 자를 멸시하지 아니하시나니
천지가 그를 찬송할 것이요
바다와 그중의 모든 생물도 그리할지로다.
하나님이 시온을 구원하시고 유다 성읍들을 건설하시리니
무리가 거기에 살며 소유를 삼으리로다.
그의 종들의 후손이 또한 이를 상속하고
그의 이름을 사랑하는 자가 그중에 살리로다.

(시 69:30-36)

시편 69편을 비롯해 애가들에서 나타난 느닷없는 감정 변화를 보면 시편 기자들이 마법처럼 한순간에 자신의 감정을 180도 바꾼 듯하다. 이런 오해는 시편이 오랜 경험을 시라는 짧은 문장으로 압축해서 표현했다는 사실을 염두에 두지 않아서 비롯된 것이다.

그렇다고 해도 감정 변화에는 여전히 의문의 여지가 있다. 어떻게 비탄에서 기쁨으로 바뀌었는지 그 변화의 과정을 짐작할 만한 표현 방식도 눈에 띄지 않는다. 치유 과정도 나타나 있지 않고 뚜렷한 원칙도 보이지 않는다. 행여 고난에서 벗어나기 위해 진실을 조작한 것이라면 하나님이 묵인하지 않으셨을 것이다. 하나님은 우리가 고난 중에 믿음을 갖기 바라시고 그분의 선하심 가운데 거하기를 원하신다.

물론 감정을 다루는 것이나 마음의 변화에 대한 성경적 원칙이 없다고 말하는 것은 아니다. 하지만 그런 성경적 원칙들(예를 들면 "유순한 대답은 분노를 쉬게 하여도"[잠 15:1]와 같은 말씀)은 우리 마음가짐을 전제 조건으로 한다. 하나님의 진리를 마법처럼 적용해서 새로운 현실을 만들어 내려는 시도는 하나님의 뜻대로 살아가려는 노력과 완전히 동떨어진 것이다.

시편 69:29-30 두 절 사이에 어떤 일이 일어났는지 그 변화의 요인을 설명할 수 있으면 우리도 마음대로 감정을 제어할 수 있을지도 모른다. 하지만 그것은 고난에서 우리를 구원하시는 유일한 구원자 하나님을 모독하는 일이다. 다만 한 가지는 확신할 수 있다. 고난에서 영광으로의 변화가 가능했던 이유는 하나님 때문이라는 것이다. 상처받은 영혼을 위로하는 방법은 다양해도 궁극적으로 그 주체는 하나님이시다. 그렇기 때문에 시편 기자의 유일한 해결책은 하나님께 도움을 구하고 그분이 슬픔을 기쁨으로 변화시켜 주시기를 기다리는 것이었다.

여호와여 우리의 포로를 남방 시내들같이 돌려 보내소서.

눈물을 흘리며 씨를 뿌리는 자는 기쁨으로 거두리로다.

울며 씨를 뿌리러 나가는 자는

반드시 기쁨으로 그 곡식 단을 가지고 돌아오리로다.

(시 126:4-6)

시편 기자는 간절히 하나님을 갈망했다. 또한 하나님 백성의 간구를 들어달라고 부르짖었다. 메마른 광야에 풍부한 물을 공급해 달라고 빌었으며 생명의 근원이 되는 풍성한 수확을 고대했다. 시편 126편에는 고난에서 하나님의 선하심으로, 슬픔에서 기쁨으로의 점진적인 변화 과정이 그려져 있다.

그렇다면 하나님의 선하심은 어떤 특징이 있을까? 하나님이 주시는 기쁨은 어떤 것일까?

그리스도인들의 오해

기독교는 하나님이 선하시고 그리스도인들은 기쁨의 삶을 살 수 있다고 단언한다. 하지만 그 뜻이 와전되어 오해를 불러일으키는 경우가 종종 있다.

가장 위험한 것은 그리스도인들은 세상 고난을 받지 않고 오로지 기쁘게 살아야 한다는 착각이다. 바꿔 말하면 그리스도인들은 날마다 분노, 두려움, 질투, 절망, 수치, 경멸의 문제를 초월해 살아야 한다는 것이다. 이런 신념은 그리스도인들이 자주 하는 "우리의 마음은 이 세상이 아닌 천국에 있습니다"라는 말에서도 잘 드러난다.

더구나 하나님의 선하심을 물질적 번영, 성공, 건강이라는 개념으로만 보는 경향까지 가세해서 그런 신념에 더욱 불을 붙이고 있다. 하나님은 자신의 백성을 사랑하시고 그들이 원하는 것은 무엇이든 주고 싶어 하시므로 모든 욕구가 충족될 것이기 때문에 그리스도인들은 미래를 낙관해야 한다는 것이다.

물론 하나님은 자신의 백성에게 이 세상의 좋은 것들을 주시고 황홀경에 가까운 기쁨을 주실 수 있다. 하지만 이 세상을 살아가는 동안 날마다 그런 식으로 하나님의 선하심과 천국의 기쁨을 맛보게 되리라고 믿고 기대하는 것은 잘못된 것이다.

우리의 인생살이가 그 사실을 증명하고 있다. 아무리 크고 굳건한 믿음을 가져도, 아무리 착하게 살아도, 아무리 노력하고 애써도 이 세상의 불행과 비극을 완전히 벗어날 수는 없다.

이런 경험을 떠나 성경 말씀만 읽어 봐도 하나님의 선하심과 인간의 기쁨에 대한 오해는 바로잡을 수 있다. 시편이 그 대표적인 증거다. 시편에서 보여 주는 것처럼 하나님의 백성도 고난과 어려움을 당한다. 하나님의 백성은 인생의 역경에 매우 친숙했다.

일반적으로 그 정도로 극단적인 오해를 하는 그리스도인은 많지 않다. 성경이 '만사형통' 복음을 가르친다고 믿는 사람도 많지 않다. 그리스도인들도 고난과 고통을 어쩔 수 없는 삶의 일부분으로 인정한다. 하지만 대부분 고난과 고통이 자신의 삶에서 어떻게 작용해야 하는지에 대해 상당히 주관적인 견해를 지니고 있다.

일반적으로 하나님이 고난을 사용하시는 방법은 세 가지 형태라는 생각이 지배적이다. 즉 고난이 결실이 있고 의미 있으려면 (1) 일시적이어야 하고, (2) 이해할 수 있어야 하고, (3) 실생활에 바로 적용할 수 있는 교훈이 있어야 한다는 것이다.

첫째, 하나님이 고난을 통해 우리를 올바른 길로 인도하실 때 고난의 기간이 짧아야 그 뜻을 알아들을 수 있다고 생각한다. 말하자면 고난은 결정적인 순간에만 필요하고 오래 끌면 안 된다는 것이다.

둘째, 고난의 메시지를 분명히 듣기 위해서는 고난의 이유를 이해할 수 있어야 한다고 생각한다. "하나님이 제 삶에 이런 일이 일어나게 하신 이유는…" 하고 설명할 수 있어야 한다는 것이다.

마지막으로, 고난으로 인해 깨달은 교훈은 즉시 삶에 적용할 수 있어야 한다고 생각한다. 그 교훈을 알고 그것을 삶에 어떻게 적용해야 하는지를 깨닫게 되면 다시는 고통을 겪지 않을 것이기 때문이다.

애석하게도 이런 생각들은 고난을 너무 순진하게 본 결과라고밖에 달리 말할 수가 없다. 실제로 우리가 겪는 고난은 그렇게 단순하지가 않다. 그렇기 때문에 많은 사람들이 고난의 이유를 알지 못해 좌절하며 살아가는 것이다.

고난 중에 하나님의 선하심과 기쁨을 맛본다는 의미를 이해하기 위해 다시 한 번 시편 말씀에 귀를 기울일 수밖에 없다. 시편에는 하나님이 행하시는 일련의 역사들을 통해 그분의 선하심을 맛보고 기쁨을 느끼는 과정이 생생하게 묘사되어 있다. 이 주제 하나만으로도 책 한 권을 쓸 수 있겠지만 여기서는 하나님이 상처받은 사람들에게 사랑을 표현하시는 방법 몇 가지만 소개하겠다.

하나님의 사랑 표현

고난이 닥치면 누구나 간절히 갈망하고 소망을 잃지 않으려고 애쓴다. 또한 삶이 이래서는 안 되고 보다 건설적이어야 한다고 생각한다. 우리가 갈망하는 것은 무엇일까? 현세와 내세의 삶에서 우리가 바라는 것은 과연 무엇일까?

우리 스스로 이 질문에 의미 있는 대답을 찾기란 불가능한 일이다. 시편은 우리 영혼의 울부짖음을 대변하고 있다고 앞서 이야기했다. 그러므로 시편이 우리 영혼의 갈망과 소망도 대변한다는 사실은 전혀 놀라울 것이 없다.

회복하시는 하나님

여호와는 나의 목자시니 내게 부족함이 없으리로다.
그가 나를 푸른 풀밭에 누이시며
쉴 만한 물가로 인도하시는도다.
내 영혼을 소생시키고
자기 이름을 위하여 의의 길로 인도하시는도다.
(시 23:1-3)

여호와는 마음이 상한 자를 가까이하시고
중심으로 통회하는 자를 구원하시는도다.
(시 34:18)

가난한 자를 먼지 더미에서 일으키시며

궁핍한 자를 거름 더미에서 들어 세워

지도자들 곧 그의 백성의 지도자들과 함께 세우시며

또 임신하지 못하던 여자를 집에 살게 하사

자녀들을 즐겁게 하는 어머니가 되게 하시는도다.

(시 113:7-9)

우리는 상처 많은 죄인들이다. 우리가 살아가는 하루하루의 삶에는 가인이 흘렸던 증오의 피가 뿌려져 있다. 정직하게 자신을 돌아보는 순간, 우리는 잃어버린 꿈과 깨어진 약속의 매캐한 냄새를 맡는다. 시편은 하나님의 백성인 우리가 고난받는 자들의 공동체라는 사실을 알려 준다. 우리 자신의 타락한 본성에 더하여 다른 사람의 공격과 외면까지 감당해야 하는 것이다.

그런 상태에서 벗어나려는 것이 우리의 갈망이고, 결국 그런 갈망이 소망의 기원이 된다. 우리가 간직해야 할 우선적인 소망은 우리 죄를 용서받고 영혼의 깊은 상처를 치유받을 것이라는 소망이다. 치유를 경험하는 동안 언젠가 자신의 모든 상처가 완전히 낫게 될 것이라는 확신을 얻을 수 있다.

시편 기자는 하나님이 회복의 하나님이라는 사실을 증거했다. 하나님은 상처받은 백성들을 찾아가 위로하고 고쳐 주신다. 연약한 자들과 고통받는 자들을 회복시키며 불행에 처한 자들을 영광으로 인도해 운명을 바꾸어 주신다.

우리는 하나님이 미래에 예비하신 것들, 즉 완전과 영광과 온전한 회복을 상상해야 한다. 아울러 불의와 싸우고, 아름다움을 창조하고, 회복된 관계를 누리며 회복에 대한 열정과 기대를 품고 살아가야 한다.

부모가 되시는 하나님

그의 거룩한 처소에 계신 하나님은
고아의 아버지시며 과부의 재판장이시라.
(시 68:5)

아버지가 자식을 긍휼히 여김같이
여호와께서는 자기를 경외하는 자를 긍휼히 여기시나니.
(시 103:13)

우리는 외로움과 두려움에 떠는 자들이며 보호와 돌봄이 필요한 사람들이다. 위험이 닥쳐도 우리에게는 자신을 방어할 능력이 없다. 우리보다 크고 강한 존재가 모든 위험을 막아 주고 우리보다 선량하고 지혜로운 존재가 우리의 마음을 어루만져 주기를 바란다.

시편은 하나님을 부모로 묘사하고 있다. 하나님은 아버지처럼 자상하게 우리를 돌보시지만 이 세상 어느 아버지보다 월등히 훌륭한 아버지시다. 이 세상 아버지는 아무리 훌륭해도 실수와 잘못을 저지르기 마련이고 자녀를 완벽하게 양육하거나 보호하지 못한다. 그러나 하나님은 자신의 자녀들을 완전하게 사랑하실 수 있다. 육신의 부모는 그럴 능력이 없지만 하나님은 전능하시다. 육신의 부모는 시간이 없지만 하나님은 시간을 초월하신다. 육신의 부모는 관심이 부족하지만 하나님은 자신의 백성을 한순간도 놓지 않으신다.

그러므로 우리의 소망은, 신약의 표현을 빌리자면, 하나님이 우리를 양자로 입양해서 그분이 약속하신 유업을 받는 것이다. 그 유업에는 천국에서 하나님과 영원히 거하는 것이 포함되어 있다. 그러므로 우리는 하나님의 가족이 되려는 갈망을 품는다. 육신의 부모가 어떠했든지, 자녀에게 어떤 부모가 되었든지 상관없이 우리는 우리를 기르고 보호하시는 하나님 아버지께 마음속 소원을 아뢰어야 한다.

안식을 주시는 하나님

내 영혼아 네 평안함으로 돌아갈지어다.
여호와께서 너를 후대하심이로다.
(시 116:7)

여호와여 내 마음이 교만하지 아니하고 내 눈이 오만하지 아니하오며
내가 큰 일과 감당하지 못할 놀라운 일을 하려고 힘쓰지 아니하나이다.
실로 내가 내 영혼으로 고요하고 평온하게 하기를
젖 뗀 아이가 그의 어머니 품에 있음 같게 하였나니
내 영혼이 젖 뗀 아이와 같도다.
(시 131:1-2)

우리는 정신없이 바쁜 세상에서 살아간다. 이리저리 쫓아다니다가 한

평생을 끝마치는 듯하다. 잠시라도 멈추어 서면 다시 그 흐름을 좇아 가는 데 더 많은 수고를 쏟아 부어야 한다. 사실 멈추어 설 때마다 우리를 둘러싼 광란의 소용돌이는 더 심하게 몰아친다. 일은 해도 해도 끝이 없다.

이런 현상은 에덴에서의 저주가 빚어 낸 결과다. 우리는 저주받은 삶에서 풀려나기를 갈망한다. 인생의 수레바퀴를 계속해서 따라가고 있지만 쉬었다가 돌아가도 일감이 쌓여 있지 않은 쉼을 열망한다.

시편 131편은 이 세상에서 취하는 모든 휴식과 안식은 한계를 인정하는 겸손한 사람이 누리는 선물이라고 했다. '나는 이 일에 없어서는 안 되는 중요한 존재'라는 착각에서 벗어난다면 우리는 잠시나마 영원한 안식을 맛볼 수 있을 것이다.

시편 131편에 나오는 어머니와 아기의 비유는 시편 기자를 쉬게 하신 분이 하나님이라는 사실을 말해 준다. 젖을 뗀 아이는 시편 기자의 영혼을, 어머니는 하나님을 상징한다. 아이가 어머니의 품에서 고요히 자는 것처럼 시편 기자는 하나님 안에서 평안한 쉼을 누렸다.

바쁜 세상에서 쉼은 하나님의 선물이다. 우리는 매일, 매주 영원한 안식의 약속을 체험하며 살아야 한다. 안식은 이 세상의 무자비한 압박을 고요와 확신으로 비웃고, 언젠가는 하나님의 달콤한 젖으로 배부를 것이라는 확신으로 젖을 떼게 해준다.

채우시는 하나님

겸손한 자는 먹고 배부를 것이며
여호와를 찾는 자는 그를 찬송할 것이라.

너희 마음은 영원히 살지어다.

(시 22:26)

그가 사모하는 영혼에게 만족을 주시며

주린 영혼에게 좋은 것으로 채워 주심이로다.

(시 107:9)

억눌린 사람들을 위해 정의로 심판하시며

주린 자들에게 먹을 것을 주시는 이시로다.

여호와께서는 갇힌 자들에게 자유를 주시는도다.

여호와께서 맹인들의 눈을 여시며

여호와께서 비굴한 자들을 일으키시며

여호와께서 의인들을 사랑하시며

여호와께서 나그네들을 보호하시며

고아와 과부를 붙드시고 악인들의 길을 굽게 하시는도다.

(시 146:7-9)

현대인들은 여러 면에서 공허한 사람들이다. 주변에 음식과 물건과 친분과 오락거리가 넘쳐나지만 그런 낙원에서도 우리는 완전한 만족을 느끼지 못한다.

하지만 시편 기자는 우리가 지금 이 순간에도 천국에서 벌어지는 잔치의 전채 요리를 맛볼 수 있다고 말했다. 영원한 천국 잔치는 물론이고 지금 현재 그것을 미리 보는 것도 하나님의 은혜로운 선물이다.

그러므로 시편 기자는 우리에게 소망을 잃지 말라고 권면한다. 엉뚱한 것으로 공허한 마음을 채우거나 회피하지 않아도 된다. 경건한 행복이나 냉소적인 환멸에도 굴복할 필요가 없다. 하나님이 은혜로 주시는 모든 맛있는 음식을 음미하라. 맛있는 저녁이든, 멋진 노래든, 웃긴 농담이든, 결혼 피로연이든 모든 즐거움을 맛보라. 매일 드리는 식사 기도도 앞으로 맛볼 천국 잔칫상 앞에서의 감격에 찬 감사 기도를 방불케 하라.

인간을 영화롭게 하시는 하나님

여호와여 주는 나의 방패시요 나의 영광이시요
나의 머리를 드시는 자이시니이다.
(시 3:3)

또 주께서 주의 구원하는 방패를 내게 주시며
주의 오른손이 나를 붙들고
주의 온유함이 나를 크게 하셨나이다.
(시 18:35)

사람이 무엇이기에 주께서 그를 생각하시며
인자가 무엇이기에 주께서 그를 돌보시나이까.
그를 하나님보다 조금 못하게 하시고
영화와 존귀로 관을 씌우셨나이다.
주의 손으로 만드신 것을 다스리게 하시고

만물을 그의 발 아래 두셨으니

곧 모든 소와 양과 들짐승이며

공중의 새와 바다의 물고기와 바닷길에 다니는 것이니이다.

(시 8:4-8)

우리는 인간을 가치 없게 여기고 대수롭지 않은 존재로 취급하는 세상에서 살고 있다. 한 사람을 그저 수십억 인구 중 한 명으로 본다. 마치 광활한 모래밭의 모래알처럼 넘치는 인파 속에 눈에 띄지도 않는 한 사람으로 여긴다.

우리는 바다에 떠 있는 물방울 이상의 존재가 되고 싶어 한다. 누군가 나를 알아봐 주고 다른 사람과 구별된 유일무이한 존재로 인정해 주기를 바란다. 반짝 인기로 끝나는 것이 아니라 천사들이 놀랄 하나님의 영광에 동참하기를 원한다.

다시 한 번 강조하지만 우리의 갈망을 만족시켜 주시는 이는 하나님밖에 없다. 시편은 온 우주의 전능하신 하나님이 우리의 존재를 아실 뿐 아니라 우리를 영화롭게 하신다는 사실을 말해 준다. 하나님은 우리를 영광으로 높이 들어올리시고 우리에게 합당한 영광의 옷을 입혀 주신다.

시편 8편에는 무엇보다 놀라운 말씀이 기록되어 있다. 하나님이 우리를 자신보다 조금 못한 존재로 만드셨다는 말씀이나. '하나님'이라는 히브리어를 '신들' 혹은 '천상의 존재들'이라고 번역한 성경도 있지만 원어는 그런 뜻이 아니다. 인간이 비록 죄에 물들기는 했지만 우리 인간에게 허락하신 영광은 **하나님의 영광보다 조금 못할 뿐**이라는 뜻이다. 이것은 인간을 추켜세우는 말이 아니라 우리를 자신과 같게 만드시려는 하나님의 의지를 담은 표현이다.

창세기와 시편 기자들이 주장하는 것처럼 태초부터 하나님은 우리 인간이 위대한 존재가 되기를 바라셨다. 하나님 창조의 절정은 인간이다. 비록 타락했지만 인간은 여전히 영화로운 존재다. 천국에서 하나님과 함께 거하게 될 때는 얼마나 영화로운 존재가 되는 것일까? 우리는 어떤 모습이 되고, 어떤 존재가 되고, 어떤 감정을 느끼게 될까? 한 가지 분명한 것은 우리가 그동안 느꼈던 모든 수치와 상실과 고통이 천국의 영광 앞에서 무색해질 것이라는 사실이다.

자신을 내어주신 하나님

여호와는 의로우사 의로운 일을 좋아하시나니
정직한 자는 그의 얼굴을 뵈오리로다.
(시 11:7)

나는 의로운 중에 주의 얼굴을 뵈오리니
깰 때에 주의 형상으로 만족하리이다.
(시 17:15)

인간은 하나님을 갈망한다. 그것을 인식한 성 아우구스티누스는 믿지 않는 사람들도 더 위대한 존재, 신적인 존재를 찾아 방황한다는 사실을 알았다. 전도서 기자는 하나님이 "영원을 사모하는 마음을 주셨다"고 말했나(전 3:11).

시편은 하나님이 주시는 궁극적인 선물, 즉 그분 자신을 바라는 말씀이다. 하나님은 우리와의 친교를 허락하셨다. 이제 우리는 예수 그리스도 안에서 그 친교를 경험한다. 그 이유는 예수님이 "우리 가운데 거하시기" 때문이다(요 1:14). 하지만 그마저도 장차 다가올 일에 비교하면 그림자에 불과하다. 궁극적으로 우리가 고대하는 것은 "내가 진실로 속히 오리라"고 하신 예수님의 재림이다(계 22:20).

그렇다면 하나님의 선하심은 어떤 것인가? 이 세상은 멋지고 아름답게 창조되었지만 인간의 죄로 인해 어둠의 그림자가 드리워 있다. 그럼에도 하나님은 이 타락한 세상에서 우리의 갈망을 채워 주시고 소망을 심어 주신다. 우리의 기쁨은 바로 그런 하나님의 은혜에서 비롯되는 것이다. 고난 중에도 기뻐할 수 있는 것은 하나님 자신과 그분의 선하심이 결코 우리를 떠나지 않을 것이기 때문이다.

고난 중에 맛보는 기쁨은 현실의 문제들을 무시하는 데서 오는 가식적인 기쁨이 아니다. 그것은 마음의 눈을 열고 어둠에 직면하는 데서 오는 확신에 찬 감격이며 감사와 찬양이 흘러나오게 하고 예배로 인도하는 기쁨이다.

애가에서 감사로, 감사에서 예배로

고난 가운데 하나님의 선하심을 깨달은 사람은 자연히 그분을 예배하며 섬기고자 한다. 이 타락한 세상에서 우리를 향해 그토록 관심을 보이는 그분의 사랑과 은혜에 우리는 놀라고 감동하지 않을 수 없다.

시편의 애가들은 인간의 내면세계에서 우러난 우리의 부정적인 감정들과 영혼의 울부짖음을 대변한다. 궁극적으로는 우리를 하나님께 인도해 준다.

시편 기자가 개인적으로 읊은 애가들이 간구와 원망에서 찬양과 기쁨으로 옮겨 가듯이 감사의 시편들이나 찬미의 시편들도 같은 맥락을 보인다. 시편에 등장하는 이 세 가지 형태의 시들은 서로 밀접한 연관성이 있다. 주로 애가에서 시작된 시들이 다른 형태로 이어지는 것이다.

애가는 현재의 고난을 하나님께 털어놓으며 하나님의 도움을 간구하는 내용을 말한다. 하나님이 그 간구에 응답하시면 시편 기자는 감사의 시로 형태를 바꾸어 하나님께 감사드린다. 간혹 자신이 간구한 내용을 인용하기도 한다. 감사의 시편은 자연스럽게 하나님을 찬양하는 세 번째 형태로 이어진다.[3]

이런 세 가지 형태는 시편의 3원소라고 볼 수 있다. 애가는 감사가 되고 감사는 찬양에서 절정을 이룬다. 하나님에 대한 분노와 두려움과 거리감을 호소하는 애가에 반해, 두 번째 형태인 감사의 시편은 하나님과의 관계가 회복된 데 감격한다. 세 번째 형태인 찬양의 시편은 하나님과의 지속적인 친교를 기쁜 마음으로 노래한다. 시편 기자는 하나님과의 관계에 더 이상 아무런 장애도 느끼지 않는다. 월터 브루그만은 이 세 가지 형태를 혼미(disorientation)의 시편, 재정위(reorientaion)의 시편, 정위(orientation)의 시편이라고 불렀다. 실제로 시편에 나오는 시들은 인생의 모든 희로애락을 아우르고 있다.

여기서 한 가지 잊지 말아야 할 사실이 있다. 시편이 인간의 내면세계에서 출발하기는 하지만 그곳에 머물러 자신의 문제와 부정적인 감정에 시선을 고정하지 않는다는 점이다. 시편이 우리의 감정을 대변하고 위로

하는 것도 사실이지만 시편을 심리학 서적으로 생각하면 곤란하다. 시편은 예배를 위한 책이며 하나님께 나아가 고통 가운데서 하나님을 바라보라고 권면하는 책이다. 하나님을 바라볼 때만 우리 자신과 우리의 문제가 그분의 찬란한 영광에 이끌려 들 것이다.

순례의 길로 부르심

시편 기자들은 이스라엘의 기원이 창세기에서 시작한다는 사실을 염두에 두고 있었다. 그들의 민족적 종교적 계보는 믿음의 조상이었던 아브라함에게로 거슬러 올라간다.

하나님은 우르에 살고 있던 아브라함을 불러 가나안 땅으로 가라고 지시하셨다. 당시 우르는 메소포타미아 지역의 번창한 도시 중 하나였다. 그것은 곧 안정된 터전을 떠나 약속의 땅을 향한 기나긴 방랑을 시작하라는 의미였다. 가나안 땅에 들어가서도 그의 방랑은 끝나지 않았다. 한 곳에 오래 정착하지 못하고 계속해서 이 도시 저 도시를 전전하며 다녔다.

가나안은 아브라함과 그 자손들의 땅이지만 꼭 그렇지도 않았다. 아브라함은 낯선 타지에서 이방인이자 순례자로 살아야 했다. 하나님이 약속하신 자손과 국가를 얻기 위해 아브라함은 수많은 문제들과 싸우면서 한 가닥 희망을 붙들고 살아갔다.

시편을 지은 사람들은 아브라함의 육신적 자손인 동시에 영적 자손들이었다. 시편 기자들과 시편으로 예배했던 사람들 모두 가나안 땅에 정착한 거주민들이었지만 아직 싸움이 끝나지 않았다는 사실을 그들은 잘 알고 있었다. 그들은 여전히 방랑자의 고뇌를 안고 있었다. 그들이 지은 시

형태의 글에는 그들의 끝없는 역경과 소망이 표현되어 있다. 시편은 하나님 백성의 고통과 동경을 보여 주는 하나님의 선물이다.

아브라함과 시편 기자들처럼 우리 역시 이방 세계를 떠돌며 방랑의 끝이 오기를 고대하는 순례자들이다. 천국에서 하나님 아버지가 두 팔을 벌리며 우리를 맞아 주실 때 비로소 우리의 순례는 끝날 것이다. 그때까지는 우리도 싸우고 갈등하고 기다려야 한다.

시편은 우리에게 즉각적인 해결책이 보이지 않더라도 자신의 감정을 충실히 느끼라는 메시지를 전달한다. 부정적인 감정도 느끼고 우리 힘으로 어쩔 수 없는 것들에 당혹감도 느껴야 한다. 이상하게 들릴지 모르지만 그런 무력감과 영혼의 부르짖음이 캄캄한 암흑 속에서 영원의 노래를 듣게 만들어 준다.

가만히 귀를 기울여 보라. 그 노랫소리는 점점 커질 것이다. 가장 예기치 못한 순간에, 가장 자격이 없는 순간에, 가장 이해하지 못하는 순간에 그 노랫소리는 우리 귓가에 울려 퍼질 것이다. 순례를 계속하라고, 박수갈채를 받으며 천국으로 귀향하는 날을 고대하면서 계속해서 앞으로 걸어가라고 그 희미한 노랫소리는 지금도 우리를 격려하고 있다.

감사의 글

"행복을 시험하고 싶으면 감사가 있는지 보라"고 체스터튼(G. K. Chesterton)은 말했다. 어려운 작업에 멍에를 함께 메어 준 친구들이 있는 자는 행복하다! 그런 사람은 비난과 외로움과 슬픔 속에서도 감사할 것이다.

내가 바로 그중 한 사람이다. 알 앤드류스, 리엄 앳친슨, 래리 크랩, 돈 허드슨, 킴 허친스, 톰 바니, 켄 윌슨과 같은 이들의 격려로 나는 멀리서 희미하게밖에 보지 못하던 것을 살펴볼 수 있었다.

나는 언제나 음악을 들으며 글을 쓴다. 내가 쓴 모든 글에 재료와 양념을 제공해 준 모든 분께 감사드린다. 애쉴리 클리블랜드, 마이클 카드, 브루스 코크번, 로리나 맥케닛, 마이어 브렌넌, 클래너드, 스핀 닥터스, 피터 힘멜먼에게 감사드린다.

늘 나의 사역과 영혼을 자상하게 돌보아 주는 수잔 라이크에게 감사를 전한다.

집필을 시작한 후 3개월 사이에 이 책은 유산될 위기에 처하기도 했다. 캐시 야니 편집자의 현명하고 열정적인 도움이 없었다면 이 책은 빛을 보지 못했을 것이다. 캐시와 함께 일하게 하신 하나님의 은혜는 말로 표현할 수 없을 정도로 감사하다.

세심하고 호기심이 많은 독자들은 어떻게 이 책을 두 저자가 공저했는지 궁금할 것이다. 우리는 각자 자신이 집필할 분량을 정한 뒤에 집필이 끝나면 완성된 원고를 서로 바꾸어 읽고 수정하는 방식으로 각자의 의견이 충분히 반영될 때까지 몇 차례 반복했다.

우리 두 사람은 깊이 신뢰하며 대화하고 묻고 숙고하면서 동역했다. 이 책에는 우리 두 사람이 29년간 다져 온 우정이 녹아 있다. 어려움과 역경 속에서도, 잘못과 실패 속에서도, 언제나 신실하고 따뜻하게 나를 대해 준 트렘퍼에게 이루 말할 수 없는 고마움을 느낀다. 나에게 그는 내 아내와 가족 다음으로 소중한 사람이다.

집필의 어려움을 함께 감당해 준 우리 가족에게 가장 깊은 감사의 마음을 전하고 싶다. 우리 맏딸 애나, 너는 이제 아름다운 처녀가 되었구나. 아빠는 너를 정말로 사랑한단다. 아홉 살이 된 우리 둘째 딸 아만다, 너는 마음씨 착하고 엉뚱한 아이지. 너의 비단결 같은 마음이 이 아빠를 울린단다. 우리 든든한 아들 앤드류, 너는 씩씩하고 어질고 열정적인 소년이야. 네 아빠인 것이 자랑스럽다.

마지막으로 나의 사랑하는 아내 레베카, 이 세상에서 당신만큼 내게 천국의 소망을 주고, 당신만큼 나를 겸허하게 하고, 당신만큼 영광을 맛보게 해주는 사람은 없다오. 당신의 삶은 내게 가장 큰 선물이오. 그 선물을 능가하는 것은 천국에서 영원히 당신과 함께 지낸다는 소망밖에 없소. 당신이 하나님을 알기 위해 신실하게 노력하는 모습과 신앙의 열매를 가족에게 나누어 주는 모습에 참으로 고맙다는 말을 전하고 싶소.

댄 알랜더

감사의 글

댄과 내가 이 책을 함께 쓰기로 했을 때 우리는 순진하게도 이 작업이 어렵지 않을 거라고 생각했다. 게다가 하나님께 다른 계획이 있으리라고는 전혀 눈치 채지 못하고 있었다.

우리는 부정적인 감정들에 대해 책을 쓰기로 했고, 하나님은 우리의 삶을 기반으로 하도록 하셨다. 하나님은 우리의 마음 밭을 갈고 일구고 열매 맺게 해서 우리와 함께 성장하기 원하는 사람들에게 자양분을 공급하기를 원하시는 것 같았다. 그것은 참으로 어렵고도 힘든 과정이었다.

1993년 10월 1일, 우리가 존경했던 레이먼드 딜러드 교수가 마흔아홉이라는 나이에 세상을 떠났다. 누구보다 열정적이며 겸허했던 분이다. 우리가 딜러드 교수를 처음 만난 것은 1974년 웨스트민스터 신학대학원에서였다. 나이는 우리보다 아홉 살밖에 더 많지 않았지만 매우 성숙하고 지혜로웠으며 스승으로서 우리 두 사람의 생애에 지대한 영향을 끼친 분이다.

딜러드 교수는 나에게 구약학 석사 과정을 공부해 보라고 권했으며 이후에 나를 동료로 채용해 주었다. 결국 딜러드 교수와 댄과 나는 교수와 학생의 관계에서 절친한 동료 사이가 되었다.

이런저런 어려움에도 불구하고 우리의 집필 작업은 상당히 흥미롭게 진행되었다. 지난 세월 댄과 나눈 우정은 내게 큰 축복이며 하나님의 은혜였다. 댄은 덴버에 살고 나는 필라델피아에 살지만, 이메일 덕분에 우리는 하루에도 서너 차례씩 작업에 대해 이야기를 나누고 기쁨과 좌절을 공유할 수 있었다. 마치 대학 시절로 돌아간 기분이었다. 인간에 대한 지식이나 통찰력에 있어 댄은 나를 놀라게 할 때가 많았다. 하나님에 대한 열정으로 그는 학문적 분위기로 흘러가는 나를 바로잡아 주었다.

나 역시 캐시 야니 편집자에게 고마운 마음을 전하고 싶다. 원고를 세심하게 다듬고 교정해 주었을 뿐 아니라 같이 야구 이야기도 하고 나와 환상의 팀을 이뤄 야구 경기도 즐겨 주었다.

댄이 말한 것처럼 우리가 가장 감사하고 고맙게 여기는 사람들은 역시 가족이다. 나의 말썽꾸러기 세 아들은 내가 이 세상에서 가장 자랑스럽게 여기는 녀석들이다. 하나같이 똑똑하고 운동도 잘하고 아주 가끔은 시키지 않아도 집안일을 해준다. 현재 맏아들 트렘퍼 4세는 열여섯 살이고, 둘째 티미는 열네 살, 막내 앤드류는 열 살이다.

내 아내 앨리스는 하나님이 주신 가장 소중한 선물이다. 외모만이 아니라 성품도 곱고 아름답다. 나를 믿어 주고 내 일을 격려해 주는 든든한 반려자이며 내가 닮고 싶은 깊은 사랑의 소유자다. 스무 살 나이에 아내와 결혼하기로 마음먹은 것은 내 생애 최고의 결정이었다. 앞으로도 우리는 함께하는 축복을 누리리라!

트렘퍼 롱맨 3세

주

저자 서문

1. 시편을 어떻게 해석해야 하는지에 대한 포괄적인 개관을 보고 싶다면 Tremper Longman III, *How to Read the Psalms* (Downers Grove, IL: Intervarsity Press, 1988)을 참고하라. 「어떻게 시편을 읽을 것인가」(IVP).

2. 시편: 영혼의 목소리

1. John Calvin, *Institutes of the Christian Religion*, Beveridge 번역. (Grand Rapids, MI: Eerdmans, 1986), section.
2. John Calvin, Psalms (Grand Rapids, MI: Baker, 1981 reprint: 1571), page xxxvii.
3. Walter Brueggemann, *Old Testament Theology: Essays on Structure, Theme, and Text* (Minneapolis, MNL Fortress, 1992), p. 29.

7. 의로운 두려움: 하나님에 대한 경외

1. C. S. Lewis, *The Lion, the Witch, and the Wardrobe* (New York: Macmillan, 1950), P. 64. 「사자, 마녀 그리고 옷장」.

9. 의로운 질투: 하나님의 욕구

1. 시기에 관한 말씀은 잠언 3:31, 14:30, 23:17, 24:1을 참고하라. 시기를 인간의 부정적인 감정으로 보는 성경구절은 다음과 같다. 전도서 4:4, 로마서 1:29, 고린도전서 13:4, 갈라디아서 5:21, 야고보서 3:14, 16. 그들이 예수님을 죽이려 한 것은 시기 때

문이라고 한 구절은 마태복음 27:17이다.

2. 하나님이 사랑하는 자에게 옷을 덮어 주시는 모습은 에스겔 16장에 나온다. 하나님이 자신의 신부를 광야로 내모는 모습은 호세아 2장에 나온다. 예수님을 신랑으로 비유한 말씀은 요한계시록 19:6-9을 보라.

11. 의로운 절망: 희망의 회복

1. 히브리서 2:18, 4:15.
2. H. N. Ridderbos, *Matthew* (Grand Rapids, MI: Zondervan, 1975), p. 532.

12. 불의한 경멸: 악의 조롱

1. 로마서 1:29, 고린도후서 12:20.
2. 능력에 대한 자랑은 출애굽기 15:9, 욕심에 대해서는 시편 10:3, 야고보서 3:4, 요한일서 2:16, 부에 대해서는 시편 29:6, 영리함에 대해서는 잠언 20:14, 미래에 대해서는 잠언 27:1, 재능에 대해서는 이사야 10:15, 예레미야 9:23-24, 고린도전서 4:7을 보라.

14. 불의한 수치: 파괴력

1. Jeff VanVonderen, *Tired of Trying to Measure Up* (Minneapolis, MN: Bethany House Publishers, 1989), p. 41.
2. John Bradshaw, *Healing the Shame that Binds You* (Deerfield Beach, IL: Health Communications, 1988), p. vii.

15. 의로운 수치: 구속력

1. L. Berkhof, *Systematic Theology* (Grand Rapids, MI: Eerdmans, 1939), p. 339.
2. 예레미야 3:3, 6:15, 8:12, 스바냐 3:5, 빌립보서 3:18-19을 보라.

16. 하나님의 신비

1. 하나님이 원수를 사용해 우리를 그분께 나아오게 하시는 것은 시편 80:5, 가까운 친

구를 사용하시는 것은 시편 55:12-14, 88:8, 자연 재해를 사용하시는 것은 시편 81:12, 그분의 분노를 사용하시는 것은 시편 60:1, 74:1을 보라.

17. 하나님의 소원

1. 호세아 1-3장과 2:2-13을 보라.
2. 고린도후서 1:5, 로마서 8:17-18, 빌립보서 3:10, 베드로전서 4:13을 보라.
3. 감사의 시편은 시편 18장과 30장을 보라. 감사에 앞서 올려드린 간구를 인용한 것은 시편 30:8-10을 보라. 찬양 시의 예로는 시 29장을 보라.

옮긴이 안정임은 1990년부터 11년간 국제예수전도단(YWAM)에서 전임사역자로 활동했으며, 이후 캐나다 Tyndale 대학교에서 신학을 공부했다. 현재는 전문번역가로 일하고 있으며, 역서로 「하나님은 어떻게 악을 이기셨는가」, 「안식」, 「나도 변화될 수 있다」, 「성찬이란 무엇인가」(이상 한국 IVP), 「하나님 당신을 의심해도 될까요?」(국제제자훈련원), 「하나님과 친밀해지는 삶」(예수전도단) 등이 있다.

감정, 영혼의 외침

초판 발행 2011년 11월 7일
초판 6쇄 2025년 3월 20일

지은이 댄 알렌더·트렘퍼 롱맨 3세
옮긴이 안정임
펴낸이 정모세

편집 이종연 이성민 이혜영 심혜인 설요한 양지영 박예찬
디자인 한현아 서린나 | 마케팅 오인표 | 영업·제작 정성운 이은주 조수영
경영지원 이혜선 이은희 | 물류 박세율 김대훈 정용탁

펴낸곳 한국기독학생회출판부 | 등록번호 제2001-000198호.(1978.6.1)
주소 04031 서울시 마포구 동교로 156-10
대표 전화 (02) 337-2257 | 팩스 (02) 337-2258
영업 전화 (02) 338-2282 | 팩스 080-915-1515
홈페이지 http://www.ivp.co.kr | 이메일 ivp@ivp.co.kr
ISBN 978-89-328-1226-7

ⓒ 한국기독학생회출판부 2011

책값은 뒤표지에 있습니다.
무단 전재와 복제를 금합니다.